Konstantin von Tischendorf

Reise in den Orient

Zweiter Band

Verlag
der
Wissenschaften

Konstantin von Tischendorf

Reise in den Orient

Zweiter Band

ISBN/EAN: 9783957003492

Auflage: 1

Erscheinungsjahr: 2015

Erscheinungsort: Norderstedt, Deutschland

Webseite: http://www.vdw-verlag.de

Cover: Sandro Botticelli "Die Verleumdung des Apelles" (1495)

Reiſe

in den Orient

von

Conſtantin Tiſchendorf.

Zweiter Band.

Leipzig,

Verlag von Bernh. Tauchniß jun.

1846.

Vorwort.

n den Orient zu machen, halt' ich für
ein großes Glück; eine Reise in den Orient zu schreiben,
halt' ich für ein noch größeres. Das hab' ich wenigstens
bei meinem Buche erfahren; man mag's ihm selber leicht
ansehen. Ich habe gehofft, daß eine solche Darstellung,
die zugleich ein Stück reißt aus des Wanderers eigenem
Herzen, besonders geeignet sein werde, nicht nur die
Vertrautheit sondern auch die Sympathie mit dem heili=
gen Lande zu fördern. Ueberaus freuen werd' ich mich
wenn es mir damit gelungen ist.

Gelehrt hab' ich in diesen Erinnerungsblättern so
wenig als möglich erscheinen wollen. Wenn es dennoch
zu gelehrten Fragen kam, wie z. B. beim heiligen Grabe
zu Jerusalem, so hab' ich auch da eine Haltung versucht
die keinen Leser abstoßen soll. Vielleicht wird man am

meisten bei der Terränsfrage des heiligen Grabes die Beilage einer Karte vermissen. Ich hätte allerdings aus den vorliegenden Karten, besonders aus den beiden von Williams und von Schultz, eine neue für meinen Zweck bilden können. Doch glaubt' ich sowohl hierbei als auch bei der ganzen Reisebewegung, unbeschadet des Verständnisses, auf die vielen für dies Terrän vorhandenen und zum Theile fast in Jedermanns Händen befindlichen Karten verweisen zu können, aus denen sich mit Leichtigkeit das Besondere meiner Wanderungen und meiner Ansichten abnehmen läßt.

Die briefliche Mittheilung über mein biblischkritisches Unternehmen ist der frühern Ankündigung gemäß diesem zweiten Theile der Reise einverleibt worden. Da sie in Gefahr sein mag von manchen Lesern oder Leserinnen überschlagen zu werden, so empfehl' ich sie um so mehr einer freundlichen Acht.

Unlängst ist über den Sinai eine neue Ansicht hervorgetreten, die dem alten Berge Gottes seinen Ruhm streitig macht. Ich habe darüber in der Allgemeinen Zeitung zu Anfang dieses Jahres eine kurze Nachricht gegeben. Eine ausführliche Widerlegung dieser Ansicht, deren nach vielen Seiten vortreffliche Begründung sich nicht läugnen läßt, schien nicht für den zweiten Theil meiner Reise zu passen. Ich werde sie aber nächstens anderwärts versuchen.

So hab' ich nur noch den Wunsch, daß mitten im großen Kampfe der kirchlichen Interessen doch recht Vielen ein Gruß aus jenem Lande der Palmen willkommen sein möge, woher das unvergängliche Wort des Friedens für Jeden erklungen ist der ein Herz dafür hat.

Leipzig, am Sonntage Estomihi 1846.

Constantin Tischendorf.

Druckfehler.

Theil I. S. 23. Z. 4. von unten lies: in noch so ferne
— ⸗ ⸗ 44. ⸗ 8. ⸗   ⸗   ⸗   hört' ich sie gern,
— ⸗ ⸗ 83. ⸗ 2. ⸗   ⸗   ⸗   Völkerschlacht
— II. S. 75. Zeile 14. lies: bei der Moschee

Inhalt.

-----

ruß; die Klosterbauten darüber. Bedenklichkeiten bei der Abreise von Jerusalem. Bekanntschaften in Jerusalem. Die Missionen daselbst. Pilgerzeugniß. Trauer und Hoffnung zum Abschied von Jerusalem. Ansprüche Jerusalems an die christlichen Mächte. Jerusalems Zukunft.

Meer. Die Quarantäne zu Syra. Die Schwammjäger. Ankunft zu Athen. Die Akropolis und die umliegenden Ruinen. Das griechische Volk. Sein Verfahren gegen die Baiern. Sein politischer Character. Kolettis. Wanderungen in die Umgegend von Athen. Paulus und der Areopag.

Das heilige Grab.

Ist aber das heilige Grab ächt, oder ist es nicht ächt? Das bleibt immer eine sehr wichtige Frage. Bestimmter heißt die Frage: Golgatha und das Felsengrab des Auferstandenen, haben beide in der That da gelegen wo es heute der fromme Glaube annimmt, d. h. innerhalb der Räume der Kirche, deren Beschreibung ich so eben versucht habe?

Diese Frage ist nicht neu. Sie lag so nahe für alle Pilgrime, die den Text der Schrift über die letzten Schicksale des Herrn prüfend zusammenstellten mit dem was sie in Jerusalem vor Augen hatten. Wiederholt sagt uns nämlich der heilige Text, daß der Herr außerhalb der Stadt aber nahe bei der Stadt gekreuzigt und begraben wurde; die verehrte Grabeskirche hingegen wird jetzt von der Stadtmauer umschlossen.

Allein solche Zweifel, die weder eine genaue Kenntniß der alten Nachrichten noch ein tieferes Studium der Oertlichkeiten zur Stütze hatten, konnten leicht mit der allgemeinen Annahme beschwichtigt werden, daß die heutige Stadt die Grenzen der ehemaligen sehr verrückt haben möchte. Und daneben stand die Tradition wie ein unerschütterliches Bollwerk.

Der Altonaer Buchhändler Jonas Korte, in den dreißiger Jahren des vorigen Jahrhunderts, war der Erste der ein ernstes Bedenken trug, die jetzt gefeierte Lokalität als die ursprüngliche anzuerkennen. Nach ihm hat dieser Zweifel unter den gelehrten Forschern, Katholiken sowohl als Protestanten, die Oberhand gewonnen, obschon neuerdings unter Anderen Chateaubriand, Prokesch und Schubert, freilich aus keinem anderen Grunde als aus Gunst für die mehr als tausendjährige Ueberlieferung, die herkömmliche Meinung wieder aufgenommen und vertreten haben.

Mit einem wahrhaft schweren Geschütze von Gründen und Beweisen ist in den letzten Jahren der gelehrte Neu-Yorker Professor Robinson gegen diese Meinung zu Felde gezogen. Ich selber hatte, wie von meiner Prüfung der Tradition, so auch von meiner Lokalansicht ein Resultat im Sinne Robinson's heimgebracht. Aber die Aufschlüsse, die erst vor wenig Monaten von zwei vor allen anderen der Untersuchung gewachsenen Männern über das alte Jerusalem gegeben worden sind, haben meinen Erinnerungen und meinem Urtheile ein neues Licht gegeben. Diese beiden Männer sind Williams, vierzehn Monate lang Caplan unter Bischof Alexander, und Dr. Schulz, seit länger als zwei Jahren preußischer Consul zu Jerusalem. Die Ergebnisse ihrer Forschungen gehören, wie leicht ersichtlich ist, zu den Früchten, und zwar den segens=reichsten, der Stiftung des evangelischen Bisthums in der heiligen Stadt.

Ich will zuerst den Hauptbeweis behandeln, den gegen die Annahme des heutigen Grabes als des ursprünglichen gelehrte Augen gefunden haben. Er beruht auf der vermeintlichen Unmöglichkeit, die heutige Grabeskirche außerhalb der alten Mauer zur Zeit Christi zu denken. Diese alte Mauer bedarf sogleich einer nähern Bestim=mung. Jerusalem besaß nämlich, nach dem genauen Be=richte des jüdischen Geschichtsschreibers Flavius Josephus im ersten christlichen Jahrhunderte, zur Zeit ihrer Zerstö=rung durch Titus, fast vierzig Jahre nach Christi Tod, drei Stadtmauern, von denen die erste aus uralter Zeit stammt, die zweite wenigstens schon im siebenten Jahrhun=derte vor Christus unter dem Könige Hiskias gestanden hat, die dritte erst zehn Jahre nach dem Tode Christi von Herodes Agrippa errichtet worden ist.

Worauf es uns hier ankömmt, das ist die zweite, zur Zeit Christi äußerste Mauer, die nur im Norden und Nordwesten die Stadt umschloß, eben da wo Golgatha verehrt wird. Es fragt sich: Blieb das heutige Golgatha außerhalb dieser Mauer liegen?

Die Antwort Robinsons und vieler Anderen lautet verneinend; diese Mauer mußte nach ihm nothwendig den

Felsenhügel Golgatha in sich fassen. Warum? „Diese Mauer lief aus nahe beim Hippikus, dem alten Castell in der ersten Mauer, im Norden von Zion, im Westen vom Tempel und der daran stoßenden Burg Antonia, und lief in einer kreisförmigen oder gekrümmten Richtung zur Nord=ostecke der Burg Antonia."

Das Letztere, die kreisförmige oder gekrümmte Richtung auf die Burg Antonia, ist unzweifelhaft; denn Josephus bezeugt's ausdrücklich. Stimmt dazu auch das Erstere, so konnte Golgatha, bei seiner so nahen nordöstlichen Lage vom Hippikus, allerdings unmöglich außerhalb der Mauer bleiben. Dazu kömmt noch, was die Beweisführung sehr unter=stützt, daß der Teich des Hiskias dergestalt zwischen dem Hippikus und Golgatha liegt, daß entweder beide innerhalb oder beide außerhalb des Laufes der Mauer bleiben mußten. Dieser Teich aber, den Hiskias in der Absicht errichtete, um das vom Gebrauche der anrückenden Belagerer abgelei=tete Wasser dem Gebrauche der belagerten Stadt zu ver=mitteln, läßt sich vernünftiger Weise nicht außerhalb der Mauern denken.

Das Letzte will ich zuerst beseitigen, ich meine den Be=weis den der Hiskiasteich geliefert. Diese Benennung hat eine ganz andere Autorität als die einer uralten oder auch nur alten Tradition; denn der italienische Mönch Quaresmius im siebzehnten Jahrhundert hat zuerst die Vermuthung ausgesprochen, daß der gewöhnlich nach dem

heiligen Grabe benannte Teich das Werk des Hiskias sein
möchte. Derselbe heißt auch jetzt noch bei den Eingebornen, namentlich den christlichen, nicht anders als Teich
des heiligen Grabes oder, und das ist bei den muhamedanischen Eingebornen das allein Uebliche, der Badeteich,
weil aus ihm ein öffentliches Bad in der Nähe unterhalten wird. Hiernach läßt sich bei unserer Untersuchung
durchaus kein Gewicht auf diesen Teich legen, der wahrscheinlich sogar der nachchristlichen Zeit angehört.

Ob übrigens der wahre Hiskiasteich in der That, wie
Williams will, mit dem Teiche Siloam, der auch der Königsteich heißt, zusammenfällt, das kann ich hier ungeprüft
lassen; nur erwähn' ich noch, daß diese Ansicht durch die
Bezeichnung des Hiskiasteiches beim Propheten Jesaias
als des Teiches „zwischen den zwei Mauern," nach Williams' Plane vom Laufe der alten südlichen Mauer ohne
Störung bleibt.

Es fragt sich ferner: Ist es gegründet, daß die zweite
Mauer nahe beim Hippikus ihren Ausgang nahm?

Josephus berichtet: Die erste Mauer lief vom Hippikus aus. Er berichtet weiter: Die dritte Mauer lief vom
Hippikus aus. Bei der zweiten sagt er, und zwar ohne
alle Erwähnung des Hippikus, daß sie vom Thore Gennath oder Gartenthore auslief.

Das klingt schon ungünstig; es wäre noch ungünsti-
ger, könnte der angebliche Hiskiasteich seine Autorität

behaupten; denn dann müßte, um ihn einzuschließen, die Mauer in der That in der nächsten Nähe vom Hippikus ausgelaufen sein, so daß man kaum absähe, wie sie nicht vom Hippikus selber auslief, oder wie Josephus nicht wenigstens dieser unmittelbaren Nähe gedachte. Doch der Irrthum über den Ausgangspunkt der zweiten Mauer bedarf nicht eben zu seiner Widerlegung des Irrthums über den Hiskiasteich; denn die neuesten Nachforschungen haben den ganzen Lauf dieser Mauer aus den Spuren, die theils von ihr selber theils von den Thoren in derselben geblieben sind, fast untrüglich nachgewiesen. Darnach lag ziemlich weit im Osten vom Hippikus das Gartenthor, und von diesem lief die Mauer in einer fast geraden Linie zum Damaskusthore, dessen Antheil an derselben Mauer durch gebliebene alte Baureste außer Zweifel gestellt ist. Golgatha bleibt dabei unumschlossen an der westlichen Seite der Mauer liegen.

Uebrigens gibt die genannte Richtung in „fast gerader Linie" keinen Anstoß; denn die kreisförmige Krümmung des Josephus wird durch die weitere Ausdehnung der Mauer gewonnen.

Dies also ist das Resultat, das die neueste Ergründung des Terräns geliefert hat. Zu seiner Bestätigung läßt sich hinzusetzen was wir über die beiden Nachbarthürme des Hippikus, über Phasaelus und Mariamne, aus unzweideutigen Nachrichten des Josephus wissen. Diese beiden Boll-

werke, deren Pracht und Festigkeit der jüdische Geschichtsschreiber mit lauter Ausdrücken der Bewunderung schildert,
wurden von Herodes dem Großen, zu Ehren seines Bru-
ders Phasael und seiner Gemahlin Mariamne, in der ersten
alten Mauer in Einer Linie mit dem Hippikus errichtet.
Sie standen auf dem höchsten nördlichen Kamme des
Berges Zion, wodurch ihre natürliche Höhe noch impo-
santer wurde.

Einer Seits ist nun nicht annehmbar, daß Herodes
diese unvergleichlichen Festungsthürme da in der alten
Mauer erbaut haben sollte wo dieselbe von der zweiten
Mauer umschlossen war, so daß ihnen das Moment militärischen Schutzes gänzlich abgegangen wäre, gerade in einer
Zeit wo's hierauf ganz besonders ankam. Andrer Seits geht
aus der Darstellung des Josephus hervor, daß da wo die
drei Thürme standen die erste nördliche Mauer über ein so
hohes Terrän lief, daß die nächste Umgegend mit Golgatha sicherlich keine Höhe darbieten konnte, die etwa aus
strategischen Rücksichten von der zweiten Mauer hätte
überbaut werden müssen.

Auch möcht' ich anführen, daß da wo Josephus den
Ausgangspunkt der zweiten Mauer angibt die gänzliche
Uebergehung zweier so hervorragender und dem Hippikus
vollkommen entsprechender Anhaltspunkte wie Phasaelus und
Mariamne zu beweisen scheint, daß dieser Ausgangspunkt
außerhalb derselben und also im Osten von beiden befind-

lich war. Dort eben, wo es die neu entdeckten Ueberreste nachweisen, mochte sich wohl das Thor Gennath als einziger Anhaltspunkt nennen lassen.

Endlich ist auch der Name des Thors Gennath beachtungswerth. „Gartenthor" konnte es nämlich füglich um der königlichen Gärten willen heißen die an ihm lagen. Damit harmonirt aufs Vortrefflichste das Terrän das in Frage steht; denn noch jetzt sah ich Gartenanlagen daselbst, nämlich im einstigen Hofraume des verfallenen Johanniterhospitals, gleich neben der Kirche zum heiligen Grabe.

Einen Einwand könnte man hieran knüpfen, hergenommen von der Bedeutung oder Bestimmung Golgatha's. Wie konnte die Schädelstätte dicht bei den königlichen Gärten liegen? Allein gegen die hergebrachte Auffassung der Schädelstätte als des gewöhnlichen Richtplatzes stimm' ich ganz der Ansicht bei, die schon von Cyrill, Bischof zu Jerusalem, im vierten Jahrhunderte, vorgetragen worden ist. Das griechische Wort, woburch das hebräische „Golgatha" übersetzt wird, bezeichnet nicht die Stätte wo Schädel zu fallen oder zu liegen pflegen; es heißt genau übersetzt: „Stätte des Schädels," oder wie bei Lucas steht: „der Schädel." Darnach scheint der Name von der Gestalt des felsigen Hügels, d. h. von seiner Aehnlichkeit mit einem Schädel hergenommen zu sein. Auch ist es nicht recht glaublich, daß der vornehme Joseph

von Arimathia sein Gartenbegräbniß in der Nähe Golga=
tha's gehabt haben würde, wäre es der gewöhnliche Richt=
platz gewesen *.

Doch so viel vom Terränsstudium zum Beweise, daß
das heutige Golgatha mit dem heiligen Grabe zur Zeit
Christi außerhalb der Stadtmauer lag und deshalb recht
füglich die ursprüngliche Oertlichkeit einnehmen kann.

Nur im Vorübergehen noch die Bemerkung, daß mit
der irrthümlichen Gegenansicht genau die Annahme zu=
sammenhängt, daß Akra oder die Unterstadt sich dicht an
den Berg Zion, nördlich von ihm, angeschlossen habe.
Diese Ansicht Robinson's und mancher Anderen wurde nur
dadurch möglich, daß man es mit dem Texte der Beschrei=
bung bei Josephus nicht genau nahm und sie sich durch
die Vergleichung der heutigen Lokalität nicht gehörig ver=

---

* Gegen die Erklärung Golgatha's als des gewöhnlichen
Richtplatzes möchte ich auch auf die Ausdrucksweise des Evangelisten
Matthäus, Matth. 27, 33., ein Gewicht legen. Er sagt: Sie kamen
zu einem Orte, Namens Golgatha (εἰς τόπον, nicht εἰς τὸν τόπον).
Es mußte, glaub' ich, mit Bestimmtheit der Ort Golgatha genannt
werden, wenn es sich so gut wie von selbst verstand, daß dort, wie ge=
wöhnlich oder immer die Verbrecher, so auch Christus hingerichtet
wurde. Der bestimmtere Ausdruck mit dem Artikel hingegen, der
sich allerdings bei Johannes und Lukas findet, (bei Markus ists zwei=
felhaft) ist von viel geringerem Gewichte als der unbestimmte bei
Matthäus; denn mit dem bestimmten Artikel wurde nur auf den gar
wohl bekannten Hügel mit Namen Golgatha hingewiesen, der aber
keineswegs gerade als der Richtplatz bekannt sein mußte.

deutlichte. Akra konnte nicht im Norden von Zion liegen, so wie es Robinson will: erstens weil Josephus sagt, sie habe seit der Ausfüllung eines Zwischenthales unter den Asmonäern mit Morjah, dem Tempelberge, nur Ein Ganzes ausgemacht; aber noch heute ist Robinson's Akra durch das Thal der Käsemacher vom Tempelberge streng geschieden und mußte es immer sein: zweitens weil Josephus angibt, Akra sei von Zion oder der Oberstadt getrennt durchs Thal der Käsemacher; aber das Thal der Käsemacher läuft, was unverkennbar ist, von Norden nach Süden und hat durchaus keinen Arm, der von Westen herein Akra und Zion, zur Rechtfertigung des Ausdrucks bei Josephus, von einander sonderte: drittens weil Josephus sowohl die Oberstadt als auch die Unterstadt nach außen in tiefe Thäler abfallen läßt; das wäre aber geradezu unrichtig rücksichtlich der Unterstadt, wenn sie da läge wo Robinson will*.

Jetzt darf ich mir's nicht versagen, die an die heilige Grabeskirche geknüpfte Tradition mit Wenigem zu beleuchten, und zwar nach ihren schwachen wie nach ihren starken Seiten. Auf den alleinigen Grund der Tradition haben bekanntlich so viele Jahrhunderte an der Ueberzeugung von der Aechtheit des heiligen Grabes festgehalten.

---

* Ich hoffe bald anderwärts dem ganzen Gegenstande eine besondere Abhandlung zu widmen, worauf ich mir erlaube gelehrte Leser im Voraus zu verweisen.

Das Eine ist vor allem Anderen klar, daß seit Constantin die nun einmal durch herrliche Monumente ausgezeichneten Stellen der Schädelstätte und des Grabes fort und fort unverrückt im Auge der Gläubigen geblieben. Auf des Kaisers Befehl erhob sich über Golgatha eine prächtige Kirche mit bleiernem Dache, mit glänzenden Marmorwänden, mit einem großen Reichthume an Gold und Schmuck. An die Kirche schloß sich im Westen ein freier Hof an, gepflastert mit glatten Steinen und umgrenzt von Säulenhallen. Damit sollte wahrscheinlich der Garten bezeichnet werden, der, wie Johannes erzählt, das Felsengrab Joseph's enthielt und nahe bei Golgatha lag. Dieser Hof lief endlich in eine Capelle auf der Stelle des heiligen Grabes aus, getragen von Säulen und begabt mit mancherlei Pracht. Was nun auch für Trübsal hereinbrechen mochte über die Christen Jerusalems, seitdem die Huld des Kaisers über die heiligen Oerter der Stadt Davids geschritten war: zerstört wohl konnten die theueren Bauwerke und aus den Ruinen neu errichtet werden; aber vergessen konnte Golgatha, konnte das heilige Grab nicht werden. Hat man also unter Constantin in der That die rechte Oertlichkeit aufgefunden, so ist an der spätern Forterhaltung derselben nicht mit Grund zu zweifeln.

Aber die Tradition sucht ihre Hauptstützen noch viel früher. Während man sich zuvörderst darauf beruft, daß gewiß schon im ersten Jahrhunderte jene beiden hochheiligen Oerter von den Aposteln und ersten Christen ganz beson= ders verehrt und zu Versammlungsörtern erwählt worden sind; sowie darauf, daß von Jacobus, dem ersten Bischofe von Jerusalem, bis zur Zeit Habrian's, des Erbauers der Aelia Capitolina, ununterbrochen die Reihe jüdisch=christ= licher Bischöfe und mit derselben auch die getreue Ueber= lieferung bestanden habe: führt man als Hauptbeweis den Umstand an, daß Habrian zur Verspottung der Christen auf dem Felsen der Kreuzigung ein Marmorbild der Venus und auf dem Grabe eins des Jupiter ums Jahr 135. errichtet habe. Dadurch sei natürlich bis zur Epoche Constantin's die Lokalität in einer sichern wenn auch noch so unwürdigen Bezeichnung erhalten worden.

Was läßt sich gegen diese Argumente einwenden?

Daß die ersten Christen mit besonderer Verehrung an jenen beiden Oertlichkeiten in Jerusalem hingen oder gar Versammlungslokale daselbst gründeten, ist keineswegs wahrscheinlich, da ja das Christenthum am allermeisten bei seinem ersten von Geist und Leben getragenen Auftre= ten ganz von dergleichen Aeußerlichkeiten abzusehen geeig= net war. Galt's doch nicht etwa ein Neues an die Stelle des Samaritanischen Berges und des Jerusalemischen Tem= pels zu setzen. Auch haben wir in keiner von allen Schriften des Neuen Testaments die geringste Anspielung auf die auszeichnende Beachtung oder Verehrung jener

Oerter, obschon eine solche Erwähnung bei der Predigt vom Gekreuzigten und Auferstandenen sehr oft so nahe lag. Wie sehr die ersten Christen den Ausspruch des Herrn von der Anbetung im Geiste festhielten, beweist sich noch recht stark dadurch daß der Worttext der Evangelien und Neutestamentlichen Briefe bereits in den drei ersten Jahrhunderten eine sehr große Menge der uns heute in vielen Tausenden historisch vorliegenden Entstellungen erfahren hat. Und will man vielleicht die Innigkeit geltend machen, mit der die Apostel an der Person ihres Meisters hingen, die, eine heilige Herzenssache, dem Geiste des Cultus unmöglich zuwiderlief, wenn sie Erinnerungen an theuer gewordene Oertlichkeiten sorglich festhielt: so muß dies gewiß bei weitem mehr auf die Lokalitäten des persönlichen Umgangs der Jünger mit dem Heilande, wie auf den Oelberg und dergleichen, Anwendung finden als auf die Schädelstätte und das Grab.

Was ferner die ununterbrochene Bischofsfolge von Jacobus bis auf Hadrian's Zeit betrifft, so haben wir dafür durchaus nichts als das Zeugniß des Eusebius, der seiner Seits versichert, daß er beim gänzlichen Mangel sicherer Nachweisungen nur berichten könne was er berichten gehört.

Um Hadrian's Götterbilder hat es aber eine mißliche Bewandtniß. Niemand anders als Eusebius, zweihundert Jahre nach Hadrian, erzählt als der Erste, daß auf dem

Grabe des Herrn von Frevlerhänden ein Venustempel errichtet worden sei, ohne Hadrian's mit einer Silbe zu gedenken. Sokrates und Sozomenus erzählen wie Eusebius; nur setzt der Letztere noch hinzu, daß dadurch die an der heiligen Stätte anbetenden Christen den Anschein von Götzendienern hatten erhalten sollen. Hieronymus aber, zu Ende des vierten Jahrhunderts, führt anstatt des einen zwei heidnische Götterbilder an, das der Venus auf dem Kreuzesfelsen und das des Jupiter über dem Grabe. Mit welchem Rechte Hieronymus zugleich anfängt damit auf Hadrian zurückzugehen, ist schwer zu sagen. Und was sagt mit dem Allen sowohl Eusebius sammt seinen Fortsetzern als auch Hieronymus aus? Nichts als daß die Lokalität, wo unter Constantin das Kreuz gefunden worden, auf sich ein heidnisches Götzenbild trug; ungewiß bleibt aus welcher Zeit es stamme. Daß aber dasselbe absichtlich über dem wahren Grabe Christi errichtet worden sei, möchte man sich nur erzählen, weil die Kreuzesauffindung diese Oertlichkeit als die des Grabes nachwies. Dazu kömmt endlich noch, daß die Art wie Eusebius die Entdeckung des Kreuzes berichtet, darzuthun scheint, daß man vor dieser Entdeckung die heilige Oertlichkeit nicht kannte, daß vielmehr eine göttliche Eingebung, kein äußerer Anhaltspunkt, auf die Entdeckung leitete.

Allein diesen Einwendungen gegenüber läßt sich nicht leugnen, daß die erste Christengemeinde zu Jerusalem, so

kurz nach den Vorgängen auf Golgatha und im benach=
barten Garten, vollkommen bekannt sein mußte mit die=
sen Oertlichkeiten. Auch war es bei den Erzählungen
von Christi Tod und Auferstehung unter den Jerusalemi=
schen Christen fast unumgänglich, des Schauplatzes beider
zu gedenken; ebenso wie keiner der Evangelisten uns diese
Thatsachen ohne Bezeichnung der betreffenden Oertlichkeiten
berichtet. Daß Paulus in seinen Briefen nie davon spricht,
das liegt eben so sehr im Geiste seiner Predigt wie in sei=
nem persönlichen Standpunkte zum leiblichen Christus. Wie
matt wäre es für ihn gewesen, bei seiner begeisterten Ver=
kündigung des Gekreuzigten und Auferstandenen auf den
Hügel Golgatha oder aufs Grab im Gartenfelsen zu ver=
weisen. Etwas Anderes ists wenn sich Petrus über Da=
vid, der seit tausend Jahren verstorben, des Ausdrucks
bedient: „Sein Grab ist bei uns bis auf diesen Tag."
Eben so wenig wie von Golgatha sprechen die Apostelbriefe
von Bethlehem oder von Nazareth.

Daß man übrigens doch sehr früh anfing dergleichen
weihevolle Lokalitäten auszeichnend zu beachten, das be=
weist Justin der Märtyrer um die Mitte des zweiten
Jahrhunderts, da er in seinem berühmten Dialoge die
Höhle oder Grotte zu Bethlehem als des Heilands Ge=
burtsstätte anführt, während Origenes, zu Anfang des
dritten Jahrhunderts, bereits von Pilgerschaften nach der
Bethlehemitischen Grotte und davon erzählt, daß sie sogar

von Heiden als die Geburtsstätte unseres Religionsstifters angesehen wurde. Der Schluß ist aber sicher: Geschah dies mit der Geburtshöhle zu Bethlehem, um wie viel mehr mußte der Kreuzesplatz und die Grabesstätte getreu gemerkt und oft betrachtet werden.

Sodann konnte es keineswegs schwer sein, die genaue Kenntniß Golgatha's zu behalten. Haben wir auch die erste Bezeichnung desselben als eines felsigen Hügels oder Berges erst vom Jahre 333. im Itinerarium von Bordeaux nach Jerusalem, so nennt doch schon der Name, nach unserer Ansicht, eine solche Besonderheit des Ortes die sich nicht vom Character eines Hügels sondern läßt; sowie daneben die Wahl hervorragender Oerter zu Hinrichtungen bei den Alten sichere Thatsache ist. Hat sich nun die Kenntniß verschiedener Oertlichkeiten in und um Jerusalem bis heute so sicher erhalten, daß der Zweifel daran lächerlich wäre: wie sollte man den selbst durch seine Figur merkwürdigen und durch die Kreuzigung Christi noch merkwürdiger gewordenen Hügel, der längst seinen bestimmten Namen trug, schon in den ersten Jahrhunderten bis zur Verwechslung haben vergessen können.

Ferner läßt sich von jener dem Zweifel unterworfenen Bischofsfolge für unseren Zweck ganz absehen: das bleibt unleugbar, daß viele Christen in Jerusalem von Anfang an fortwährend anwesend waren, und daß die gewaltsame Verstörung in Folge der Einnahme der Stadt durch Titus den Christen von Jerusalem die Kenntniß von Golgatha nicht schmälern konnte. Denn daß eine solche Lokalität, ein felsiger Hügel mit einem benachbarten Garten, beides noch dazu außerhalb der ersten und der zweiten Mauer, von den römischen Soldaten bis zur Unkenntlichkeit gelitten haben sollte: das läuft aller Wahrscheinlichkeit zuwider.

Ich komme zu Hadrian's Götzenbildern. Hieronymus mag irren wenn er von zweien spricht, da er selber in Jerusalem bereits die Schöpfungen Constantin's vorfand, während Eusebius die heidnischen Denkmale noch mit eigenen Augen gesehen; auch mag dem Stillschweigen Euseb's über Hadrian als Urheber des Venusbildes das volle Recht belassen werden: aber entschieden bleibt immer, daß das Götzenbild, das wenigstens aus Gründen der Wahrscheinlichkeit auf die Zeit der Erbauung der Aelia Capitolina durch Hadrian zurückgeht, auf der Stelle der heutigen Grabeskirche unter Constantin vorgefunden wurde. Daß es wirklich auf Golgatha, oder genauer, auf dem Grabe stand und dann zugleich wohl den Zweck der Verspottung hatte, das glaube ich deshalb weil die Christen bis zu Hadrian's Zeiten ohne Zweifel die wahren Oertlichkeiten kannten und von da an, wo die neue Gemeinde für immer aus der Aelia Capitolina unvertrieben blieb, gewiß ein Auge voll treuer, unwandelbarer Verehrung darauf geheftet haben würde, wenn es nicht eben auf eine solche Weise gestört worden wäre. Ist es doch historisch bekannt, daß man schon gegen den Beginn des dritten Jahrhunderts anfing, sich auf den Grabstätten der Märtyrer zu Andachtsübungen zu versammeln. Uebrigens fällt das angebliche Jahr der Errichtung des Götzenbildes gerade mit der Zeit zusammen, wo in Folge des fanatischen Judenaufstandes unter Barchochba mit den Juden auch die Christen von ihren römischen Herren in Jerusalem Strenge, Haß und Bitterkeit erfuhren.

Als letzter Einwand gegen die Tradition ist die Erzählung von der Kreuzesauffindung geltend gemacht worden. Ich glaube, die Ausdrücke bei Eusebius und im Briefe Constantin's erheischen eine strenge Fassung, und erleiden durch spätere offenbar mit Willkür ausgestattete Berichte, wie etwa den von Helena's Forschungen bei den Eingebornen, keine Beeinträchtigung.

Eusebius sagt, daß der Kaiser den „völliger Vergessenheit und Verkennung überlieferten Schauplatz der Auferstehung Christi nicht ohne eine göttliche Eingebung und gemahnt vom Heilande selber habe reinigen und mit Monumenten schmücken lassen." Das Götzenbild der Venus über dem mit Erde verschütteten Felsengrabe rechtfertigt es, glaub' ich, hinlänglich, daß Eusebius sagt, der heilige Ort sei der Vergessenheit und der Verkennung überliefert gewesen. Die Eingebung aber und die Mahnung von oben ist nicht als die Ursache der Auffindung des verlornen Schatzes hingestellt, sondern als die dem Kaiser gewordene Veranlassung, den so frech entheiligten Ort durch Denkmale frommer Verehrung zu weihen.

Und wenn Constantin in seinem Briefe an Makarius „die Entdeckung des Zeichens der allerheiligsten Passion des Erlösers, das so lange unter der Erde verborgen gewesen," als „ein Wunder" betrachtet, „erhaben über alles menschliche Begreifen:" so meint er damit augenscheinlich die Auffindung des Kreuzes selber, wofür auch bei vorhergegangener Bekanntschaft mit der Lokalität des einstigen Grabes sein Ausdruck angemessen erscheint. Ebenso fällt auch die Auffindung des trotz der Verschüttung und des abgöttischen Ueberbaues so vortrefflich erhaltenen Grabes, wie es Eusebius beschreibt, unter den Begriff des Wunderbaren.

Robinson sagt überdies noch, daß Eusebius vom Vorhandensein einer Tradition über das Grab gänzlich schweige. Das läßt sich nicht mit Recht sagen. Denn wenn Eusebius berichtet, daß auf dem Grabe ein Idol gestanden, hat er noch nöthig die Tradition näher zu bestimmen oder weiter zu verfolgen?

Zu dem allen, was die angefochtene Tradition vertritt, kömmt die Eigenthümlichkeit der Lage des Grabes, das heutzutage verehrt wird. Dasselbe liegt nur wenig außerhalb derjenigen Mauer, die zur Zeit Christi die Stadt umschloß, aber ziemlich weit innerhalb der heutigen Stadtmauer, die, wenigstens in der Gegend des heiligen Grabes, auch schon zur Zeit Constantin's Stadtmauer gewesen. Daß aber Christi Grab außerhalb der Stadt gelegen, das wußte man zur Zeit Constantin's sicherlich so gut wie jetzt. Würde man nun bei der Absicht eines Betrugs oder auch im Falle einer freien Wahl nicht darauf geachtet haben, durch eine angemessene Entfernung von der Stadt jedem Argwohne von dieser Seite mit Sicherheit vorzubeugen? Andrer Seits ist freilich anzuerkennen, daß man unter Constantin ohne Zweifel noch viel deutlichere Spuren als heute von der zweiten, einstmals äußersten Mauer haben mußte; so daß die Lage der Grabeskirche ebenso unsere oben vorgetragene Ansicht vom Laufe dieser Mauer bestätigt, wie sie in der letzteren einen Beweis für ihre mögliche Ursprünglichkeit besitzt.

Endlich beweis't das jedenfalls in der Nähe der Grabeskirche gelegene Grabmal des Hohenpriesters Johannes, das Josephus in der Belagerungsgeschichte Jerusalems vom Jahre 71. zu wiederholten Malen anführt, daß gerade hier Joseph's Felsengrab im Garten gar füglich gelegen haben kann.

Das Resultat einer ernsten Untersuchung muß willkommen sein, tritt es auch vorgefaßten Wünschen entgegen; denn das Wahre oder was dem Wahren am nächsten, ist aller Forschung einziges Ziel; aber doppelt willkommen ist das Resultat, das Sympathien bestärkt die dem Herzen innig theuer. Ein solches hat mir die Untersuchung über die

Aechtheit des heiligen Grabes geliefert. Ich glaube, es wird fernerhin schwer sein, diese Aechtheit mit nachdrücklichen Gründen zu bestreiten. Und damit steht es als eine herrliche Thatsache fest, daß das Grab dem kein anderes auf Erden gleicht, jenes Grab mit der Botschaft des Sieges über alle Gräber, trotz des Fluches der gewaltet über Israels heilige Stadt, trotz aller Kriegesscenen die sie gesehen, trotz aller Verheerungen die sie erfahren, noch bis heute dem Auge der Gläubigen nicht hat entrückt werden mögen.

Zum Schlusse noch ein paar Worte über die Schicksale des Kirchenbaues über Golgatha und dem Grabe.

Die prächtigen Bauwerke Constantin's gingen nach dreihundert Jahren, bei der Einnahme Jerusalems durch die Perser, in Flammen auf. Sie wurden, wie es scheint, bei weitem geringfügiger wiederhergestellt, wobei man, was merkwürdig ist, den Felsen mit dem Grabe zu einer hüttenartigen Kapelle gestaltete. Bei der Zerstörung im Jahre 1010. ist wahrscheinlich diese Felsenhütte selber zertrümmert worden. Dafür stellten die Kreuzzügler, als sie den großartigen Gesammtbau über Golgatha und dem Grabe ausführten, das ursprüngliche Grab nachahmend in der Kapelle dar, die den besonderen Namen der Kapelle des heiligen Grabes empfing. Von diesem Bau aus den Kreuzzügen haben sich bis heute noch mehrere Mauern und die Hauptformen erhalten, obschon der Brand, der im Jahre 1808. in der armenischen Kapelle ausbrach, einen großen Theil der Kirche in Asche legte.

Was heute noch an der Grabeskapelle eine besondere Hervorhebung verdient, das sind die Grabstellen, die sich in der westlichen Abseite des Felsen der das Grab über=wölbt vorfinden und in der That alte Judengräber zu ent=halten scheinen. Man hat sie als die Gräber des Joseph von Arimathia und des Nikodemus benannt.

Von Jerusalems Einwohnern.

Jerusalem soll im Mittelpunkte der Erde liegen; ein marmorner Kranz mitten auf dem Fußboden der Grabeskirche dient zu seiner Bezeichnung. Diese Rechnung mag ein Irrthum sein; aber daß Jerusalem für die Nationen des Erdkreises gleichwie das große mütterliche Herz ist, in dem ein Puls schlägt von ihren eigenen Herzen: das sieht das Auge des Pilgrims leicht. Christen des Orients wie des Occidents, so mannigfaltig in ihren Bekenntnissen wie in ihren Zungen, Muhamedaner, Juden: alle wohnen unter den Dächern der heiligen Stadt. Weltliche Spekulationen nicht sinds die sie dahin gerufen, nicht Interessen der Eitelkeit, sondern der Drang zu beten an einer Stätte, geweiht und heilig vor allen Stätten der Welt. Mohammeds Bekenner besitzen hier ihre unvergleichliche Moschee über den Ruinen des Salomotempels; so viele andere betritt der Fuß des Fremdlings, nur Omar's Moschee ist ihm unantastbar verschlossen. Die Christen schaaren sich hier unter die Kuppeln über Golgatha und über dem Grabe des Herrn; was gilt dagegen die Pracht St. Peters, was die Herrlichkeit der Paulskirche. Die

Kinder Israels kommen hieher aus weiten Fernen. Was nennen sie ihr Eigenthum von all den Heiligthümern der Davidsstadt? Ein enger Mauerwinkel ist ihnen geblieben von Jehovah's Tempel, um dort zu knieen und zu weinen. Wer könnte zu diesem „Klageplatze" kommen, des Freitags, wo die Frauen nie fehlen mit den Thränen unterm Schleier, ohne eine tiefe Theilnahme am Schicksal dieses Volks. Die Patriarchen, mit denen Gott geredet, nennt es seine Väter; an David, an Salomo hat es Fürsten besessen, deren Weisheit die Welt bewundert; die Stimmen der Propheten sprachen zu ihm unvergänglich große Worte. Als das Volk Gottes stand es da, eine heilige Oase in der Menschheit, in seinem Herzen die Verheißung des Welterlösers. Da hat es wahnsinnig verblendet für den Segen ergriffen den Fluch: der Welterlöser kam und blutete auf Golgatha. Sein Blut, so rief es, komme über uns und über unsere Kinder. Sie hatten vergessen daß Gott seiner nicht spotten läßt. Seitdem trägt es den Fluch auf seiner Stirn, wie einst Kain, der Brudermörder. Aber unter allen Strafen und Schrecknissen, die es erduldet, ist es unaustilgbar geblieben; noch heute wandelt es über die Erde, eine lebendige Ruine, sich selber eine unverstandene Strafpredigt, der Welt eine Warnungstafel, beschrieben vom ewigen Griffel.

Mit diesen Betrachtungen stand ich auf dem merkwürdigen Platze, dicht hinter der Moschee el Aksa; sein allge-

meiner Name ist kein anderer als der des jüdischen Klage=
platzes; er wird als ein besonderes Privilegium geachtet.
Wohl möcht' ich's ein trauriges Privilegium nennen; aber
dennoch waren die Juden nicht immer so glücklich nur ein
ähnliches in ihrer Gottesstadt zu besitzen. Zweihun=
dert Jahre lang, nach dem Aufstande Barchochba's unter
Hadrian bis zur Zeit Constantin's, war ihnen sogar
jede Annäherung zur Stadt verboten. Unter Con=
stantin durften sie bis auf die Nachbarhügel kommen, um
von da die Stadt zu sehen. Später wurde ihnen vergönnt,
jährlich einmal und zwar am Gedächtnißtage der Zerstö=
rung durch Titus auf den Tempeltrümmern zu stehen und
zu weinen; nur mußten sie, wie Hieronymus erzählt, selbst
zu ihren Thränen die Erlaubniß mit Geld an den Wacht=
soldaten bezahlen. Jetzt bewohnen sie den ganzen nord=
östlichen Theil von Zion. Reinlich ist es dort eben so
wenig wie in den Judenvierteln europäischer Städte.
Die ärmlich einfache Erscheinung, die sie anzunehmen pfle=
gen, hat jedoch besonders den Zweck, die Habsucht der tür=
kischen Herren ungereizt zu lassen. Uebrigens stammt ihr
Klageplatz und die trübselige Andacht daselbst schon aus
alter Zeit; denn schon im Mittelalter geschieht Erwäh=
nung davon.

Eine Ueberraschung hatt' ich, als mich der Weg durchs
Judenviertel zum jüdischen Klageplatze führte. Es trat
mir aus der Thür einer unansehnlichen Hütte ein wahres

Madonnenbild entgegen, und zwar das schönste das ich je gesehen. Ueberhaupt gelten die Juden Palästina's für eine Race von den angenehmsten Zügen; nur gibts deren sehr viele in Jerusalem die aus fernen Ländern, namentlich aus Polen, Rußland, Deutschland, eingewandert sind, um in der heiligen Stadt zu sterben und überm Thale Josaphat ein Grab zu finden.

Einen bemerkenswerthen Contrast muß ich angeben. Während keine einzige jüdische Familie seit einem Jahrtausend oder vielmehr seit einem halben Jahrtausend in Jerusalem wohnt, hat man in Aegypten Judenfamilien, die seit fast vier Jahrtausenden daselbst heimisch sind, nämlich solche die mit Moses gar nicht ausgewandert. Uebrigens zählt Jerusalem in seinen Mauern gegenwärtig mehr Juden als Muhamedaner; der letztern rechnet man, mit Ausschluß von etwa tausend Mann türkischer Garnison, gegen fünftausend Seelen; der ersteren über sieben Tausend.

Noch einer traurigen Zugabe zum Judenviertel muß ich gedenken, nämlich der Wohnungen der Aussätzigen, die an die jüdische Pilgerherberge auf dem Zionsberge anstoßen. Unvergeßlich bleibt dieser Anblick jedem der ihn gehabt. Diese armen Geschöpfe leben in Hütten, so erbärmlich wie sie selber. Unglücksschwanger werden sie geboren; unglücksschwer scheiden sie von hinnen. Dadurch daß sie sich unter einander verheirathen, wie sie überhaupt streng abgeschieden von der Welt nur unter sich selber verkehren, pflanzen sie das Gift ihrer Krankheit fort. Ihre Zahl soll jetzt gegen dreißig betragen.

Die christliche Bevölkerung Jerusalems besteht aus zweitausend Griechen, neunhundert römischen Katholiken, dreihundertfünfzig Armeniern, hundert Kopten, zwanzig Syrern und eben so viel Abyssiniern. Dazu kommen noch sechzig bis siebzig Protestanten, die mit Ausnahme der amerikanischen Missionäre sämmtlich Europäer sind*.

Eigenthümlich verhält sich's mit dem Grundbesitze in Jerusalem. Einzelne Privatpersonen besitzen äußerst wenig und zwar immer nur kleine Antheile an einem Ganzen; alles Andere, das heißt fast Alles, ist Waqf (Siehe oben Th. 1. S. 58.), d. h. Moscheengut, Kirchen= oder Klostergut und Eigenthum anderer frommen Anstalten, wie z. B. des Hospitals der Helena. Unter den Christen sind am besitzreichsten die griechischen Klöster; man sagte mir daß ihnen nahe an hundert Häuser in der Stadt zugehören. So ist's also auch diese Besonderheit des Grundbesitzes die Jerusalem zur heiligen Stadt macht.

-----

* Ich bin bei diesen Zahlenangaben der Einwohner Jerusalems dem Consul Dr. Schultz gefolgt. In mehreren Stücken differiren davon die anderen neuesten Berechnungen. Während Schultz in Summa 15510 Seelen angibt, mit Ausschluß der Garnison, der Protestanten und des Consularpersonales, zählt Robinson 11500, und Williams 10920. Frühere Angaben schwankten zwischen 15000 und 26000.

Leider irrt wer sich unter den genannten christlichen Kirchen in Jerusalem einen brüderlichen Frieden denken wollte; obschon der Gedanke so nahe liegt, daß christliche Brüder, getrennt durch Glaubensformen, wenn irgendwo, gerade hier über dem Grabe des Heilands eine Hand versöhnender Liebe sich reichen müßten. Die gegenseitige Befehdung, die zwischen allen herrscht, vorzugsweise zwischen Griechen und Lateinern und Armeniern, da die armen Kopten so wie die wenigen Syrer und Abyssinier in keinen Betracht kommen, gewährt eine überaus traurige Erfahrung. Das Aergerniß wird dadurch voll, daß zumeist die heilige Grabeskirche zum Schauplatz der Fehde dient. Seit den Kreuzzügen hatten darin, viele Jahrhunderte hindurch, die Lateiner die Oberhand, insofern sie die hauptsächlichsten Räumlichkeiten als Eigenthum besaßen; allmählig sind sie bis auf ein beschränktes Terrän von den Griechen verdrängt worden; andere Theile wieder besitzen die Armenier, während nur ein Altar den Kopten und ein anderer den Syrern zugehört. Ansprüche macht nun jede der großen Parteien gegen die andere lieblos und gehässig geltend; ja die eine entblödet sich nicht die religiösen Ceremonien der anderen zu stören und zu verspotten; was namentlich den Griechen gegen die Katholiken schuld gegeben wird. Was ist gegen diese Entweihung der heiligsten Räume jener Geldwechsel und Taubenkram im Vorhofe des Tempels, der einst den Herrn zum Zorne trieb. Doch glaub' ich daß sie wohl nur selten, nur bei besonderer Gereiztheit, so traurig zu Tage treten mag. Einen Zug der Selbstsucht der Griechen sah ich mit eigenen Augen daran, daß sie schöne Marmorsäulen sammt ihren schmucken Kapitälern bis zur Unscheinlichkeit übertüncht hatten, um die lateinischen Inschriften durch griechische zu verdrängen. Daneben erzählte mir der Procuratore bei Forestieri einen Zug unwürdiger Kriecherei von Seiten griechischer Mönche. Sie hatten nämlich erst kürzlich dem Pascha von Jerusalem, der seinen Divan in der Kirche, rechts vom Grabe, nahe beim Calvarienaltare aufgeschlagen, mit eigenen Händen den Kaffee servirt.

Am schmerzlichsten aber berührte mich was mir vom sogenannten heiligen Feuer der Griechen und der Armenier, in der Nacht des Ostersonnabends, von Augenzeugen erzählt wurde, eine Ceremonie die den Respekt der Muhamedaner vor dem Cultus des Gekreuzigten mit Gewalt vernichten muß. Das Schlimmste daran ist nicht der augenscheinliche Betrug, der mit dem Wunder getrieben wird, sondern die Gemeinheit der Ausschweifung, die diese nächtliche Feier beschleicht und an heidnische Orgien grenzen läßt. Griechische Priester sollen sich dabei bis zur Sympathie mit den türkischen Derwischen vergessen, gegen die bekanntlich das Gesetz der Scham und der Sitte schweigt.

Eines Tags spielte bei diesem Feuerwunder Ibrahim Pascha, als Herr von Syrien, die Rolle die

Napoleon beim Blutwunder in Neapel gespielt hat. In Neapel wollte das Blut des berühmten Schutzheiligen nicht fließen; es gab unter dem Volke darüber eine große Bestürzung. Da befahl Napoleon, daß es sogleich fließen sollte. Und es floß. Ebenso verfuhr Ibrahim mit dem zögernden Feuer, als er von der Galerie der Griechen herab der Ceremonie zusah.

Das Verhalten der muhamedanischen Einwohner Jerusalems gegen die christlichen würde wohl noch übler sein ohne die Furcht vor den Consuln, unter denen am meisten der französische zu imponiren sucht. Er betrachtet sich, nach seinem eigenen Ausdrucke, als den Beschützer des Pascha's selber. Doch war ihm kurz vor meiner Ankunft ein Bedienter, freilich in ehrlosen Liebeshändeln, worin der Orientale keinen Scherz versteht, getödtet worden, ohne daß er eine Genugthuung beanspruchte.

Characteristisch für die Herzensgesinnung des Muhamedaners gegen den Christen ist die in Jerusalem noch heute übliche Ausdrucksweise: „mit Respekt zu sagen, ein Christ." Dasselbe ehrenhafte Prädikat findet auch auf den Juden seine Anwendung, so wie, was vielleicht galanten Herren unter uns zum Troste dient, auch auf das schöne Geschlecht. „Mit Respekt zu melden, eine Frau," so sagt der Muhamedaner in Jerusalem.

Wie leicht Reisende zu unangenehmen Behelligungen von Seiten der arabischen Bevölkerung kommen können, das bewies mir ein deutscher Maler, der bei Abzeichnung eines alten Mauerwerks nachdrücklich belästigt und der Bequemlichkeit halber mit seinem eigenen Stocke geschlagen worden war.

Albanesen, die ich die Straßen auf und ab schreiten sah, galten für die bedenklichsten Begegnungen; sie haben für Menschenleben ein sehr chevalereskes Auge, das sie um so mehr zur Zeit meines Aufenthalts in Jerusalem behaupteten, da damals der Pascha von militärischen Kräften so gut wie entblößt war. Daradurch wurde wohl auch der strenge Thorschluß, pünktlich mit Sonnenuntergang, veranlaßt; Besuche der unruhigen, kriegslustigen Beduinen der Umgegend hätten die heilige Stadt zu leicht in Verlegenheit bringen können.

Das anglikanische Bisthum zu Jerusalem.

Die Andeutung des traurigen Characters der morgenländischen Kirchen, als Repräsentanten des Christenthums
bei denen die ihm fremd gegenüber stehen, führt mich aufs anglikanische Bisthum. Denn das ist einer der Grundgedan-
ken aus denen es hervorgegangen, das Christenthum auf eine
würdige Gestalt vor die Augen der muhamedanischen und
jüdischen Orientalen, sowie der so tief gesunkenen orientalischen Christen selber hinzustellen. Daß der Gedanke
groß ist und edel, das bedarf keines anerkennenden Wor-
tes; ist aber der Gedanke auch in eine glückliche Praxis
getreten, seitdem die bischöfliche Familie mit jenem eigenthümlichen Aufsehen ihren Einzug in Jerusalem hielt?
Von diesem Einzuge erzählte mir einer der katholischen
Klosterbrüder sehr heiter, wie auf das „Ecco il vescovo“
der Zuschauer ein verwundrungsvolles „Ecco la vescova“
und endlich gar ein „Ecco i vescovini“ gefolgt sei. Ich
möchte sagen, das hieß allerdings mit dem Protestantismus
ins Haus fallen. Kaum ist es fraglich, daß Griechen und
Katholiken mit sämmtlichen orientalischen Kirchen an einem
Bischofe mit solchem Familienpersonal ein Aergerniß un

Gelegenheit zum Unglimpf auf dem neuen Bekehrungster= rän gewonnen haben. Wenigstens mußte nun die Persön= lichkeit des Bischofs um so gehaltener und würdevoller sein. Ich wünsche daß ich umsonst zweifle, daß die getrof= fene Wahl eine glückliche ist.

Bekanntlich hat man darum mit Vorliebe einen bekehr= ten Juden zum Bischofe gewählt, weil man die Bekehrung der Juden in Palästina bei der Stiftung des Bisthums vor= zugsweise im Auge hatte. Bin ich recht unterrichtet worden, sowohl von der Predigtweise eines der bischöfli= chen Missionäre als auch von dem bei Judenbekehrungen üblichen Verfahren in Jerusalem, so find' ich in keinem der beiden Stücke die Ehre des Protestantismus gefördert. Nach jener Predigtweise·wird den Juden ein neues Pha= risäerthum eingeimpft; sie erscheinen als die eigentlichst, ja ausschließlich zu vollkommenen Christen Berufenen; sie werden eingeladen durch ihren Uebertritt ihre alten an= geerbten Vorrechte über uns andere anzutreten. Natür= lich gefällt diese dogmatische Neuigkeit den judenchristli= chen Missionären selber bei weitem mehr als allen übrigen Protestanten. Einer der letzteren erzählte mir, daß er dem Prediger sein Mißfallen offen gestanden und seinen Pre= digtbesuch aufgesagt hatte. Uebrigens mag da und dort eine ähnliche Anschauungsweise vorkommen. Ein vor= nehmer Engländer hatte zwei Bewerber um die Hand sei= ner Tochter. Der eine war ein getaufter Israelit. Die=

sem gab der Vater unbedingt den Vorzug aus Respekt vor seinem Character als Judenchristen.

Was ferner die Bekehrungstaufe in Jerusalem betrifft, so wird sie, so viel ich weiß, von einer Accommodation an den modernsten Judaismus eingerahmt. Sechstausend Piaster (gegen dreihundert Speciesthaler) werden dem Täufling gleichsam als Prämie dargeboten; andere Vortheile sollen gleichfalls beträchtlich sein. Ob man glauben mag damit im Sinne Christi zu handeln? Vielleicht eher im Sinne der weltlichen Statthalter Christi. Was sagt aber der Protestantismus dazu? Uebrigens halt' ich Jerusalem für das ungünstigste Terrän zu Judenbekehrungen. Hier ist der jüdische Fanatismus zu Hause; hier ist der Jude glücklich im Gefühle, ein Jude zu sein; hier umgeben ihn Erinnerungen die ihm von Kindheit auf theuer und heilig sind. Diejenigen Juden, die demohngeachtet in Jerusalem übergetreten sind, wurden mir als solche bezeichnet die von ihren eigenen Glaubensgenossen eine Zurücksetzung und zwar aus guten Gründen erfahren hatten. So spinnt man goldene Netze und fängt faule Fische. Eine wahre Carrikatur von Bekehrung ist unlängst geliefert worden: Ein Jude wurde zuerst als Calvinist in Ungarn getauft; dann ward er in Wien Katholik, später walachischer Christ in der Walachei, endlich anglikanischer Protestant unter Bischof Alexander. Wer möchte dafür einstehen, daß dies Individuum seine Bekehrungscarriere nicht mit der Rückkehr zum Judenthume beschließen wird. Ist doch erst vor Kurzem ein getaufter Jude sehr bald nach der Taufe wieder Jude geworden. Aber die merkwürdigste Erscheinung mag wohl für die Bekehrungsannalen unsrer Zeit ein geborner Protestant aus Danzig geliefert haben. Derselbe ist nämlich in Jerusalem zum Judenthume bekehrt worden. Das freilich begreift sich leicht: Macht englisches Gold Christen, so kann auch jüdisches Gold Juden machen. Der bekehrte Danziger wurde von seinen neuen Glaubensbrüdern mit einem Nimbus von Verehrung umgeben und zu höheren Studien auf Nationalkosten nach Frankfurt a. M. geschickt.

Doch ich bin entfernt zu leugnen, daß das Bisthum, wenn auch nicht eben seinem Ideale, doch manchen Hoffnungen und Wünschen entspricht; daß namentlich durch die ans Bisthum geknüpfte Stiftung der beiden christlichen Schulen, der einen für Kinder, der andern vorzugsweise für neue judenchristliche Sendboten, ein Werk ins Leben gerufen worden das von herrlichem Segen begleitet sein kann.

Aber das anglikanische Bisthum zu Jerusalem hat ganz andere Seiten nach denen es betrachtet sein will. Es enthält den Versuch einer Union protestantischer Kirchenelemente, die bis jetzt in Europa streng geschieden geblieben. Der episkopale Anglikanismus hat sich darin verschwistert mit dem deutschen Protestantismus.

Eh' ich diese Verschwisterung näher beleuchte, muß ich in wenig Worten vom unterscheidenden Character beider Kirchennormen sprechen, so weit er nämlich für unsern Zweck besonders in Betracht kömmt.

Als die Reformation Luther's und Calvin's die evangelische Kirche durch den Bruch mit Rom stiftete, verwarf sie als einen wesentlichen Grundsatz der römischen Hierarchie das Dogma von der Succession der Bischöfe. Nach diesem Dogma ist die rechte Kirche nur diejenige, deren Bischöfe als Träger des in der Kirche waltenden heiligen Geistes durch ununterbrochene Folge von den Aposteln und von Christo selber herstammen. Die Bischöfe, ihren Primas an der Spitze, repräsentiren vereinigt die wahre Kirche und sind in Glaubenssachen unfehlbar. Der Bischof, eben in seiner besondern Eigenschaft als Träger und Vermittler des heiligen, die Kirche leitenden Geistes, hat die ausschließliche Verwaltung zweier Sakramente, der Ordination und der Firmelung, vor den andern Geistlichen der Kirche voraus.

Dies Dogma mußte folgerechter Weise in Wegfall kommen, als die Reformatoren die reine Verkündigung des Evangeliums und die richtige Verwaltung der Sakramente, d. i. des Abendmahls und der Taufe, als die einzigen Merkmale der wahren Kirche aufstellten, und durch die Idee des allgemeinen Priesterthums der Gemeinde den wesentlichen Unterschied des Standes der Priester vom

Stande der übrigen Christen aufhoben. Sie konnten darnach noch viel weniger einen Unterschied der Geistlichen als solcher unter einander gelten lassen. Daher kömmts denn, daß die Ordination die der Landpfarrer empfangen auch noch für den Generalsuperintendenten giltig ist; daß die Ordination kein Privilegium des Bischofs blieb, so wie daß die Confirmation, die an die Stelle der katholischen Firmelung getreten, von allen Geistlichen mit gleicher Autorität verrichtet wird.

Dagegen trägt die bischöfliche Kirche Großbritanniens eben deshalb den Namen der bischöflichen weil sie durch die Anerkennung einer höhern Autorität der Bischöfe einen hervorstechenden Unterschied von allen anderen protestanti= schen Kirchen besitzt, die wohl auch Bischöfe aber Bischöfe ohne wesentlich höhere Autorität haben.

Die englische Hochkirche allein hat für ihre Bischöfe sowohl die Nothwendigkeit einer besondern Ordination, als auch die ausschließliche Ausübung der Ordination und der Confirmation festgehalten. Daß sie außerdem glaubt, durch die richtige Folge der Bischöfe in einem hei= ligen Verbande mit der ersten, der apostolischen Kirche zu stehen; daß sie in ihr eine herrliche Schutzmauer findet gegen die Beweglichkeit menschlicher Formen und Normen; daß sie in ihr den Besitz berufener Vertreter, erkorener Organe ihrer Gemeinschaft hochachtet; daß sie endlich in ihr eine sichere Bürgschaft erkennt, die Idee der wahren Kirche in ihrem eigenen Schooße darzustellen: das ist eine unleugbare, eine durch die beständige Praxis wie durch die Sprache der Wissenschaft bestätigte Thatsache.

Dennoch wirft man die Frage auf, ob die bischöfliche Kirche diese Eigenthümlichkeit, wodurch sie sich eben so sehr der katholischen nähert als sie sich von den Kirchen Luther's und Calvin's entfernt, lediglich als eine Sache der Verfassung betrachte, oder ob sie daran den Character und die Bedingung der wahren Kirche knüpfe.

Der Vorgang der katholischen Kirche kann aus drei Gründen keineswegs gleichgültig sein. Erstens enthält die anglikanische Confession nichts über die Verschiedenheit des episkopalen Characters in der englischen und in der römischen Kirche. Dadurch wird der Gedanke der Uebereinstimmung der erstern mit der letztern nothwendig nahe gelegt, und zwar trotz der Verwerfung des Papstes; denn einer Seits haben auch die Bischöfe Englands ihren Primas, andrer Seits integrirt das weltliche Oberhaupt Englands autoritätsmäßig das Concil der Bischöfe. Sodann sind die beiden einzigen ausschließlichen Aemter des katholischen Bischofs auch die des anglikanischen geblieben, obschon sie den Character des Sakraments ohne Ausnahme in allen protestantischen Kirchen verloren haben. Endlich hat die bischöfliche Hochkirche, die sich zugleich die katholische zu nennen pflegt, die vergangenen

Jahrhunderte ihres Bestehens hindurch, gegen die Dissenters im Lande ihrer eigenen Heimath einen strengen Character des Exclusivismus, ähnlich dem der römischkatholischen Kirche, ausgeprägt; eine Thatsache die man folgerichtig, und nicht eben mißverständlich, geneigt geworden ist, auch aufs Verhältniß des Anglikanismus zu den protestantischen Kirchen außer England zu beziehen. Wie weit man nun die Analogie der katholischen Kirche für die anglikanische in der angeregten Frage geltend machen darf, das bleibt freilich streitig; aber die Erscheinung des aus seinem Heimathsboden ganz natürlich hervorgewachsenen Puseismus einer Seits und Nationalwerke wie das des ehemaligen Staatsministers Gladstone: „Ueber Staat und Kirche" andrer Seits geben dieser Analogie ein sehr nachdrückliches Gewicht.

Nach diesen Vorbemerkungen muß ich nun berichten, wie trotz der eigenthümlichen Verschiedenheit des deutschen Protestantismus und des englischen Episkopalismus ein gemeinschaftliches oder wenigstens ein solches Bisthum möglich geworden ist, in welchem sich die beiderseitigen Kirchenelemente als Bundesgenossen, als Freunde begegnen.

Das Bisthum in Jerusalem heißt und ist ein Bisthum der Vereinigten Kirche von England und Irland, mit einem Bischofe von gleicher Weihe mit allen anderen Bischöfen der Hochkirche. Es hat aber zugleich die Bestimmung, alle deutschen Protestanten im Oriente, sobald sie es selber wünschen, zu deutschprotestantischen Gemeinden zu vereinigen und

als solche unter seinen Schutz, unter seine oberhirt=
liche Fürsorge zu nehmen. Ihre specielle Leitung erhalten
diese Gemeinden durch deutsche Geistliche. Diese Geistli=
chen kommen als Candidaten des Predigtamts und voll=
kommen so vorbereitet nach Jerusalem, wie sie die prote=
stantische Kirche in Deutschland verlangt, um ihnen die
Ordination zu geben. Ihre Ordination erhalten sie aber
erst durch den Bischof in Jerusalem, nach vorheriger Ver=
pflichtung auf die drei uralten ökumenischen Glaubenssym=
bole, die gemeinsame Bestandtheile wie der katholischen so der
anglikanischen und der deutschprotestantischen Confessionen
sind. Diese dergestalt ordinirten Geistlichen gebrauchen in
ihren Gemeinden eine deutsche Liturgie, entnommen aus den
kirchlich recipirten Liturgien Preußens und zu ihrem beson=
deren Zwecke vom Erzbischofe von Canterbury sorgfältig
durchgesehen. Nur Eins behält sich noch in den kirchlichen
Funktionen dieser Gemeinden der Bischof vor den Geistli=
chen ausschließlich vor, das ist die Confirmation.

Offenbar hat sich hiernach der deutsche Protestantis=
mus in eine gewisse Unterordnung unter den Anglikanis=
mus begeben. Das liegt schon im Namen eines „angli=
kanischen" Bisthums. Doch ein anderes lag von Anfang
an außer dem Gesichtskreise der Stifter desselben; ein anderes
war wohl bei der Tendenz einer Gemeinschaft völlig un=
möglich. Es fragt sich nur: Ist in dieser nothwendigen
Unterordnung des deutschen Protestantismus unter den

Anglikanismus die Würde des ersteren ungeschmälert geblieben.

Die Frage ist von der einen Seite bejaht, von der andern verneint worden. Jeder spricht nach seinem Verständnisse; ich spreche nach dem meinigen. Im „Bisthume zu St. Jacob in Jerusalem. Freiburg 1842." wird es als entschieden hingestellt, daß die anglikanische Kirche den Character des Exclusivismus wie immer so auch hier bewährt habe; sie habe ihn unverkennbar in dem doppelten Vorbehalte der Ordination und der Confirmation für den Bischof bewährt. Im „evangelischen Bisthume in Jerusalem. Berlin 1842." wird der anglikanischen Kirche der ausschließende Character gänzlich abgesprochen, und jener Vorbehalt nur als ein Bestandtheil der äußerlichen Kirchenordnung angesehen.

Wie verträgt sich aber die Ansicht der letztern Schrift, daß der bischöfliche Vorbehalt der Ordination in der anglikanischen Kirche „nur eine Frage der Verfassung, keine Frage der Lehre sei," und „daß die Kirche die Nothwendigkeit der bischöflichen Ordination durchaus nicht als ein Dogma aufstelle" (Siehe S. 81.), mit den nachstehenden Betrachtungen derselben Schrift (Siehe S. 85.): „Die deutsche Kirche konnte nichts geschehen lassen, was auch nur von fern die Giltigkeit ihrer eigenen Ordination in Zweifel zu stellen scheinen konnte. Es war daher vollkommen unmöglich, daß sie ihre schon ordinirten Geistlichen sollte von dem Bischofe in Jerusalem oder von irgend einem anderen Bischofe von neuem ordiniren lassen. Es wäre dies ein Bekenntniß gewesen, daß sie auf lebendigen Zusammenhang mit der ganzen geschichtlichen Entwickelung der Kirche keinen Anspruch mache; daß die Weihe ihrer Geistlichen nur ein Menschenwerk sei, dem das Siegel der göttlichen Berufung fehle; daß ihre Diener nur Staats=diener seien, die außerhalb des Staates keine Berechtigung hätten. Es würde eine Verläugnung der Kirche, eine Schmähung der eigenen geistlichen Mutter sein, von welcher die ganze Kirche Deutschlands sich mit Unwillen abwenden müßte." „Die englischen Prälaten haben nie, auch nicht durch die leiseste Andeutung, diese Forderung gemacht."

Erscheint vielleicht auch nach diesen Betrachtungen noch die Frage der Ordination als eine bloße Frage der Verfassung, nicht der Lehre oder des Dogma's? Ich meine, dann hätten diese Betrachtungen wenig Sinn. Außerdem liefert die Erfahrung selbst einen für unsern Zweck sehr brauchbaren Beleg für die Anschauungsweise der Ordination von Seiten der englischen Kirche, worin freilich der letzte Satz der so eben angeführten Betrachtungen, betreffs der „Forderung der englischen Prälaten," eine nachdrückliche Beschränkung erhält. Das Baseler Missionsinstitut hat sich's nämlich seit vielen Jahren, trotz seines Widerstrebens, gefallen lassen müssen, seine zum Mis=

sionsdienste bereits ordinirten Zöglinge noch zum Empfange
der giltigen Ordination nach London zu schicken, wenn
dieselben in englischen Missionsstationen wirken wollten.
Was sagt dies Beispiel einer entschiedenen Verwerfung
der Ordination unserer Kirche von Seiten der englischen anders aus als daß die englische Kirche sehr gering-
schätzig von der unsrigen denkt? als daß· die englische
Kirche der deutschen eben jenes Bekenntniß zumuthet, „daß
sie auf lebendigen Zusammenhang mit der ganzen geschichtlichen Entwickelung der Kirche keinen Anspruch mache;"
„daß die Weihe ihrer Geistlichen nur ein Menschenwerk
sei, dem das Siegel der göttlichen Berufung fehle?" Und
das eine Beispiel behält nothwendig seine allgemeine Be-
weiskraft, mag auch in andern Fällen die Aufstellung
eines zweiten behindert oder umgangen sein.

Der nun für Jerusalem getroffene Ausweg, daß deutsche Candidaten, noch ohne die Ordination der vaterländischen Kirche empfangen zu haben, zur Ordination durch
den anglikanischen Bischof nach Jerusalem kommen, ist
doch wohl eben ein Ausweg, bei dem der englische Exclusivismus, wenn er anders überhaupt vorhanden ist, in
voller Geltung zu verbleiben scheint. Kehrt der anglika-
nisch ordinirte Geistliche später nach Deutschland zurück,
wird er dort zu neuer Wirksamkeit eine neue Ordination
empfangen, oder reicht die Jerusalemische Ordination auch
für Deutschland aus? Für den ersten Fall liegt die Beur-

theilung nach den obigen Betrachtungen der Schutzschrift fürs evangelische Bisthum sehr nahe (Siehe S. 57). Darnach erscheint der Fall ganz unmöglich. Wird aber der zweite Fall genehmigt, wie konnte man dann anstatt der allernächst liegenden Ordination in der Heimath die Ordination in Jerusalem wählen, und durch die letztere die erstere, nicht vielmehr durch die erstere die letztere aufgehoben sein lassen?

So bleibt, meines Erachtens, nach dieser Seite die Anbequemung des deutschen Protestantismus an eine mit dem Dogma selber, allem Anscheine nach, wesentlich verknüpfte Forderung der anglikanischen Kirche bedeutend genug, um den Anstoß zu erklären, den man im Momente der ersten Bekanntwerdung daran in Deutschland genommen hat.

Was ferner das bischöfliche Privilegium der Confirmation anlangt, so möchte sich's gleichfalls schwerlich als eine unbedenkliche Aeußerlichkeit rechtfertigen lassen, da es doch an der katholischen Kirche einen zu gewichtvollen Vorgang besitzt und durch die Gegensätze des deutschen Protestantismus gegen Rom dogmatisch und principiell geläugnet worden ist. Dazu kömmt, daß das vereinte Festhalten aller beider einzigen Privilegien des englischen wie des römischen Bischofs für die Kirche zu Jerusalem die Bedeutung eines jeden einzelnen noch erhöht.

Als nun vollends die officielle Anordnung des Bis= thums zu Jerusalem durch den Primas von England mit dem Ausdrucke der „Hoffnung" eingeführt wurde, „daß dasselbe unter Gottes Segen die wesentliche Einheit der Disciplin sowohl als der Lehre zwischen unserer eigenen (der anglikanischen) Kirche und den weniger vollkommen eingerichteten protestantischen Kirchen Europa's anbahnen werde," so war ein Schrei der Verwunderung aus dem Schooße der letztgenannten „weniger vollkommen einge= richteten" Kirchen die natürlichste Folge. Mochte man auch den Ausdruck des Erzbischofs mildernd aus seinem Standpunkte erklären und den beregten Mangel an Vollkom= menheit einzig auf unwesentliche Aeußerlichkeiten beziehen wollen: immer blieb bei der großen Mehrzahl der Arg= wohn haften, den Character einer exclusiven oder wenig= stens auf römische Elemente der Katholicität stolzen Kirche, wie er in den Grundsätzen des Bisthums zu Jeru= salem verletzend für den deutschen Protestantismus auftrete, so auch in den Worten des englischen Prälaten offen und verletzend zur Schau getragen zu sehen.

Doch ich verzichte auf den Versuch, Schein und Wesen zu einer unzweifelhaften Klarheit zu sondern. Ich glaube daß Andere mit einem besseren Auge als ich die Sache sehen, und wünsche, wenn ich anders dies noch wünschen darf, daß das Bisthum zu Jerusalem in der That den Weg angebahnt haben möchte zu einer Vereinigung der protestantischen Kirchen des

Continents sowohl als der großbritannischen Inseln, und zwar zu einer solchen Vereinigung, in der die Lauterkeit des protestantischen Princips vollkommen ungetrübt verbleibt.

Aber ein letztes Wort noch bin ich dem ursprünglichen Gedanken schuldig, aus dem das fragliche Bisthum hervorgegangen ist. Dieser Gedanke gehört bekanntlich dem erlauchten Fürsten an, in dem die protestantische Kirche der Gegenwart ihren großen Beschützer feiert. Eine öffentliche und ausführliche Darlegung hat derselbe in der bereits angeführten Schrift gefunden, die den Titel trägt: „Das evangelische Bisthum in Jerusalem. Berlin 1842."

Als im Jahre 1840. der Orient in Kämpfen begriffen war, die den Bestand seiner politischen Erscheinung gewaltsam erschütterten, da war der Moment günstiger als je, um die Christen des gelobten Landes, um das gelobte Land selbst aus seiner traurigen Lage zu retten. Friedrich Wilhelm der Vierte widmete, sobald er den väterlichen Thron bestiegen, diesem Momente sein Augenmerk. Durch seine gemeinsamen Schritte mit den übrigen Großmächten Europa's sollte das Land, dem die Welt die größte aller Gnadengaben, die Erlösung, verdankt, zu seiner eigenen Erlösung vom alten schmachvollen Joche gelangen. Der Gedanke war würdig einer der ersten des neugekrönten Monarchen zu sein.

Wohl ging leider sehr bald aus blutiger Entscheidung, zumeist durch europäische Waffen, für Syrien und Palästina nichts anderes als der Wechsel des einen barbarischen Herrschers mit dem andern hervor: doch galt es noch das Eine was möglich schien, der einflußreichen Stellung der Großmächte zur Türkei Begünstigungen abzugewinnen, die theils dem Christenthume eine neue Zukunft im Oriente eröffneten, theils wichtige Verbindungen mit dem Oriente im Interesse des deutschen Handels und der deutschen Industrie knüpfen ließen. Aus dem zweiten der genannten Gesichtspunkte stammt die Mission eines preußischen Generalconsuls für Syrien nach Beirut und die eines Viceconsuls für Palästina nach Jerusalem. Aus dem ersten entwickelte sich das Bisthum zu Jerusalem, zu dessen Geltendmachung der englische Name gewonnen wurde und zu dessen Errichtung des Königs Munificenz aufs Großmüthigste half.

Aus Allem ergibt sich Zweierlei. Des Königs ursprünglicher Gedanke steht da wie der Grundstein eines neuen heiligen Bundes, der den Triumph der Kreuzzüge ohne das Blut ihrer Millionen erringen sollte. Augenblicklich obwaltende Hindernisse im Rathe der Großmächte haben, wie urkundlich vorliegt, die Ausführung dieses Gedankens verkümmert. Was davon demohngeachtet geblieben, das hat es nicht eben zunächst mit der besonderen Form des anglikanischen

Bisthums zu thun. Die Idee, die dem Bisthume leuchtend vorgeschwebt, bleibt groß und herrlich; ist auch immer ihre Verwirklichung unter mancherlei Händen nicht die erwünschte geworden.

Klöster in und um Jerusalem.

Hätte Jerusalem keine Klöster: Katholik und Grieche, sowie sämmtliche Christen des Orients würden des wesentlichsten Bandes mit dem Boden der heiligen Stadt ermangeln. Was in Marseille oder Hamburg die Consulate der verschiedenen Nationen sind, das sind in Jerusalem die Klöster der verschiedenen Kirchen. Geistliche Repräsentanten der Diplomatie könnte man sie nennen. Durch ihre Vermittlung tritt der Pilgrim, welche Farbe des Bekenntnisses er auch tragen mag, denn auch der Protestant ist willkommen, in Beziehung zur Stadt und zu ihren Heiligthümern. Sie ersetzen ihm zugleich die Gasthäuser des Occidents; denn in den Klöstern wohnen alle die der fromme Drang oder auch der Forschungseifer nach Jerusalem rief, mit Ausnahme weniger Amerikaner oder Engländer, denen die Missionäre ihrer Nation einen Anhaltspunkt bieten. Eigentliche Consulate gibt es hier weniger als anderwärts, und selbst die vorhandenen stammen zum Theil aus der neuesten Zeit. Katholischer Seits hat neben dem französischen Consul der sardinische seine Bedeutung; protestantischer Seits gibt's einen englischen und einen preußischen.

Ich hatte meine Wohnung wie die meisten neueren Reisenden in der sogenannten Casa nuova, die das lateinische Kloster ausdrücklich zur Aufnahme seiner Pilgrime hat erbauen lassen. Das lateinische Kloster selbst, San Salvador benannt und bewohnt von Franziskanermönchen, meist Italiänern und Spaniern, ist bedeutend, und bildet den Mittelpunkt für alle katholischen Klöster der Terra santa. Seine Kirche besitzt manche Herrlichkeiten, die von der edlen Freigebigkeit europäischer, aber meist früherer Fürsten zeugen. Die guten Väter klagten mir, daß Spanien, Frankreich und selbst Oesterreich jetzt nur noch selten schenken. Neuerdings haben ihnen vorzugsweise die Höfe von Neapel und von Sardinien eine großmüthige Theilnahme bewiesen; doch prangte im Kloster auch ein schönes Gemälde, das Ludwig Philipp in Lebensgröße darstellt und ein Geschenk seiner Huld ist.

Die Lebensweise im Kloster San Salvador ist von großer Einfachheit; Jerusalem ist ohnehin kein Terrän für Gutschmecker. Was besonders die Freuden der Tafel zu verleiden im Stande ist, das ist der Gebrauch des Oels, das hier nicht eben der besten Art zugehört.

Unter den zwölf griechischen Klöstern Jerusalems ragt vor allen das des heiligen Constantin hervor. Seine Geräumigkeit macht es zu einem Palaste; hier wohnen zur Osterzeit noch jetzt mehrere tausend Pilgrime. Seine beiden Kirchen mögen für ein griechisches Auge, das die

Ueberladung mit Bildern nicht beleidigt, prächtig sein. Herrlich ist aber für jedes Auge die Aussicht von der Terrasse des Klosters, die mit der Terrasse der heiligen Grabeskirche zusammenläuft. Da sah ich um mich die Stadt ausgebreitet wie ein Bild. Welche Vergangenheit schlummerte unter diesen Dächern zu meinen Füßen. Die bunten Minarets stiegen hoch auf über alle Umgebungen, wie fröhliche Gedanken erbaut über der Sabbathsruhe Israels, über dem Ernste des christlichen Doms. Der niedere Höhenzug im Nordwesten rief mir die römischen Legionen unter Titus zurück; denn hier war's wo der blutige Richttag aufging über die Mauern der Propheten=mörderin. Im Osten stand der Oelberg vor mir. Seine Oelbäume schauten freundlich herüber auf die schwermuths=düstere Stadt. Wie ist er so jung geblieben, dacht' ich, und doch sind verheerende Jahrtausende über ihn gewan=delt.

Außer diesen beiden Klöstern, dem der Lateiner und dem der Griechen, liegen auch die der Kopten, der Abyssinier, der Syrer, der Armenier in der Nähe des heiligen Grabes; so haben sie sich alle wie Kinder um die Mutter geschaart. Der Jüngste in diesem Bunde ist die anglikanisch=evan=gelische Kirche, deren Grundmauer auf der nördlichsten Höhe von Zion nahe bei der Citadelle sich erhebt.

An ihrem St. Jakobskloster besitzen die Armenier eine Perle unter den Klöstern Jerusalems. Es ist eben

so reich als es schön und groß ist. Seine Pilgerwoh=
nungen, deren Zahl mehrere Hunderte beträgt, sind nett
und bequem; sein Garten prangt mit stolzem Baumwuchse
und überrascht durch seine Ueppigkeit; seine Kirche ist eines
Glanzes voll der das Auge blendet. Ihren Standpunkt
soll diese Kirche auf derselben Stelle haben, wo der heilige
Jakobus enthauptet wurde; darum ist auch das Schauspiel
der Enthauptung mehrmals bildlich darin dargestellt. Der
Marmorboden ist mit feiner Mosaik geziert und mit präch=
tigen Teppichen überbreitet; die Thüren und die Kanzel
sind mit Perlmutter und Schildkröte belegt; um die vielen,
nur nicht eben immer geschmackvollen Bilder an den Wän=
den glänzt das Gold der Einrahmung; blitzende Lampen
hängen in großer Zahl. Ueber das Ganze senkt die
durchbrochene, von vier Pfeilern getragene Kuppel ein
mildes Licht.

Eine gar interessante Wanderung war die zum St. Jo=
hanniskloster in Ain Karim, zwei Stunden von Jeru=
salem. Bald nachdem es Tag geworden und die Thore
geöffnet waren, ritt ich zu Maulthier mit Dragoman und
Führer durchs Pilgerthor über die steinigten, nur mit
wenig Grün bewachsenen Höhen im Westen der Stadt.
Nach drei Viertel Stunde Wegs kamen wir in einem
freundlichen Thalgrunde ans Kloster zum heiligen
Kreuze, das mit seinen festen Mauern und Thürmen
nicht mehr als vier georgianische Mönche und eine bejahrte

Wartefrau einschloß. Die Letztere wurde sofort angewiesen, die Pfeife und eine Tasse Kaffee für den allerdings sehr frühzeitigen Besuch aufzutragen. Bald darauf führte uns der gefällige Prior in die alterthümliche, durch ihre Kuppel erhellte Kirche, deren reiche Freskomalereien mit kirchengeschichtlichen Erinnerungen erbaulich genug sind. Ein enges Seitengemach, in das wir nur tiefgebückt eintreten konnten, enthielt die Bibliothek mit vielen georgianischen, auch einigen syrischen armenischen und arabischen Handschriften. Griechische fand ich nicht; nur lagen auf dem Boden unter anderen Resten alter Handschriften auch mehrere griechische Blätter. Was ich darunter auf Pergament vorfand, das wurde mir gestattet zur Erinnerung mitzunehmen. Nach der Mittheilung, die Scholz vor mehr als zwanzig Jahren von der Bibliothek dieses Klosters gemacht hat, glaube ich daß seit seinem Besuche manches Werthvolle daraus den Weg nach Europa gefunden*. Doch zweifl' ich nicht, daß auch das was noch geblieben des Studiums der Kenner werth sein möchte. Uebrigens

---

*) Scholz zählte gegen vierhundert georgianische und zwar meist biblische Mff., fünfzehn syrische vom Neuen Testamente, aus dem 13. bis 15. Jahrhundert, vierzehn griechische, kirchlichen Inhalts, aber auch mit den Werken des Johannes Damascenus aus dem 10. Jahrhundert, zehn unbedeutende arabische, sowie zwölf armenische und vier slavische, wahrscheinlich mit dem Texte des Neuen Testaments. Siehe Biblischkritische Reise u. f. w. Leipzig und Sorau 1823. Seite 148.

trägt das Kloster seinen Namen „zum heiligen Kreuze" deshalb weil es auf der Stelle errichtet sein soll, wo das Holz zum Kreuze Christi gefällt worden.

Nachdem wir aus dem Thalgrunde wieder auf die Höhen gekommen waren, begrüßten wir in nordwestlicher Ferne auf dem Gipfel des Gebirgs die Burgruinen von Soba, wo wahrscheinlich Samuel der Prophet geboren worden und die tapferen Makkabäer gehaus't haben. Bald darauf waren wir in Ain Karim, aus dessen Mitte das Kloster des heiligen Johannes aufs Stattlichste hervortritt. Es liegt in einem reich gesegneten Thale, das hohe, freundlich grüne Hügel umranken. Dies Kloster, von Franziskanern und zwar lauter Spaniern bewohnt, verdankt seinen gegenwärtigen Bestand dem Wohlwollen Ludwig's XIV. und gilt für das schönste unter allen lateinischen Klöstern des gelobten Landes. In seinen Mauern ruht ein Kleinod; das ist die Kirche mit der vermeintlichen Geburtsstätte des Vorläufers des Herrn. Diese Kirche tragen vier Pfeiler; Wände und Boden sind mit Marmor belegt. Unter den Gemälden die sie schmücken sind mehrere vortrefflich; über einem der Altäre hängt ein Johannes von Murillo. Auch eine Orgel hat die Kirche. Eine Marmorstiege führt zur Geburtsgrotte hinab, die in Marmor, Gold und Seide glänzt. Hier ist das eigentliche Heiligthum. Ein Altar hat über sich das Bild des Johannes. Eine Nische trägt in ihrer Mitte auf einem Marmorstein die Inschrift:

Hic praecursor Domini natus est. (Hier wurde der Vorläufer des Herrn geboren.) Darüber steht an der Decke von schwarzem Marmor ein weißes Lamm mit den Worten des Täufers: Siehe, das ist Gottes Lamm. Zierliche Basreliefs ringsum auf den Wänden enthalten die Geschichte des Johannes von der Heimsuchung seiner Mutter bis zu seiner Enthauptung.

Nahe im Norden vom Kloster besuchten wir, von einem freundlichen Franziskaner begleitet, das Terebinthenthal, das für den Schauplatz des Kampfes zwischen David und dem Philister-Riesen gehalten wird. Das Thal ist schön mit dem glänzenden Grün seiner Terpentinbäume; es hat auch einen rieselnden Bach voller Kieselsteine, worüber ich schon auf dem Wege von Ramle nach Jerusalem bei Kulonieh gekommen war. Berge mit Reben, mit Oliven und Feigen beherrschen das Thal zu seinen beiden Seiten. Doch ist es fraglich, ob hier in der That der berühmte Kampf geliefert worden. Nach seiner Ortsbestimmung von Socho und Aseka, zwischen denen das biblische Ela gelegen, nimmt Robinson dafür mehrere Stunden südwestlich von St. Johann das heutige „Akazienthal" an, in dessen Nähe er eine merkwürdige Terebinthe, vielleicht die älteste in Palästina, fand*.

____

* Die Terebinthe hat aus alter Zeit den Ruf Tausende von Jahren zu erreichen. Josephus erzählt von einer riesigen Terebinthe bei Hebron, die seit der Erschaffung der Welt stehn sollte.

Ein neuer Genuß stand uns bevor; die Johanneswüste lockte uns noch, obschon es ziemlich heiß geworden. Wir hielten nur kurz bei den schönen Ruinen vom Kloster der Heimsuchung, die malerisch am Abhange liegen. Aus den Ruinen heraus grünt's und blüht's; sogar prächtige Bäume, besonders Feigenbäume, sind daraus hervorgewachsen. Ich besuchte die Gröttenkapelle darin, die der eigentlichen Begegnung Elisabeths und der Jungfrau gewidmet war, jener Begegnung, wo die Gebenedeite unter den Weibern den Lobgesang ihrer Seele auf die Lippen nahm. Noch heute wird daselbst alljährlich das Fest der Heimsuchung begangen; das Magnificat anima mea Dominum, von den hellen Stimmen der Lateiner gesungen, mag da wohl das ganze Herz erquicken.

Eine Stunde später waren wir in der sogenannten Johanneswüste. Einsam ist sie wohl, von Bergen und Felsen umsäumt; aber sie ist nicht ohne Grün, ohne Quell, ohne Bäume, und bei dem Allen ist sie reizender als viele Gegenden des gelobten Landes. Die Johannesgrotte, wo der Prophet gewohnt haben soll, während er sich vorbereitete auf seine Predigt in der Wüste, besitzt einen fesselnden Zauber; für mich besaß sie ihn um so mehr, da ich eben zur Mittagsrast in ihre kühlen Schatten eintrat. Sie liegt mitten in einer romantischen Felsenwildniß, die am Hügel hängt und oben in die Ruinen alter Klostermauern ausläuft. Von da übersah ich einen weiten

Strich der Flachhöhe mit mehreren Dörfern. Unter der Grotte, deren Eingang von wucherndem Laube schön überkleidet wird, bricht aus kunstloser Felsenmauer ein starker Arm des klarsten Wassers hervor; er stürzt in ein großes von Schilf umwachsenes Bassin nieder.

Die Ueberlieferung kann irrig sein, die des prophetischen Predigers einsame Meditationen an dieses wildromantische Felsenthal knüpft; aber sie hat herrlich gewählt. Raphaels Johannes in der Wüste, das unübertroffene Meisterstück, hatte mich oft, als ich in den Gallerien der Medizeer lustwandelte, verloren im Anschaun vor sich gesehen; aber was ich heute sah, tauscht' ich nicht um Raphaels Bild.

Der Mittag war längst vorüber, als wir aufbrachen aus der reizenden Einsamkeit. Im Vorübereilen sahen wir noch, dicht beim Zusammenstoß zweier Wadis, deren einer von der dortigen Rosencultur das Rosenthal heißt, den Quell woraus Philippus auf dem Wege nach Gaza jenen Mohren, den königlichen Kämmerer, getauft haben soll; später hatten wir dicht zur Linken das verehrte Grabmal der Rachel; bei sinkender Sonne zogen wir ins liebliche Bethlehem ein.

Der siebente Trinitatissonntag.

Morgenwanderungen um Jerusalem. Abendfeier im heiligen Grabe.

Der erste Sonntag war's den ich in Jerusalem erlebte. Nicht eben Neues wollt' ich heute sehen; aber das was ich schon gesehen mit dem Auge des Sonntags wiedersehen und genießen mit dem ganzen Herzen.

Sehr früh stand ich mit meinen Begleitern am Stephansthore. Wenige Schritte zuvor war ich rechts die enge Straße hineingegangen, die am Teiche Bethesda vorüber zur großen Area der Moschee führt. Aber kaum hatte ich einen Blick durch's Portal der Area geworfen, so kreischte mir die Stimme eines verborgenen Wächters aus eihem Winkel das Veto entgegen. Um so schneller standen wir am Fuße jenes Berges, der so oft Davids Gebete gehört hat bevor er noch dem Herrn sein Haus baute von den Cedern des Libanon.

So war ich denn im Thale Josaphat mit dem Kidron, in jenem Thale worauf der jüdische Glaube das große Abschiedswort seiner beiden Seher, Joel's und Zacharja's, bezieht. „Der Herr wird ausziehen," so riefen sie, „seine

Füße werden stehen auf dem Oelberge, der sich mitten ent=
zwei spalten wird; die Heiden werden sich aufmachen
und heraufkommen zum Thal Josaphat: da wird der
Herr richten alle Heiden um und um." So viele Jahr=
hunderte hindurch bis heute noch kommen aus allen Fer=
nen gegen das Ende ihres Lebens fromme Juden hieher,
um im Angesichte dieses Thales zu ihren Vätern versam=
melt und mit ihnen zur großen Stunde auferweckt zu wer=
den. An diesen jüdischen Glauben hat auch der muha=
medanische einen Anklang. Auch die Muhamedaner
erwarten im Thale Josaphat das jüngste Gericht. Den
Stein, worauf am Abhange des Oelbergs ihr Prophet zur
Stunde der Entscheidung stehen wird, bewahrt man schon jetzt
in der Moschee el Aksa. Daher liegt auch dem großen jüdi=
schen Gottesacker im Osten vom Kidron ein großer türki=
scher im Westen desselben gegenüber.

So ist der Oelberg wie mit einem unvergänglichen
Reize geschmückt; um die Stirn trägt er einen Kranz von
Erinnerungen an die größte aller Zeiten; im Herzen soll
ihm die verhängnißschwere Stunde der Zukunft ruhn.

Uebrigens ist der Anblick des Oelbergs ein fröhlicher:
er rechtfertigt heute noch seinen Namen, obschon vor Zei=
ten seine Oelbäume gewiß viel dichter als jetzt gestanden
haben.

Bevor wir aufwärts gingen, stiegen wir über eine
niedrige Mauer hinein in den Garten Gethsemane oder

Dschesmanijeh, wie ihn die Araber nennen. Da seine Oertlichkeit so wenig kritisches Bedenken erregt, so erwacht leicht unter dem Schatten seiner acht Oelbäume ein inniges Gedächtniß an die Stunden, die hier der Herr mit seinen Zwölf in der Stille des Abends zu verbringen pflegte, bis ihn der verrätherische Kuß getroffen. Den Stein selber, worauf Judas seinem Meister diesen Kuß gab, führt schon der Pilger von Bordeaur im Jahre 333. an; er wird jetzt im südöstlichen Winkel des Gartens bei einer abgebrochenen Säule gezeigt.

Ueber der Mitte des Wegs auf den Gipfel des Oelbergs besitzt die Tradition drei heilige Oerter. Der erste war früher durch eine Kapelle ausgezeichnet, von der jetzt noch die Trümmer stehen; da soll Christus die Seinigen das Vaterunser gelehrt haben. Der zweite, sehr unfern vom ersten, gilt für die Stelle wo der Heiland weinte über die Stadt und ihre Verblendung. Der dritte ist jene Höhle, wo die Apostel ihr Glaubensbekenntniß verfaßt haben sollen.

Bald hatten wir die flache Höhe des Berges erreicht, wo die Himmelfahrtskapelle mit den Ruinen einer alten Kirche und den verlassenen Mauern einer Moschee steht. Wir ließen uns die Kapelle öffnen; ich brachte aber nichts als eine Störung meiner Andacht heraus. Bekanntlich wird darin auf einem Steine ein Fußtritt des Herrn vom Momente seiner Auffahrt heilig gehalten. Dieser Fußtritt ist allerdings eben so kenntlich, eben so naturgetreu wie der des Prophetendromedar's auf dem Sinai. Abgesehen vom Aergernisse dieses Fußtritts, ist es fraglich ob die Lokalität überhaupt mit Recht für den Schauplatz der Himmelfahrt angesehen werden kann. Gerade hierüber besitzen wir in den evangelischen Berichten genauere Angaben als über vieles andere. Zu Ende seines Evangeliums sagt Lucas: „Und er führte sie hinaus bis gen Bethanien und segnete sie. Und da er sie segnete, fuhr er auf gen Himmel." Hiernach erscheint allerdings die Tradition, die auf dem Gipfel des Oelbergs die Himmelfahrtskapelle errichten ließ, als ein offenbarer Irrthum. Aber Lucas spricht zum zweiten Male von der Himmelfahrt zu Anfang seiner Apostelgeschichte. Da läßt er die Augenzeugen derselben nach Jerusalem vom Oelberge heimkehren, der einen Sabbathsweg (d. i. sechs Stadien oder 2000 Ellen) von der Stadt liege. Anders lassen sich, nach meinem Urtheile*, diese Worte nicht fassen, als daß eben da Christus gen Himmel fuhr, woher die Apostel in die Stadt zurückkehrten. Zu dieser Angabe stimmt nun vollkommen die Lage der Kapelle. Läßt sich aber die Stelle der Apostelgeschichte mit der des Evangeliums in Einklang bringen? Ich antworte: Ja, wenigstens bis auf einen gewissen Grad. Noch jetzt läuft nämlich ein Weg nach Bethanien über die Höhe des Oelbergs. Also

---

* gegen Robinson; siehe sein Palästina Bd. II. S. 6. Note 1.

konnte der Herr seine Jünger über den Oelberg bis gegen Bethanien, d. h. bis dahin führen wo Bethanien, fünfzehn Stadien von Jerusalem, nahe vor Augen liegt. Doch mag auch meine Auslegung manchen Einwendungen unterworfen sein, jedenfalls war es zu rasch, auf Grund der Stelle des Evangeliums über die Tradition mit Entschiedenheit abzusprechen, zumal da dieselbe die Empfehlung eines sehr hohen Alters besitzt. Denn kurz nach dem Ende des dritten Jahrhunderts erzählt Eusebius, daß schon damals zahlreiche Pilgrime aus allen Weltgegenden nach Jerusalem zusammenströmten, um auf dem Oelberge da anzubeten wo Christus gen Himmel fuhr.

Das alte Minaret zur Seite der Moschee lockte uns zum Genusse seiner unvergleichlichen Aussicht. Hier schweift der Blick ins Weite nach allen Himmelsgegenden. Im Osten sahen wir das todte Meer, neben ihm die grünen Jordansufer, vor ihm der Wüste bleiche Sandhügel, hinter ihm das öde Moabiter-Gebirge, überkleidet vom goldenen Schimmer der Morgensonne. Nach Norden hinauf grüßten wir, über die Samuelsmoschee auf naher Bergspitze hinweg, unter leichtem Nebelschleier die Gruppe der Berge von Samaria. Nach Süden hatten wir das Gebirg Juda; die runde Kegelspitze des Frankenbergs, mit seinem arabischen Namen das kleine Paradies genannt, lagerte am Horizonte; nicht weit von ihm waren wir auf den Höhen Bethlehems. Nach Westen endlich fesselte uns Jerusalem selber. Seine platten Kuppeldächer lagen freilich dicht zusammengedrängt vor uns; doch unterschieden wir leicht, ein wenig rechts von der Tempelmoschee, die hier aufs Imposanteste dem Aug' entgegentritt, die heilige Grabeskirche über Golgatha. Gerade vor sich, in der Richtung zu uns heran, hatte sie das berühmte goldene Thor, durch das der Heiland seinen Festeinzug gehalten haben soll, während es jetzt sorgfältig vermauert gehalten wird, damit ja kein Ungläubiger zum Unsegen für den Halbmond durch dasselbe eingehe.

Im kleinen Dorfe, gleich hinter der Kapelle und der Moschee, trafen wir thätige Feldarbeiter, wie ich sie lange nicht gesehen hatte. Getraide lag aufgeschichtet; mit Ochsen wurde es ausgedroschen. Nachdem wir einen Trunk Milch aus freundlichen Händen empfangen hatten, stiegen wir, auf einem Wege der südwestlich läuft, wieder ins Thal Josaphat hinab. Wir kamen zum jüdischen Gottesacker, der sich am Fuße des Oelbergs südlich von Gethsemane ausdehnt. Mehr als die vielen mit hebräischer Schrift belegten Grabsteine mußten uns die beiden uralten Grabmonumente beschäftigen, die jetzt gewöhnlich nach Zacharias und Absalom benannt worden. Diese Kinder einer grauen Vorzeit sind unberührt geblieben von allen Stürmen die während zweier Jahrtausende gewüthet gegen die heilige Stadt. Wie seltsame Träumer stehen sie da; wie Einsiedler einer heiligen Verborgenheit. Ein

Symbol ihrer Nation sind sie; ein Symbol von ihrem Festhal=
ten am Boden und am Glauben der Väter, von ihrem uner=
schütterlichen Hoffen und Harren. Es ist als wär' ihr Auge
unbeweglich auf die Stunde geheftet, die, wann sie aufgeht
über dies Thal, das Haus Israel rächen und verklären soll.

Daß diese Grabmäler wenigstens so alt sind als die
christliche Zeitrechnung, das steht außer Zweifel; obschon
die Namen die sie tragen wenig Bürgschaft für sich haben.
Im vierten Jahrhunderte bezeichnete der Pilger von Bor=
deaux die beiden Monolithe als die Gräber des Jesaias
und des Hiskias: ein Beweis, daß schon damals ihre
Erscheinung auf ein sehr hohes Alter deutete. Die Ver=
wandtschaft ihres Baustils mit dem der Monumente in
Petra macht geneigt, sie mit diesen in Verbindung zu
bringen und bestätigt die Annahme ihrer gleichzeitigen
vorchristlichen Erbauung. Doch wundr' ich mich nicht,
wenn man mit Williams ernst und gelehrt unternimmt,
wenigstens das Andenken Absaloms ursprünglich an das
Monument seines Namens geknüpft zu erklären. Außer
der Bibelstelle (2 Sam. 18, 18.), wo es heißt: „Absalom
aber hatte sich ein Denkmal aufgerichtet, da er noch lebte;
das stehet im Königsgrunde und heißt bis auf diesen Tag
Absaloms Monument," spricht auch Josephus (Ant. 7.
10, 3.) von der „Denksäule Absaloms, die im Königsthale
und zwar zwei Stadien von Jerusalem entfernt stehe."
Der Ausdruck „Denksäule" läßt sich wohl ohne Bedenken

auf das sogenannte Grabmal Absalom's anwenden, und die Berechnung von zwei Stadien Entfernung paßt auf dasselbe vollkommen.

Aber ich muß in wenig Worten eine Beschreibung von den Denkmälern selbst versuchen. Die zwei die ich hervorgehoben, das des Zacharias und das des Absalom, sind aus dem lebendigen Felsen herausgehauen, so daß sie jetzt noch nach Norden, Osten und Süden zwischen Felsenwänden stehen. Das erstere, das des Zacharias, bei Andern als das des Josaphat bezeichnet, ist ein vollkommener Monolith, gegen dreißig Fuß hoch. Auf dem viereckigen Hauptkörper, dessen mit Bärenklau geschmückter Karnies nach allen vier Seiten auf Säulen mit jonischen Kapitälern ruht, steht eine Pyramide, zwölf Fuß hoch. Das Ganze, von ungefähr achtzig Fuß Umfang, nimmt sich wie ein kleiner Tempel vom solidesten Geschmacke aus. Einen Eingang sieht man nicht; doch könnte er sich unterhalb des jetzt sichtbaren Körpers befinden und verschüttet sein.

Das Grabmal Absalom's fällt weit mehr als sein Nachbar ins Auge; man sieht es sogar vom Oelberge herab. Der Felsen in seinem Hintergrunde reicht nämlich nur bis an seine Mitte, zwanzig Fuß hoch. Bis zu dieser Höhe gleicht das Monument dem des Zacharias; so weit ist es auch aus dem Felsen selber herausgehauen. Dann folgen aber zwei Lagen gewaltiger Werkstücke, und über ihnen erhebt sich ein kuppelartiger Thurm, dessen Spitze einen offenen Blumenkelch bildet. Der obere Theil ist mit dem unteren gleich hoch; somit beträgt die Höhe des ganzen Denkmals gegen vierzig Fuß. Mehrere Fuß hoch hat man die eine der vier Felsenwände durch=höhlt; doch hat man auch unten einen obschon größten=theils wieder verschütteten Eingang. Mein Dragoman stieg durch die obere Oeffnung ohne Mühe ins Innere, das ein ganz ödes Ansehn hat und nur viele hineinge=worfene Steine enthält. Auch außen am Grabmal lie=gen Haufen von Steinen, die sich von einer eigenthümli=chen Sitte herschreiben. Die Muselmänner fluchen näm=lich noch heute dem ungerathenen, gegen den eigenen Vater empörten Sohne, und pflegen zum Beweise ihrer Verachtung gegen sein Grabmal einen Stein zu werfen *.

Nahe hinter diesem Monumente öffnet sich in der glatten Wand des Felsen eine Grabhöhle, deren Portal

---

*) Vielleicht erinnert man sich noch, daß ganz unlängst der wichtige Fund eines uralten hebräischen Pentateuchs in diesem Grabmale gemacht worden sein sollte. Die Berichte darüber waren sehr ausführlich. Mein Mißtrauen, das ich dagegen sofort unbedenklich in öffentlichen Blättern aussprach, da gewiß nimmermehr etwas Aehnliches in diesem Grab=male liegen und durch eine allmählich von Regenwasser erzeugte Oeff=nung zu Tage kommen konnte, ist seitdem völlig bestätigt worden. Denn der glückliche Finder selbst hat seine Angabe dahin berichtigt, daß er an die Stelle des genannten Grabmals eine der Felsengrabhöhlen auf dem Wege von Jerusalem nach Bethlehem setzte. Ich glaube, er hätte auch irgendwelche andere Höhlen dafür angeben können.

einige Verzierungen hat; sie gilt fürs Grab des Königs
Josaphat. Viel ansehnlicher ist aber eine andere Grab=
höhle oder vielmehr die Grotte, die nach St. Jacobus
benannt wird und zwischen den beiden beschriebenen Mo=
nolithen liegt. Zwei dorische Säulen schmücken ihren
Eingang, der sich ziemlich hoch über dem Fuße des Felsen
darstellt. Die Felsenhöhle selbst besteht aus einem Vor=
der= und Hinterraume und enthält mehrere Gemächer.
Hier soll Jacobus der Apostel nicht eben begraben liegen,
wie die übliche Benennung vermuthen läßt, sondern
seine Zuflucht gefunden haben, zur Zeit als Christus im
Grabe lag.

Von Gräbern kamen wir zu Gräbern. Gleich hinter
dem großen jüdischen Begräbnißplatze stiegen wir in
südöstlicher Richtung ein wenig aufwärts und stan=
den bald darauf vor den sogenannten Gräbern der Pro=
pheten. Dies uralte Mausoleum wird schon von Jo=
sephus in seinen Nachrichten von der Belagerung durch
Titus erwähnt. Er nennt es, jedenfalls seiner eigen=
thümlichen Construktion halber, das Taubenhaus; ein
Name, der sich noch heute rechtfertigt. Die Grabnischen
sind darin nämlich wie die Höhlen in einem Taubenhause
angebracht; sie bilden in zwei Reihen, deren eine über der
andern, einen Halbkreis. Jede einzelne Nische ist eng
und läuft horizontal in die Felswand. Das Ganze ist
ein unterirdischer, im Kerne des Kalkfelsen ausgeführter

Bau. Die größern und kleinern Gemächer, die nach verschiedenen Richtungen weit in den Felsen hineingehen, machen daraus ein wahres Labyrinth.

Wir stiegen, gerade gegenüber der südöstlichen Mauerecke von Jerusalem, ins enge Thal zurück und wanderten aufs Dorf Siloam zu. Siloam ist eine merkwürdige Erscheinung; es sieht aus als stammte es aus den Anfängen der Cultur, als stände es auf der Grenze des Troglodytenlebens. Es besteht aus lauter Felsenhütten und Felsenhöhlen, und lehnt sich unten an den Berg des Aergernisses an. Manche Grabstätten sind hier zu Behausungen für Menschen und Heerden geworden; andere Todtenwohnungen liegen nachbarlich bei den Wohnungen der Lebendigen. Sieht man aus diesen schwarzen Felsengrotten Gestalten in jener malerischen Nacktheit mitten unter Heerden von Schafen und Ziegen hervorblicken, so glaubt man sich zu den Wilden irgend einer Insel des Oceans versetzt, zu denen noch kein Laut gedrungen aus dem Schooße der civilisirten Welt.

Nahe beim Ende des Dorfes ist das berühmte Wasser Siloah, jenes Wasser „das stille gehet," von dem der Prophet Jesaias ein so schönes Bild für das Haus Davids hernahm, wie es hinter dem Anscheine der Schwachheit den Schutz des Gottes besaß, der das Bächlein mächtig macht über die Wogen des Euphrats. Einst mochte es wie ein Vertrauter der Geheimnisse, der Gebete des Jehovatempels erscheinen, als es aus dem Herzen des Felsen, der den Tempel trug, still und sanft hervortrat. Jetzt fließt es noch immer in seiner Sanftheit, in seiner Demuth, nachdem schon längst die stolze Pracht des Salomonischen Wunderwerks in Trümmer gesunken.

Den Ruf besonderer, wohlthätiger Kräfte konnte der Teich Siloah nicht wieder verlieren, seitdem der Herr den Blindgebornen zu ihm geschickt hatte, damit er dort sich wüsche und sehend würde. Man beschränkte aber seine Heilkraft nicht auf die Augen; namentlich sagt ein französischer Reisender zu Anfang des sechzehnten Jahrhunderts aus, daß es die Sarazenen zum Waschen gebrauchten um sich einen angenehmeren Geruch zu geben. Wenigstens haben noch heute die Muhamedaner neben den Christen eine verehrende Vorliebe für Siloah, das ihr Prophet sogar für eine der Quellen des Paradieses erklärt haben soll.

Eine Merkwürdigkeit an der Quelle ist der schon längst beobachtete unregelmäßige Wasserzufluß, wenn auch nicht eben wahr ist was davon Plinius erzählt, daß in Judäa ein Bach an jedem Sabbathe austrockne, oder was der Pilger von Bordeaux berichtet, daß dies Wasser immer sechs Tage fließe und am siebenten Tage still stehe. Die Eigenschaft des Intermittirens, worauf sich natürlich die Merkwürdigkeit beschränkt, empfängt die Quelle Siloah von ihrer Mutter, der Quelle der Jungfrau, von der ich schon früher * gesprochen und erwähnt habe, daß der wunderbare Teich Bethesda im Evangelium Johannis mit ihr in Verbindung gestanden haben möchte.

Was nun die eigentliche Quelle Siloah heißt, das ist, gerade da wo der Hügel Ophla zwischen dem Thal der Käsemacher und dem Thal Josaphat spitzig ausläuft, ein kleines, einige Fuß tief ausgehauenes Felsenbecken, das durch einen unterirdischen Kanal von der nördlich gelegenen Quelle der Jungfrau gespeis't wird. Aus ihm fließt das Wasser in den sehr nahen Teich Siloah oder auch Königsteich, der die Gestalt eines länglichen Vierecks hat. Die vielen Feigen= und Olivengärten, die am südöstlichen Fuße des Zion liegen, verdanken ihre üppige Frische den nahen Wassern Siloah.

Nur ein paar Schritte südlich vom Teiche steht ein prächtiger Maulbeerbaum, um dessen Stamm aufgeschichtete Steine einen Ruheplatz bilden. Die Tradition will daß hier der Prophet Jesaias zersägt worden. Wir trafen heute eine zahlreiche Gesellschaft Landbewohner, Männer und Frauen, um den Baum; sie ließen sich aber umsonst um einen Trunk aus Siloah in ihren Wasserkrügen ersuchen. Sie verlangten nämlich einen Backschisch, was unser Führer in diesem Falle für eine große Insolenz hielt. Wir stiegen nun selber auf einigen Stufen zur

---

* Siehe Th. I. S. 315.

Quelle hinunter und fanden das mit hohler Hand geschöpfte Wasser von einem sehr angenehmen Geschmacke.

Der letzte Haltpunkt unserer heutigen Wanderung, das Hakeldama oder der Blutacker, führte uns durch eine sehr berüchtigte Lokalität; es ist der Thalkessel, in den der Berg des Aergernisses sowie zu seiner Seite der Berg des bösen Rathes und gegenüber der südöstliche Rücken von Zion abfällt. Hier soll jener Ammoniter-Götze, der Molech mit dem Ochsenkopfe und den Menschenarmen, gestanden haben, zu dessen Dienste durch Kinderopfer Salomo, von heidnischen Weibern verleitet, und mit seinem Könige das Volk Gottes selber sich einst vergessen konnte. Vom Lärme der Trommeln, der zur Uebertäubung der Kinder gemacht wurde, wann sie schreiend auf den glühenden Armen des Götzen lagen, ist der Ort Tophet genannt worden. Von dieser gottlosen Verirrung Israels hat auch der Berg des Aergernisses seinen Namen; während sein Nachbar und Wahlverwandter, der Berg des bösen Rathes, vom angeblichen Landhause des Kaiphas daselbst benannt ist, worin der böse Rath gegen Christus gehalten worden.

Tophet ist aber zugleich der Anfang der Gehenna oder des Thales Hinnom, das nach der bekannten Stelle der Bergpredigt damals ein Symbol des höllischen Feuers war. Als nämlich die Israeliten den Gräuel des Molechdienstes erkannt hatten, pflegten sie, um ihren Abscheu vor dem berüchtigten Thale auszudrücken, die Leichname grober Verbrecher sowie gefallener Thiere dahin zu werfen und zur Erstickung der bösen Dünste davon fortwährend Feuer zu unterhalten. Ich werde vom Gehennafeuer in der Bergpredigt wohl nie wieder lesen ohne das merkwürdige Thal selber vor Augen zu haben. Uebrigens herrschte heute in der That eine Luft im Thale, aus deren Bereich wir gern bald wieder heraustraten. Die Erklärung davon lag nahe genug an einem Sommertage mitten in der großen Gräberstadt Jerusalem's.

Am Berge des bösen Rathes liegt Hakeldama oder jener Töpferacker, den einst die Hohenpriester vom Blutgelde des Verräthers zum Begräbniß der Fremdlinge gekauft. Ich glaube daß die schon durch Hieronymus dieser Oertlichkeit gewordene Beglaubigung vollen Grund hat. Ganz nahe bei den vielen Gräbern im weichen Kalkfelsen wird noch heutzutage weißer Thon gewonnen. Auch scheint das Töpferthor des Jeremias gerade hieher geführt zu haben. Wir untersuchten die Gräber nicht; auch nicht den merkwürdigen alten Felsenbau, gewöhnlich das Leichenhaus genannt, worin Dr. Schultz, nach der Andeutung des Josephus, das Grabmal des Hohenpriesters Ananus vermuthet*. Die dem Töpfer- oder vielmehr Blutacker von Anfang an gegebene Bestimmung hat ihm die Folge-

---

*) Siehe: Jerusalem. Eine Vorlesung. S. 72. Vorher S. 39. steht eine Beschreibung des Grabmals.

zeit bestätigt. Denn schon in den Kreuzzügen wurde er von den Abendländern zum letzten Ruheplatze für Pilgrime geweiht. Wie viele fromme Herzen mögen seitdem mitten in der Freude, den höchsten Wunsch erfüllt zu sehen, auf dieser Stätte die Ruhe gefunden haben von allem Drängen, Treiben und Wandern. Ich kann mich von dem Gedanken nicht trennen, daß es schön sein muß, in Jerusalem zu sterben. Denkt man sich doch so gerne die schönsten Augenblicke zu den letzten; wenn sie auch so selten zusammentreffen.

Neuerdings ist an die Stelle von Hakeldama der südwestliche Rand des Berges Zion getreten. Von dort winkte das sogenannte Grab Davids zu uns ins Thal herab; dicht bei demselben besitzen die Amerikaner sowie gleich dahinter die Griechen und noch näher an der Stadtmauer die Armenier und die Lateiner ihre Gottesäcker. Wir begnügten uns heute sie aus der Ferne zu grüßen; denn es fehlte wenig, so hatten wir die Sonne des Mittags. Ich war daher recht froh als wir durchs Thal Gihon ans Jaffathor gekommen waren; von da erreichten wir in wenig Minuten die Casa nuova.

Ein paar Stunden des Abends hatt' ich mir vorgenommen in der Kirche des heiligen Grabes zuzubringen.

Ich wollte mich heute durch nichts stören lassen in meiner Andacht, weder durch die Betrachtung einer unwürdigen Geistlichkeit oder ihrer sinnlichen Cultusformen, noch durch gelehrte Zweifel an der Oertlichkeit selber. Wären's auch nur die Räume, für die der Kreuzfahrer begeisterte Schaaren der Heimath Glück und Liebe geopfert, für die so viele der tapfersten Schwerter geblitzt, für die Millionen Herzen geblutet; wären's auch nur die Räume, die seit Helena's Pilgerfahrt aller Pilger Augen und Herzen gefesselt, ihre Thränen empfangen, ihre Gebete gehört: wo wären gleiche Räume auf dem weiten Kreis der Erde. Und hat die Ueberlieferung Recht; hat in diesen Räumen der Erlöser am Kreuze gehangen, hat er in ihnen nach der kurzen Sabbathsruhe die Fesseln des Grabes auf ewig gesprengt: wer könnte in diese Räume eintreten, ohne dem Heilande wie ins eigene Aug' zu schauen, ohne ein ganzes Osterfest zu tragen in tiefster Seele.

Bevor wir in die Kirche traten, betrachtete ich das alterthümliche Portal; an einer der Säulen sah ich den Namen Dandalo eingegraben. Vor sechshundert Jahren stand der tapfere Doge an demselben Portale der Grabes= kirche. Die Thür fanden wir offen, obschon die türkischen Wächter links in der Vorhalle nicht fehlten; die christliche Gemeinde hatte heute freien Zutritt; daher trafen wir auch bereits eine andächtige Versammlung in den heiligen Räumen.

Als mich einst meine selige Mutter an ihrer Hand

in die Kirche führte, so wagt' ich kaum die Lippen zu regen; ich war gerührt wie's Kinder sind; sich selber unklar, aber herzinnig. Als ich nach vielen Jahren des Studiums in derselben Kirche meiner Vaterstadt vor die harrende Gemeinde trat, da war ich feierlich ergriffen; ich hatte das Bewußtsein des Berufes, unvergängliche Worte ins Gemüth der Brüder zu senken. Heut' schwankt' ich zwischen Kind und Mann, als ich vor dem Eingange der Kapelle zum heiligen Grabe stand, mitten unter einer Menge Orientalen, die auf den Knieen lagen und sich das Haupt vom Turbane entblößt hatten.

Bald traten wir in den engen vielerleuchteten und vielgeschmückten Raum mit der gespaltenen marmornen Grabesdecke. Ein lateinischer Pabre las Messe; ich las daneben mit stummen Lippen was mir tief im eigenen Herzen stand. Ein Jahr früher schrieb ich, voll von den Gedanken des Glückes, Jerusalem zu sehen, an die fernen Lieben: Wann ich betend beim Grabe des Herrn stehen werde, da gedenk' ich eurer. In den höchsten Momenten der Weihe an die denken die man liebt, das hielt ich immer für die trauteste Liebesgabe. Ich hatte heute nicht vergessen was ich damals schrieb.

Als sich Geramb in der Betrachtung erging, daß in der Grabeskirche alle christlichen Völker durch ihre Repräsentanten unaufhörlich ihre Stimme zum Preise Gottes erheben, rief er aus: Seltsam; nur eine Stimme hört man nicht; es ist die der Protestanten. Ein Loblied stimmte freilich auch ich nicht an; aber ich freute mich doch in dem Glauben, daß dieser Augenblick gegen das Wort des Trappisten zeugte.

Die ganze Kirche war voll gottesdienstlicher Bewegung. Am zahlreichsten waren die Griechen in ihrer prunkreichen Kirche. In der Kapelle der Helena trafen wir armenische Priester, strotzend von Pracht. Auch einzelne Kopten wandelten umher, arm in ihren Gewändern und leidend in ihren Zügen, als wären sie in einem beständigen Acte der Pönitenz begriffen. Die Franziskaner in ihren dunkelbraunen Kutten hielten so eben ihre Prozession, an die sich mehrere Pilger angeschlossen hatten. Auch ich erhielt eine schöne Wachskerze zum Behuf der Theilnahme; ich zog es aber vor mit dem lieben Padre Lorenzetti allein die Stationen zu durchwandern. Die Prozession ging vom Meßaltar in der kleinen Lateiner = Kirche zur Säule der Geisselung, zum Gefängniß Christi, dahin wo die Kriegsknechte die Kleider getheilt, zum Orte der Kreuzesauffindung, zur Kapelle der Helena, zur Säule wo Christus mit Dornen gekrönt worden, zum Calvarienberge, zur Kreuzesstätte, zum Steine wo der Leichnam gesalbt worden, zum heiligen Grabe, dahin wo der Auferstandene als Gärtner gesehen worden, zur Kapelle wo Christus nach seiner Auferstehung seiner Mutter erschienen ist. Was mir an der Prozession gefiel, das war der erbauliche Gesang der Franziskanerbrüder; sie erinnerten damit an ihr klang- und sangberühmtes Vaterland. In der Sakristei sah ich mehrere Textbücher für alle Prozessionen der Franziskaner zu Jerusalem; der Prior gab mir zum Andenken einen Abdruck davon.

Aus der Sakristei stiegen wir eine Treppe höher, wo in einer Kammer außer den Festgewändern der Lateiner zwei kostbare Reliquien aufbewahrt werden, nämlich das Schwert und die Sporen des edlen Gottfried von Bouillon.

Als wir in die Räume der Kirche, die jetzt ziemlich leer geworden, zurückgekehrt waren, bat ich mir's aus noch eine Stunde allein darin zu bleiben. Es ist mir eine theure Stunde der Betrachtung geworden. Ich dachte einige Augenblicke an die Skeptiker meines Vaterlandes, die mit so scharfen Messern die Nerven des positiven Glaubens zerschnitten zu haben meinen, und fragte mich nach den Gründen, die mich selber binden an's Wort der Schrift. Trotz meines kritischen Berufes, der mich seit sechs Jahren mitten hinein ins bewegte Forschungsleben unserer Zeit geführt, bin ich noch nicht zum gepriesenen Fortschritte gelangt; ich habe in der alten Ueberzeugung verharrt, die ich vor sechs Jahren ausgesprochen. „Das christliche Leben," so lautet jene Ueberzeugung, „und noch mehr die christliche Kirche wurzelt durchaus in der vollen geschichtlichen Persönlichkeit des Gottmenschen. Die herrlich schillernde Seifenblase des poetischen Glaubens, wozu es verworrene Philosophenschulen gebracht haben, flattert durch die Lüfte zu kurzer Freude. Nicht umsonst steht im Gleichnisse vom Weinstock: Wer in mir bleibt und ich in ihm, der bringt viele Frucht. Das in ihm Bleiben gilt's. Alles nothdürftige und krankhafte Anhalten an den Propheten von Nazareth, seines göttlichen Nimbus ledig, ist Komödie oder Verrätherei. Judas küßte den Heiland auch; aber gleich hinter ihm standen die Kriegsknechte mit Schwertern und Stangen."

Indem ich einsamen Schrittes, doch einsamer mit meinem Schritte als mit meinem Glauben, über diese Oertlichkeiten wandelte, die als irdisches Fundament der Predigt vom Gekreuzigten und Auferstandenen jener kleinen Schaar vor Augen lagen, deren Herz keinem Dinge so fremd war als der Lüge, deren Kopf ohne Zweifel unfähig war ein Gestirn zu erschaffen am Himmel der Gedanken: wie kühn erschien mir da die Verneinung der Wahrheit, daß Jesus der Christ sei. Freilich, die Schrift hat so viele Seiten, woran sich der Zweifel festhält, woran auch oft der harmlose Glaube sein Aergerniß nimmt. Ist es nicht, so fragt man, ein innerer Widerspruch daß die Offenbarung des Gottessohnes, die Botschaft von der Erlösung, zur Kunde und zur Norm für die Welt in Formen gefaßt worden, die so unbestimmt, so vieldeutig sind wie kein Gesetzbuch irgend eines zeitlichen Staates? Die Lösung, entgegn' ich, liegt nicht weit vom Widerspruche. Die Kirche Christi ist eine lebendige That Gottes; sie war's von Anfang, sie ist's noch heute. Der Geist ist ihr Princip; der Geist aber läßt sich nimmermehr in die Fessel des Buchstaben fangen. Wie Christus einst mit dem Erdenleibe und zugleich mit der göttlichen Meisterschaft auftrat, so tritt er noch heute auf. Dort rief der Eine: Er hat den Teufel. Den Andern fesselte seine Weisheit. Der Dritte bekannte: Du bist Gottes Sohn. So viele sahen mit offenen Augen die Wunder von ihm und an ihm; sie glaubten dennoch nicht. Nur wen der Vater zog, der kam zum Sohne. Wie's geschehen, so ist's geblieben. Die Vieldeutigkeit der evangelischen Berichte hat uns die Ursprünglichkeit des Auftretens Jesu bewahrt. Dem Aergernisse mußte die Thür offen bleiben, sollte der Glaube der volle Glaube bleiben. Und die Mannigfaltigkeit der Auffassung, wie sie Matthäus und Johannes, wie sie Paulus und Jacobus bieten, die entspricht wunderbar der Mannigfaltigkeit der menschlichen Geister. Woraus manch unbesonnener Angriff gegen die Autorität der Bibel entsprungen, gerade darin liegt eine herrliche Bürgschaft ihrer universellen Bestimmung. Wahrhaftig, die Schrift nicht hat die Schuld, wenn sie der Unglaube verschmäht und die Weisheit meistert.

Aber der ärgste Kampf mitten im Schooße der Kirche ist dennoch eine traurige Thatsache. Manches Herz schlägt bange, das ihn sieht; selbst nicht am Angstrufe fehlt es, das Leben der Kirche möchte gefährdet sein. Hat der Angstruf Grund? Dann wird er anfangen Grund zu haben, wenn das Bewußtsein lügen wird, daß über allen Augen, die an der kurzen Erscheinung haften, noch ein Auge wacht mit einem ewigen Sterne.

So hat mich Golgatha und das Grab des Herrn zu einem Bekenntnisse, zu einer Rechenschaft über den Glauben geführt. Steht man auf den todten Steinen, über denen die christliche Kirche sich aufgebaut, so fragt sich's leicht auch nach den lebendigen Säulen, auf denen ihr Gebäude ruht.

Die Stunde war mir schnell vergangen in diesen Räumen. Obschon mich nicht eben jetzt das Studium des Terräns beschäftigt hatte, so hatte mir doch das wiederholte Auf= und Absteigen die Lokalitäten des Grabgartens und des Felsenhügels veranschaulicht, so wie sie einst ohne die Maske des schmuckreichen Kirchenbaues gewesen sein möchten. Ich nahm heute noch nicht Abschied vom heiligen Grabe.

Glaubenszumuthungen in Jerusalem.

Wohl gibt es keine Stadt der Welt, deren Terrän mit seinen Steinen und Ruinen der strengen Geschichts= forschung zu dieser Stunde noch so viele Merkzeichen ihrer Vergangenheit bietet wie Jerusalem. Dennoch hat sich damit die Begehrlichkeit müßiger Köpfe nicht begnügt; sie hat sich vielmehr auf Entdeckungen geworfen, die tief hinein ins Gebiet des Unglaublichen schweiften. Aber die Leichtgläubigkeit hat diese Entdeckungen um so lieber will= kommen geheißen, da sie eine Art frommer Andacht zu nähren schienen, die seiner Zeit zahlreiche Anhänger zählte. Diese Zeit heißt noch nicht unter jedem Himmelsstriche eine längst verklungene; möchten sich auch unter meinen Lesern wenige finden, die das was ich Glaubenszumu= thungen nenne, ohne ein sehr bedenkliches Auge betrachten werden. Freilich würde gewiß im Irrthum sein wer der Tradition um ihrer schwachen Seiten willen ein völliges Schwachheits= oder Armuthszeugniß ausstellen wollte. Es ist nirgends rathsam, das Kind mit dem Bade auszuschütten.

Die via dolorosa, wer kennt sie nicht aus den vielen Nachbildungen in katholischen Ländern? Die zu Jerusalem soll natürlich genau dieselbe sein die den Heiland zum Kreuzestode führte; sie läuft beim Hause des Gouverneurs nahe am Stephansthore aus und mündet in die Grabeskirche ein. Ich will über ihre Beglaubigung nicht rechten; immer bleibt wahrscheinlich daß der wahre Todesweg Christi dieselbe Richtung und wohl auch eine ähnliche Gestalt hatte. Von den Besonderheiten, womit die Wanderungen durch die via dolorosa, abgesehen von ihren eigentlichen Stationen, bekannt machen, heb' ich nur einige für meinen Zweck hervor. Im Hause des Gouverneurs befindet sich das Zimmer wo Christus gefangen gesessen, eh' er vor Gericht geführt wurde. Nahe dabei sieht man in verfallenem Zustande den dunklen Gerichtssaal des Pilatus, sowie im ersten Stockwerke den Altan, wo Pilatus das Ecce homo ans Volk gerichtet. Etwa mitten auf dem Schmerzenswege trifft man das Haus des reichen Mannes, vor welchem der arme Lazarus gelegen. Wahrscheinlich verfiel man deshalb auf die Darstellung dieses seltsamen Hauses, weil angesehene Kirchenväter, wie Tertullian und Origenes, dem Gleichnisse des Herrn ausdrücklich einen faktischen Bestand unterlegten. Beim Tempel kennt man die Stelle, wo Christus die Ehebrecherin freigesprochen. Am Berge Zion hatte man da eine Kirche erbaut wo Jesus dem Blinden den Koth auf die Augen gelegt. Eine Straße war ehedem nach dem Judasbogen benannt worden, woran sich Judas erhängt hatte. Das Haus des Zebedäus kennt man so gut wie das des Pharisäers, wo Maria Magdalena die Füße des Herrn gesalbt. Die Kirche der heiligen Anna enthält die Grotte der Empfängniß Maria's. Wo der Hahn gestanden als er gekräht, und wo Petrus gestanden als er ihn gehört, sowie auch die Stelle wo Petrus bitterlich geweint: das alles läßt sich nachweisen. Außerhalb der Mauern hat man gemerkt wo Salomo gesessen, um die Tempelarbeiter zu beobachten; ein Stein ist als der gewöhnliche Sitz des Elias bekannt; der verfluchte Feigenbaum stand nahe davon wo Christus das Vaterunser gelehrt.

Aber die kühnsten Griffe in die Vorzeit bezeichnen die Begegnung Abrahams und Melchisedecks, der Schauplatz der unternommenen Opferung Isaaks, endlich das Grab des Urvaters Adam selber. Dieses Grab ist gerade unter der Kreuzesstätte auf Golgatha. Sinnreich war's allerdings, den Anfang des Menschengeschlechts mit dem Acte seiner Erlösung so nahe wie eines Baumes Wurzel und Krone zu verknüpfen. Da man vor Zeiten sogar den Schädel Adams noch vorgefunden hat, so mußte wohl Golgatha das entgegengesetzte Talent von Hakeldama besitzen. Das Letztere nämlich, von dessen Erde auch das berühmte Campo santo in Pisa gebildet worden, soll innerhalb vier und zwanzig Stunden jeden Leichnam verzehren.

7 *

Doch ich darf nicht länger bei der Liebhaberei solcher überschwenglicher Merkwürdigkeiten verweilen. Mit den meisten derer die ich genannt versöhnt man sich dann wenigstens, wenn man's mit einigen hundert Spannen Landes ab oder zu nicht genau nehmen will.

Noch einige Erinnerungen im neuen Jerusalem ans alte.

Keine Erinnerung ist den Kindern der heiligen Stadt theurer als die an den einstigen Jehovahtempel. Aber keine andere drängt sich auch heute noch so unabweislich jedem Pilgrime auf, mag er sich innerhalb der Stadt ergehn, oder von den Nachbarhöhen auf ihre Kuppeln schauen. Denn das große, im Osten und Süden von der Stadtmauer umschlossene „edle Heiligthum" (el Haram es Scherif), mit den beiden großen Moscheen auf seiner weiten Area, nimmt fast den vierten Theil der heutigen Stadt ein. Daß aber hier der Tempel gestanden, wer wüßte es nicht von allen die in Jerusalems Mauern weilen, sei er Muhamedaner, sei er Christ oder Jude. Und doch ruht über keinem der Alterthümer Jerusalems ein so dichter Schleier wie über diesem Tempel, von dem jetzt noch mancher Rest, manche Spur, besonders unter der Erde, sich finden mag. Der Haram ist nämlich für alle die den Glauben an den Propheten nicht theilen unbetret= bar. Nur zwei Reisenden, und zwar Engländern, ist es in neuerer Zeit gelungen, einen Besuch in den unterirdischen Gewölben, die einst den Tempel trugen, abzustatten. Versuche, wie sie schon gemacht worden sind, durch irgend eine List das Heiligthum zu ergründen, würde unter den jetzigen Verhältnissen schwerlich Jemand vollenden, ohne erschlagen zu werden.

Den besten unter den möglichen Standpunkten, den Ha= ram in der Nähe zu sehen, bietet das an der Nordwestecke desselben gelegene Haus des Gouverneurs, jetzt eine Ca= serne. Auf einer meiner ersten Wanderungen durch die Stadt führte mich der Padre Lorenzetti auf das platte Dach dieses Hauses. Als wir die Treppen hinaufstiegen, schloß sich uns sehr angelegentlich ein hinkender Inva= lide an, der durch seinen Stab, dessen er sich später zu unserem Besten bediente, eine gewisse Autorität gewann und bei der Betrachtung des Tempelplatzes unser sachver= trauter Cicerone wurde.

Den Mittelpunkt der Area behauptet die Moschee Omar's, gewöhnlich Kubbet es Sachrah (Kuppel des Felsen) genannt; sie gilt für eine der großartigsten und geschmackvollsten Tempelbauten der Welt. Zwischen ihr und der Moschee el Aksa, die an die südliche Stadt= mauer grenzt, steht gerade in der Mitte, von Oliven,

Orangen und Cypressen eingefaßt, ein großes Marmorbecken mit Quellwasser, das die andächtigen Spaziergänger sowohl zum Trinken wie zum Waschen einladet. Die Area selbst ist größtentheils mit Marmor belegt; der grüne Rasen, der da und dort hervorsprießt, sowie zerstreut stehende Bäume, besonders Cypressen, stechen wohlthuend ab von der platten Steinfläche. Außer den beiden großen Moscheen stehen noch mehrere Gebetshäuschen auf der Area; das nach der Fatime benannte wird besonders ausgezeichnet. Endlich befinden sich zwei vorzugsweise verehrte Stätten an der östlichen Stadtmauer; die zur Linken der Sachrahmoschee heißt der Thron Salomo's, die zur Rechten wird für die Gerichtsstätte Mohammeds am jüngsten Tage gehalten.

Die berühmte Moschee selber ist ein achteckiges Gebäude, sieben und sechzig Fuß hoch, mit fast gleich hohen Fenstern an den Wänden. Es erhebt sich über einer Platform, zu der acht Stufen hinaufführen und deren Länge von Osten nach Westen vierhundert fünfzig, von Norden nach Süden fünfhundert fünfzig englische Fuß beträgt. Das Achteck überwölbt eine graciöse, mit Blei gedeckte Kuppel, über deren Spitze ein goldener Halbmond glänzt. An den äußeren Mauern der Moschee bemerkt man grünlich schimmernde Mosaikarbeiten und um dieselben herum viele Sprüche des Koran in goldenen Lettern auf blauem Grunde.

Die drei Portale der Moschee, im Norden, im Osten und Süden, heißen das Himmelsthor, das Davidsthor, das Gebetsthor. Vor dem Davidsthore steht Davids Richterstuhl.

Im Innern ist das Merkwürdigste und Heiligste, gerade unter der großen Kuppel gelegen, der Felsen es Sachrah, von dem die Moschee selber ihren Namen hat. Auf ihm soll, wie selbst fromme Kreuzfahrer glaubten, Jacob geruht haben, als er die Himmelsleiter im Traume sah. Nur die Kaaba zu Mekka übertrifft diesen Felsen „des Paradieses" an ehrwürdigem Ansehn für die Gläubigen; denn auf ihm soll auch der Prophet gestanden sein, als er gen Himmel fuhr.

Die Moschee el Akfa (d. i. die Entfernteste, nämlich von Mekka) macht eigentlich mit der Sachrahmoschee ein einziges Ganzes aus. Ihre Bauart ist die einer Kirche aus den ersten christlichen Jahrhunderten. Wahrscheinlich ist sie aus der prächtigen Kirche, die Justinian um die Mitte des sechsten Jahrhunderts erbaut und der Jungfrau geweiht hatte, hundert Jahre später durch Omar zu einer Moschee umgeschaffen worden.

Die Betrachtung des gefeierten Heiligthums der Gegenwart führt mich nothwendig zu einem wenn auch flüchtigen Rückblicke auf die vergangenen Heiligthümer, die sich einst über denselben Fundamenten erhoben haben. Dreitausend Jahre sinds daß Salomo dem Gott, „der ihm so viel Weisheit gegeben als Sand am Ufer des Meeres liegt," jenen Tempel baute, dessen Herrlichkeit weltberühmt geworden. Schon David erzählt daß er dazu „in seiner Armuth" hundert tausend Centner Goldes und tausendmal tausend Centner Silber verschafft habe. Der Libanon lieferte seine Cedern; Tyrus half mit seinen Schiffen; Sidon schickte Künstler und Bauleute: so war in sieben Jahren der heilige Bau fertig, bewundert in einer Zeit die reich an Wunderwerken war. Aber seine Zukunft war kurz. Zu Anfang des fünften Jahrhunderts seiner Dauer, nachdem ihn bereits wiederholt die rohe Hand der Plünderung getroffen hatte, wurde er von Nebucadnezar in den Flammen begraben.

Als die Juden fünfzig Jahre später aus Babylon zurückkehrten, brachten sie mit der Erlaubniß auch die Begeisterung heim, einen neuen Tempel zu bauen. Er wurde sofort unter Serubabel ins Werk genommen, aber erst in zwanzig Jahren nach verschiedenen Unterbrechungen vollendet. Dieser zweite Bau erreichte bei weitem nicht die Pracht und Größe des ersten. Mit Sehnsucht dachte man fort und fort des Salomonischen Gotteshauses, zumal seitdem Serubabels Tempel durch Antiochus Epiphanes geplündert und götzendienstlich entweiht worden war.

Die Sympathien des Volkes theilte und benutzte Herodes der Große. Mitten in den Schöpfungen, durch die er die alte Davidsstadt wieder jung an Glanz und Schönheit machte, faßte er auch den Plan eines neuen prächtigen Tempelbau's. Er ließ zu diesem Behufe das vorhandene Bauwerk größtentheils abtragen und rief durch den neuen Aufbau, dessen Beschreibung Josephus hinterlassen, manche der Salomonischen Herrlichkeiten wieder ins Leben.

Die Hallen dieses Tempels waren es unter denen der Heiland gewandelt und viele Reden seines göttlichen Mundes ans Volk gehalten. Seine Mauern, seine Steine waren es die das Auge der Jünger bewunderte, als der Heiland seine erschütternde Prophezeiung aussprach. Vierzig Jahre später erfüllte sich diese Prophezeiung. Denn die Zerstörung der Stadt durch Titus traf auch den Tempel. Er war das letzte Bollwerk der verzweifelten Kämpfer; sogar dann hielt er sich noch als die feste Burg genommen war. Jeder Zoll seines Hofraums kostete den Römern Feuer und Blut; erst als die Flammen aus ihm loderten, wurde er selber eine Beute des Sturmes.

Was nach der großen Katastrophe zuerst an seine Stelle trat, war eine jener Ironien in denen sich Hadrian so wohl gefiel: ein Tempel des Jupiter, mit des Kaisers Reiterstatue gerade da wo das Allerheiligste gestanden. Idol und Statue dauerten eben so lange als Salomo's Tempel; denn erst Justinian schmückte den alten trauernden Tempelberg mit einer christlichen Kirche. Diese Kirche wurde unter Omar vor der Mitte des siebenten Jahrhunderts zur türkischen Moschee, und an ihrer Seite erhob sich fünfzig Jahre später die gefeierte „Felsenkuppel."

Beide erlebten die hundertjährige Episode der christlichen Herrschaft zu Jerusalem. Aber ehe das Kreuz den Halbmond verdrängte von der stolzen Kuppel, hatte Tancred ein so schreckliches Blutbad auf ihrem Marmorboden gehalten, daß ein Zeitgenosse davon berichtet, „man sei im Tempel bis an die Kniee im Blute geritten." Von Balduin dem Zweiten wurde Justinians ehemalige Kirche einem jungen Ritterorden geschenkt, der davon den Namen der Tempelritter empfing.

Als aber Salahebbins Schwert über der heiligen Stadt blitzte, da verschwand mit den christlichen Waffen auch das Kreuz schnell wieder aus den beiden Gotteshäusern, deren Räume, durch den christlichen Unglauben entweiht, mit Rosenwasser gereinigt wurden. Seit Salahebbin ist der Haram es Scherif unbehelligt das geworden was er bis zu dieser Stunde geblieben ist.

Das ist die Geschichte der Heiligthümer auf Jerusalems Tempelberg, worauf zuerst der berühmte Tempel Salomo's gestanden. Seine Dauer war freilich kurz; so vieles ist in zwei Jahrtausenden über seinen Trümmern gebaut und wieder zerstört worden. Aber trotz dem zeugen noch heute die Mauern des türkischen Heiligthums von jenem Wunderbau. Denn an mehreren Stellen, besonders an der südöstlichen und südwestlichen Ecke dieser Mauern, sieht man noch heute so kolossale und zugleich mit Kunst bearbeitete Steine, daß man ihre Verwendung zum äußersten Mauerwerke des Tempels unbedenklich auf Salomo zurückführt*. Merkwürdige Trophäen sind's, Trophäen des Sieges der menschlichen Kunst über die allgewaltige Zeit. Wie sie vor dreitausend Jahren gelegt worden sind, so liegen sie noch immer, unerschütterlich wie der Fels der sie trägt; gleich als hätte der lebendige Gott, dessen Tempel sie umschlossen, sie gelegt mit eigenem Finger und zum ewigen Merkzeichen gesetzt, daß er gewohnt auf seinem Berg bei seinem Volke.

Noch einmal muß ich von Gräbern sprechen, diesen treusten und oft so beredten Zeugen der Vergangenheit. Ein Grab, an das zu denken sehr nahe liegt, ist das Grab Davids. Petrus rief in seiner Rede am Pfingstfeste aus: Davids Grab ist bei uns bis auf diesen Tag. Hatte sich das Grab des großen Königs tausend Jahre

* Siehe Robinson's Palästina 2c. Band. 2. Seite 62., wo Messungen von mehreren jener Steine stehen. Der Eckstein an der Westseite (in Südwesten) mißt 30 Fuß 10 Zoll in der Länge bei 6½ Fuß Breite. Mehrere andere Steine wechseln zwischen 20½ bis 24½ Fuß Länge bei 5 Fuß Dicke.

erhalten, so mußte es bedeutend und hervorstechend sein. Außerdem erzählen uns die Bücher der Könige und der Chronik oft und bestimmt genug von dem königlichen Begräbnisse, worin David und Salomo, sowie acht ihrer fürstlichen Nachfolger nebst einem Hohenpriester beigesetzt worden sind. Und in der That findet sich im Norden von Jerusalem, etwa eine Viertelstunde vom Damaskus- thore, ein großartiges Grabmal, das den Namen der Gräber der Könige trägt. Ich bin wie so viele andere Reisende in diesen dunklen Felsenräumen gewesen, die ich einen unterirdischen Gräberpalast nennen möchte. Sie sind nicht wie andere Gräber um Jerusalem in der Felsenwand eines Thales, sondern mitten in der Tiefe des Felsen selbst durch Aushöhlungen angelegt. Man muß zuerst wie in eine große viereckige in den Felsenboden eingesenkte Ci- sterne hinabsteigen, in deren westlicher Wand sich ein mächtiges Portal öffnet, das, wenn gleich seiner Säulen beraubt, noch jetzt bewundrungswürdig ist durch die herr- lichen Bildhauerverzierungen die es umgeben. Das Por- tal führt zunächst zu einer gewölbten Vorhalle, einem länglichen Vierecke; aus ihr geht man durch eine niedrige Thür an der süblichen Wand in ein großes viereckiges Gemach, aus dessen drei Wänden Eingänge zu den eigent- lichen Todtenkammern mit geräumigen Grabnischen an den Seiten führen. Alles was ich hier sah zeugt von ungewöhnlicher Pracht und Kunst, namentlich auch die

Reste von marmornen Sarkophagen, die da und dort zerstreut liegen.

Unser Besuch daselbst hatte übrigens der Beschwerlichkeiten genug; namentlich fanden wir den ersten Eingang nach dem Portale mit Steinen fast gänzlich zugeworfen. Dabei hatte mir mein Führer, ein New-Yorker der in Jerusalem ansässig ist, die Besorgniß beigebracht, wir möchten in diesem Felsengefängnisse von Beduinen oder Albanesen überrascht werden, zumal da wir zu seinem Schrecken einen kleinen Trupp der letzteren im Olivenhaine zwischen dem Thore und den Gräbern angetroffen hatten.

Mag aber nun dieses großartige Begräbniß seinen Namen mit Recht führen und in der That die Gebeine der jüdischen Könige in sich gefaßt haben? Seine Pracht, seine Besonderheit spricht vollkommen dafür, aber seine Lage widerstrebt. Denn das Grabmal Davids und der „Kinder Davids" lag auf Zion; das steht fest, weil es ausdrücklich bezeugt wird. Mit größerem Rechte läßt das vorliegende Begräbniß an andere königliche Grabmonumente denken, nämlich an die des Königs Herodes. Die herodianischen Gräber, deren Kostbarkeit unzweifelhaft ist, erwähnt Josephus in seiner Geschichte des jüdischen Krieges so, daß sie an der damaligen nördlichen Stadtmauer liegen mußten, deren Spuren noch heute dicht bei den sogenannten Königsgräbern vorbeilaufen. Ich wüßte daher nicht was der Ansicht widerspräche, welche die Königsgräber für die Gräber des Herodes hält; sie bestätigt sich auch noch dadurch, daß Schultz das Grabmal der Königin Helena von Abiabene, dem Robinson seine Stelle in den Königsgräbern anzuweisen suchte, mit gutem Grunde auf der nordwestlichen Höhe bei der Stadt nachgewiesen hat.

So bleibt uns aber immer noch die Frage nach den wahren Gräbern der jüdischen Könige übrig. Sollte vielleicht gar die Ueberlieferung glaubwürdig sein, wornach das Grab Davids auf dem südlichen Abhange von Zion liegt und daselbst von einem Scheik bewacht wird? Dort steht nämlich neben einer Moschee und einem ehemaligen Franziskanerkloster ein uraltes Kirchengebäude, wovon bereits im vierten Jahrhunderte, wie's scheint, Erwähnung geschieht. Darin wird ein öber Saal als der Schauplatz der Einsetzung des Abendmahls sowie der Ausgießung des heiligen Geistes und noch anderer heiliger Vorgänge verehrt, und unterhalb dieses Saales vermeint man das Grab Davids zu besitzen. Ich selber sah es nicht; denn es wird von seinem muslimitischen Wächter eifersüchtig vor jedem christlichen Auge verborgen gehalten.

Hierbei versteht sich leicht von selbst daß dieses Monument, dessen Gestalt dem Grabe eines Santon oder türkischen Heiligen gleicht, nichts anderes ist als ein türkischer Ueberbau, unter dessen Boden das eigentliche Grab im Felsen verborgen sein müßte. Woher stammt aber die daran geknüpfte Tradition? Ihre geschichtliche Verfolgung zeigt, daß die Erinnerungen ans Abendmahl und ans Pfingstfest schon im vierten Jahrhunderte der heutigen Lokalität angehörten, während die Annahme vom Grabe Davids erst nach den Kreuzzügen hervorgetreten ist. Deshalb möchte ich vermuthen, daß jenes Pfingstwort des Petrus: Sein Grab ist bei uns bis auf diesen Tag, Veranlassung geworden ist, gleich zu den Füßen des Redners das Grab selber zu suchen, zumal da die alten Nachrichten dagegen keinen Widerspruch erhoben.

Doch meiner Vermuthung stellt sich eine andere gegenüber. Der Rabbi Benjamin von Tudela im zwölften Jahrhunderte erzählt nämlich in seiner Reisebeschreibung, die wohl den Verdacht der Unächtheit nicht rechtfertigt, folgenden seltsamen Vorfall.

„Der Patriarch von Jerusalem ließ eine eingestürzte Mauer der Zionskirche aus Steinen der alten Zionsmauer wiederherstellen. Zwei Arbeiter brachen zur Mittagszeit ohne ihre Kameraden Steine aus. Da entdeckten sie unter einem Steine die Oeffnung einer Höhle; sie gingen hinein und fanden einen Palast auf marmornen reich verzierten Säulen, sowie vor dem Palaste einen Tisch mit goldenem Scepter und einem Diadem. Aehnliche Monumente waren daneben, auch standen mehrere verschlossene Kisten dabei. Als aber die beiden Männer in den Palast eintreten wollten, warf sie ein heftiger Wind, von der Oeffnung der Höhle her, wie todt zur Erde nieder. Erst am Abende erholten sie sich wieder und verließen die Höhle. Sie berichteten die Sache dem Patriarchen; der Patriarch theilte sie dem Rabbi Abraham dem Frommen mit. Der Rabbi erklärte die gefundenen Monumente für die Gräber Davids und Salomo's. Als aber die beiden Arbeiter weiterer Nachforschungen halber besucht wurden, waren sie bettlägerig und aus Gottesfurcht zu keinem neuen Schritte in die merkwürdige Höhle zu bewegen. Darauf wurde der Ort auf Befehl des Patriarchen vollkommen wieder verdeckt." Benjamin von Tudela setzt noch hinzu, von Abraham dem Frommen habe er selbst die Mittheilung des Vorfalls erhalten.

Dieser Erzählung mißt Dr. Thenius, der unlängst den Gräbern der Könige von Juda eine besondere Abhandlung gewidmet hat*, in der Hauptsache Glauben bei und leitet davon, mit Zuziehung verschiedener Gründe, die jetzt bestehende Tradition vom Grabe Davids her. Dagegen mögen sich nun freilich gar leicht Zweifel erheben lassen. Demohngeachtet theile auch ich die Meinung, daß in der nächsten Umgebung dieses traditionellen Grabes die

---

* Siehe Illgen's Zeitschrift für die historische Theologie. 1844. 1. Heft S. 1 — 60: Die Gräber der Könige von Juda, vornehmlich durch Berichtigung der Topographie des vorexilischen Jerusalem nachgewiesen von Otto Thenius.

wahren Königsgräber im Schooße des Felsen verborgen
liegen. Ihre neue Auffindung wird ohne Zweifel selbst
einer mühsamen Forschung durch gewichtvolle Resultate
lohnen. Schätze hat man darin, nach Josephus, bereits
zwei Mal seit ihrem Bestehen gefunden; der Hohepriester
Hyrkanus soll dreitausend Talente, Herodes einen reichen
Schmuck von Gold und Kleinodien daraus genommen
haben: Nachrichten, die wenigstens nicht alles Grundes
ermangeln möchten. Ich meines Theils wünschte sie so
glaubwürdig als möglich zu machen, wenn dadurch die
rechten Hände gewonnen werden könnten, um die Entdeckung der Gräber der Könige von Juda kräftig ins
Werk zu nehmen. Thenius räth zu Nachgrabungen innerhalb der Mauern des amerikanischen Gottesackers, unter
dem Vorwande der Errichtung eines Todtenhauses. So
lange Jerusalem in seinem gegenwärtigen Bestande beharrt,
läßt sich dieser Rath zur Beachtung empfehlen.

Bethlehem. San Saba am todten Meere.

Meine Ankunft in Bethlehem hab' ich schon berichtet.
Ich kam mit meinen beiden Begleitern aus der Johanneswüste; die Sonne sank, als ich auf ihren felsigen Hügeln
über einem Teppiche hellglänzender Oelbäume die Stadt

begrüßte, die der Mund des Propheten „mit nichten die kleinste unter den Fürsten Juda" genannt. Unbeschreiblich wohlthuend war mir der Anblick Bethlehems; der Eindruck den seine Erscheinung machte stimmte so vollkommen zu den Gedanken die ich mitbrachte. Es trug wie einen Schein der Verklärung; Alles war so schweigsam um mich her, als hätte ein Moment der Andacht das alltägliche Geräusch begraben. Bethlehem sah aus wie ein Sonntag, ernst zugleich und lieblich.

Der Sonnenuntergang mußte mich des Sonnenaufgangs gedenken lassen, den die Welt diesem Städtchen verdankt. Wer könnte ihm nahen ohne davon voll zu sein. Was wäre die Welt, wäre über sie das Licht aus Bethlehem nicht aufgegangen. Wie die arme Magd zur Gebenedeieten aller Mütter, so war die bescheidene Hügelstadt von Juda zur Gefeiertsten unter den Städten der Erde erkoren.

Seit der Geburt des Heilands ist nicht nur sein Name in Aller Gedächtniß geblieben; seine Hügel, seine Felsen, seine Mauern sind auch unverrückt vor den Augen aller geblieben die ins heilige Land gepilgert; denn an Bethlehem hat sich noch kein Zweifel versucht. Aber seine Berühmtheit reicht weit über die christliche Aera hinaus; tausend Jahre früher als es der Welt den König mit der Dornenkrone, den König im Reiche der Wahrheit bescheerte, hat es dem Hause Israel seinen königlichen Psalmsänger

und Gotteshelden bescheert. David und Christus stam=
men aus Bethlehem; diese Landschaft ists die ihr Auge
gesehen, als es zum ersten Male sich öffnete unterm blauen
Himmelszelte: mit diesem Gedanken ritt ich dem Kloster
entgegen, das mit seinen hohen Mauern über dem tiefen
Thale im Norden sich ausnimmt wie die Burg von Beth=
lehem, dem es selber auf einem Nachbarhügel, über hun=
dert Schritte entfernt, stattlich gegenüber liegt.

Auf dem weiten, mit Steinplatten gepflasterten Platze
vor der Klosterthüre trafen wir zahlreiche Einwohner von
Bethlehem, die ein gutes Aussehen hatten; auf der stei=
nernen Bank am Kloster saß auch ein Franziskaner, der
uns mit einem freundlichen Willkommen entgegenkam.
Das Kloster mit seinen umfangreichen Räumen wird
zugleich von Lateinern, Griechen und Armeniern bewohnt,
obschon nichts weniger als ein brüderlicher Friede in
dieser Genossenschaft herrscht. Die Klagen über die
Unfreundlichkeit und Anmaßung der Griechen gehörten zu
den ersten Mittheilungen, die mir nach dem Eintritte ins
Kloster vom lateinischen Prior gemacht wurden.

Diesen Abend noch besucht' ich die Kirche. Das
Hauptschiff derselben hat eine großartige Anlage; vier
Reihen Marmorsäulen, deren Glanz jedoch nicht mehr
blendet, zieren es; sein Dach ist ungewölbt und ruht auf
einem Bau von Balken aus Cypressenholz. Die Wände
sind schmucklos; sie scheinen eines früheren Schmuckes

8*

beraubt worden zu sein. In den Fensterwölbungen schimmern Reste jener schönen Mosaik von Goldglas, die noch die Sophienmoschee zu Constantinopel so wie andere alte Kirchengebäude schmücken. Dieses ganze Schiff der kreuzförmigen Kirche steht aber verlassen und öde; nur die Flügel des Kreuzes sind im Gebrauch, und davon besitzen die Lateiner allerdings den geringsten Theil in ihrem St. Katharinenkirchlein.

Dieses Kirchlein, das ich zu meiner Freude mit einer Orgel ausgestattet fand, steht durch einen unterirdischen Gang in Verbindung mit dem Heiligthume, das fünfzehn Treppenstufen unter dem Hochaltare der armenischen und griechischen Kirche liegt. Das Heiligthum ist eine niedrige Felsengrotte, an der Decke gewölbt, auf dem Boden mit weißem Marmor belegt, an den marmornen Wänden mit seidenen Stoffen behangen. Mitten zwischen den zwei Treppen, die zum Hochaltare der Kirche hinaufführen, ist in einer Nische die Stätte die als die Geburtsstätte des Heilands verehrt wird. Viele Flämmchen aus silbernen Lampen umleuchten sie Tag und Nacht; eine kleine Marmortafel auf niederen Säulen dient zu ihrem Altare; vor demselben ist eine Stelle des Fußbodens durch einen silbernen Strahlenkranz mit eingelegtem Jaspis ausgezeichnet und lateinisch mit den Worten beschrieben: Hier wurde von der Jungfrau Maria Jesus Christus geboren. Wenige Schritte südlich von der Geburtsnische steht die marmorre Krippe, und der Krippe gegenüber liegt, von einer Marmorplatte überkleidet, der Stein worauf die Jungfrau saß, als sie die anbetenden Könige empfing. Ein Oelgemälde, das diese Scene vergegenwärtigt, hängt darüber; ein anderes im Hintergrund der Grotte stellt die Jungfrau mit dem Kind im Schooße dar.

Ich gestehe, daß mir die Grotte einen feierlichen Eindruck machte. Auch zweifl' ich nicht, daß der Text bei Lucas, obschon er nur von der Krippe außerhalb der Herberge spricht, die Annahme einer Grotte als der Geburtsstätte Christi zuläßt; denn noch heute ist nichts gewöhnlicher in Palästina und andern Ländern des Orients als die Benutzung von Felsengrotten zu Stallungen, so daß Lucas diesen Umstand nicht besonders hervorheben mußte. Uebrigens ist die jetzt verehrte Grotte, wie ich schon früher erwähnt habe*, nachweislich bereits um die Mitte des zweiten Jahrhunderts zu ihrem Ruhme gelangt, und das Kirchengebäude selbst, das jetzt zu ihrer Verherrlichung dasteht, stammt von der Pietät der Kaiserin Helena.

In dem unterirdischen Gange, aus dem einige zwanzig Stufen in die Katharinenkirche der Lateiner hinaufführen, wird, außer dem Altare Josephs, dem Altare der unschuldigen Kindlein, den Gräbern des Eusebius von

---

* Siehe oben S. 31.

Cremona sowie der eblen Römerinnen Paula und ihrer Tochter, besonders eine Kapelle nebst noch einem Grabe heilig gehalten. Beides gilt einem Manne, zugleich Mönch und Presbyter, Einsiedler und Gelehrter, dessen Andenken auch mir sehr theuer ist. Die Kapelle, die ihr Licht von oben durch eine Oeffnung im Felsen empfängt, war ursprünglich die klösterliche Zelle, wo derselbe, trotz der Verkennung, Schmähung und Verketzerung, mit der die Mitwelt ihren Dank ihm zollte, viele Jahre hindurch seinen gelehrten Arbeiten über den Text der Bibel mit eisernem Fleiße oblag. Das Grab daneben ist das Ruhebett, wo er als neunzigjähriger Greis das müde Haupt niederlegte. Wer sieht nicht daß ich von Hieronymus spreche, dem Uebersetzer und Kritiker der heiligen Textesurkunden? Ich setzte mich auf die steinerne Bank in seiner Felsenzelle, das ganze Herz voll Freude, daß mich derselbe Beruf, der der seinige war, so glücklich gemacht hat Bethlehem zu sehen.

Am nächsten Morgen brach ich zu guter Stunde zu einem Besuche des Klosters San Saba auf. Zwar lauteten die Erzählungen von der Unsicherheit des Wegs gefährlich genug um davon abzuschrecken. Da San Saba in der Mitte des Wegs zum todten Meere liegt, so sollten die berüchtigten Beduinenstämme, die am Gestade des Meeres hausen, bis hieher ihre räuberischen Streifereien ausdehnen. Doch lag mir zu viel an der Bekanntschaft mit der berühmten Klosterbibliothek, um mich durch ungewisse Gefahren daran verhindern zu lassen.

Sobald wir die Umgegend Bethlehems überschritten hatten, die durch den Reichthum ihrer Gärten an Oliven, Feigen und Wein, sowie ihrer Felder an Reis und Getraide noch heute Bethlehems alten Namen „Ephrata," „die Fruchtbare," rechtfertigt, so umgab uns die völlige Wüste. Gelblicher Sand ringsum, in Thälern wie auf Hügeln; Gebirgsansätze von Kalkstein mit weißlichem Schimmer; dabei selten Sträucher oder ein Baum: das war der Character dieser Gegend.

Bald klang uns eine unheimliche Morgenmusik in die Ohren, es waren heulende Schakals, die hier nicht selten sind. Später lief, mit dem Bewußtsein voller Sicherheit, ein alter Schakal nebst drei Jungen auf der Höhe dicht bei unserem Wege vorüber. Auch Beduinen begegneten uns; wir trafen sogar zwei kleine Niederlassungen in schwarzen Zelten mit Ziegen- und Schafheerden. Doch hatten wir außer unseren bedenklichen Mienen keine Behelligung davon.

Nach drei Stunden Wegs standen wir auf einer beträchtlichen Anhöhe mit dem Blicke auf die nahe kühne Felsenburg, die den Namen Kloster San Saba trägt. Dahinter schien das todte Meer nicht weiter als eine halbe Stunde entfernt zu sein. Das Meer machte einen schauerlich schönen Eindruck mit seiner ebenen schwarzen Spiegelfläche, am Fuße des öden arabischen Sandgebirgs gleichwie zu den Füßen eines rauhen herzlosen Wächters.

Uebersieht man dies traurige Land, wo Sandstrecke nur mit Sandstrecke wechselt, ein nackter Kalkhügel mit dem andern, ein Fels mit dem andern: wie schwer glaubt man auf einem Schauplatze von Thaten zu weilen, die der Geschichte theuer sind. Ich übersah hier die Wüste, in der David, als er vor Saul geflohen, seine jugendlichen Abenteuer bestand. Die Wüste Engedi mit den Felsen der Gemsen konnte nur unfern von mir im Süden am Meere liegen. Dort war's wo der geächtete Jüngling durch seine Großmuth seinen Verfolger zu Thränen rührte, so daß er ausrief: Du bist gerechter denn ich. Dorthin eilte auch die schöne Abigail, und wurde Davids Weib. Aber noch andere Erinnerungen, weniger abenteuerlich als des christlichen Ernstes voll, lagen dicht vor meinen Augen. Denn das wild zerrissene Gebirg, dessen Felsenwände das Bett des Kidron bilden, und dessen steiler Abhang im Westen das Kloster San Saba trägt,, ist von der Begeisterung und vom Blute so vieler Märtyrer Zeuge gewesen, die selbst diese freudenarmen, diese grabesstillen Felsenschluchten nicht sicher stellten vor dem Mordstahle der Sarazenen. So fern auch uns selber, im Zeitalter des Begriffs und der behaglichen Nüchternheit, die düstere Schwärmerei der christlichen Einsiedler liegen mag; sieht man mit eigenen Augen ihre Höhlen, ihre Klüfte, mitten in der schauer=

lichen Einöde, wo nichts heimisch ist als der Mangel, als die Gefahr, wer möchte da nicht die heilige Gewalt bewundern, die solche Helden zog.

Nach wenig Minuten begrüßte uns eine Stimme von einem der zwei Klosterthürme herab und wies uns zu einem tiefer gelegenen Eingange. Als wir daselbst eingetreten waren, übergab ich ein Empfehlungsschreiben vom Mutterkloster zu Jerusalem; wir wurden freundlich empfangen und in ein helles Gastzimmer geführt.

Ich nannte das Kloster eine Felsenburg; das ist es im vollsten Sinne. Am Abhange des Felsen, der mehrere hundert Fuß tief in die Schlucht des Kidron hinabsieht, beginnt der steinerne Bau, gestützt auf mächtige Pfeiler; von dort steigt er terrassenförmig den Berg hinan, bis seine starken Mauern von zwei Thürmen überragt werden. Auf einem der Thürme beobachtet beständig ein wachsames Auge die Annäherungen der Beduinen. Denn trotz dem daß immer Körbe voll kleiner schwarzer Brode bereit stehen, um den hungrigen Söhnen der Wüste dargereicht zu werden, geschieht doch von Zeit zu Zeit ein feindlicher Einfall in das harmlose Asil.

Als ich ein wenig Brob und Wein genossen, macht' ich eine Wanderung durch das Innere des Klosters. Ueberrascht wurd' ich durch den Anblick einer Palme und einiger kleinen Gartenanlagen in diesem Bau aus Felsen und über Felsen; man hat dazu fruchtbares Land aus der Ferne holen müssen. Nahe vor der Kirche auf dem gepflasterten Hofraume steht unter einer Kuppel das Grabmal San Saba's. Es ist, wie auch die Kirche und die Kapellen, nach griechischem Geschmacke reichlich verziert. Aus dem Schiffe der Kirche, die größtentheils aus dem Felsen gehauen ist, stieg ich auf einer Treppe in ein oberes Seitengemach, wo auf Regalen nebst einigen gedruckten Büchern gegen hundert griechische und arabische Manuscripte standen. Ich sah jedes einzelne flüchtig an. Darauf besucht' ich die Kapelle des heiligen Johannes von Damaskus, der in dem Kloster viele seiner gelehrten Schriften verfaßt hat und in der Kapelle seines Namens begraben liegt. Aber als besondere Sehenswürdigkeit wurde mir noch ein düsterer Raum gezeigt, worin viele hundert Schädel aufgeschichtet lagen. Sie sollen größtentheils von dem letzten großen Blutbade stammen, das während der Kreuzzüge über die armen Mönche hereinbrach und keinen einzigen verschonte.

Jetzt gerieth ich in eine kleine Differenz mit den Mönchen. Da ich mich verwundert hatte, daß der Inhalt ihrer Bibliothek so gering war, so hatte mir der Bibliothekar entgegnet, noch eine andere stände oben auf dem Thurme. Auf meinen Wunsch sie zu sehen hör' ich jetzt, der Schlüssel fehle, da der Inhaber diesen Morgen nach Jerusalem gegangen sei. Ich war ungläubig

und wurd' es noch mehr, als ich bald darauf einen hef=
tigen Wortwechsel darüber unter den Mönchen selber
hörte. Er endigte damit, daß ich auf den Thurm geführt
wurde: freilich eine Unternehmung peinlicher Art, nahe
der Mittagsgluth eines Julitages in diesem Klima.

Doch ich sah mich nicht getäuscht; diese Bibliothek
war in der That bedeutender als die erste. Auch hier
nahm ich jedes Manuscript in die Hand, und meine bei=
den Mönche daneben begriffen bald, daß ich mich darauf
besser als sie selber verstehen möchte. Der Inhalt war
im Ganzen dem der Bibliothek auf dem Sinai nahe ver=
wandt. Unter den vielen patristischen, kirchlichen, bibli=
schen Manuscripten, worunter nicht wenige dem zehnten
und elften Jahrhunderte angehörten, und mehrere sehr nett
ausgestattet waren, stand auch wieder der alte Hippokra=
tes da. Außer den griechischen Manuscripten sah ich
noch mehrere russische und walachische, arabische und
syrische, sowie zehn schöne abyssinische Pergamenthand=
schriften. In der Zahl der letzteren entdeck' ich einen
griechischen Uncialcodex, ein Evangelistarium des achten
oder neunten Jahrhunderts. Meine Begleiter glaubten
aber nicht eher daß die Schrift griechisch war, bis ich
ihnen einige Zeilen daraus vorlas. So weit reicht die
Wissenschaft in einem berühmten griechischen Kloster.

Meine Untersuchungen hatten kein gutes Ende. Ich
traf einen Haufen von manuscriptlichen Resten, als werth=

los in die Ecke geworfen. Ich fragte, ob ich mir davon einige Erinnerungen auslesen dürfe. Die Mönche gestatteten mir's. Als ich aber meine Wahl getroffen, mit ihrer Billigung sogar ein altes schönes Uncialblatt aus einer neueren Handschrift gerissen hatte; so hielten sie mir das Verbot jeder Entfernung von Manuscripten vor, freuten sich aber sichtlich meiner so kundig getroffenen Auswahl. Uebrigens erzählten sie mir, daß unlängst ein russischer Archimandrit ein Verzeichniß von allen Manuscripten gefertigt habe*. Ich meines Theils begnügte mich mit den Notizen einer flüchtigen Durchsicht **.

Nach diesen heißen Studien im Bibliotheksstaube fand ich das Mittagsmahl vor. Es war weder mager noch ärmlich, und mundete mir vortrefflich.

Eine Stunde darauf besucht' ich nicht weit vom Kloster die Felsengrotte des heiligen Saba. Er pflegte sie auch dann noch zu bewohnen, als er sein Kloster mit Raum für mehrere hundert Brüder schon gestiftet hatte. Saba ist einer der Koryphäen unter den Heiligen seiner Zeit; ein Zeitgenosse hat uns seine interessante Lebens-

---

* Auch Scholz hat einige Nachrichten von den Manuscripten zu San Saba in seiner „Biblisch-kritischen Reise" gegeben. S. daselbst S. 143—148.

** Einige Wochen später erfuhr ich von einem verborgenen Schatze von Manuscripten zu San Saba. Ich hätte wohl seinen Spuren nachgehen mögen.

beschreibung hinterlassen. In den Feindseligkeiten, die in Folge der Synode von Chalcedon gegen die Monophysiten und Origenisten von Seiten der Kirche geübt wurden, bildete Saba mit seinem Kloster den Sitz der Orthodoxie. Er kannte in seinem rechtgläubigen Eifer weder Maß noch Furcht. Daher scheute er sich eines Tages nicht, aus der stillen Verborgenheit seiner Wüstengrotte hervor nach Jerusalem zu eilen, um dort im Angesichte Golgatha's, gegenüber der Patriarchalbehörde und ihrer kaiserlichen Schutztruppen, das Anathem über den ketzerischen Patriarchen auszusprechen. Dagegen ist auch ein gemüthlicher Zug von ihm noch jetzt in Aller Munde. Der einsame Greis befreundete sich nämlich mit einigen Füchsen der Wüste, die regelmäßig jeden Abend in die Schlucht des Kidron kamen, um sich ein paar Bissen Brod zu holen. Die Enkel dieser Brodfreunde wallfahrten heute noch, im dreizehnten Jahrhunderte seit Saba's Tode, zu demselben Zwecke alltäglich an den Fuß des Klosters, was die Mönche natürlich geneigt sind, ihrem guten Vater als Wunder in Rechnung zu bringen.

Gerne hätt' ich nun auch die wasserleere tiefe Schlucht des Kidron besucht, sowie einige der vielen Höhlen am östlichen Abhange, die alle von frommen Einsiedlern bewohnt gewesen. Aber ich wollte heute noch nach Bethlehem zurückkehren; darum drängte die Zeit. Nach Uebergabe eines kleinen Andenkens im Kloster saßen wir zwischen Vier und Fünf des Nachmittags wieder auf unsern Maulthieren und ritten die felsige Höhe hinauf. Dort hatten wir den ersten Blick der Begrüßung gethan; dort nahmen wir auch Abschied vom gastlichen Kloster, von seiner unwirthlichen Nachbarschaft, vom geheimnißvollen Salzmeere. Fast bereut' ich's jetzt, daß ich nicht von San Saba aus einen Ausflug ans Meer bedacht hatte. Mehrere der gefürchteten Beduinen von seinen Ufern saßen bei unserm Weggange in der Vorhalle des Klosters. Ich glaube, es wäre leicht gewesen, sich mit ihnen über ein sicheres Geleit zu verständigen.

Zum zweiten Male erwacht' ich unter der Sonne von Bethlehem und folglich im Schooß einer christlichen Stadt, mitten im großen christfeindlichen Reiche. Beth=lehem zählt nämlich, seit Ibrahim Pascha das türkische Viertel zerstören ließ, nur christliche Einwohner. Ihre Zahl mag gegen dreitausend Seelen betragen, worunter eben so viel Griechen* als Katholiken und etwa fünfzig Armenier. Wen sollte es nicht freuen, daß gerade Beth=lehem diese christliche Oase in der türkischen Wildniß bildet.

---

* Williams (The Holy City. 1845. S. 498 ff.) gibt in seinem Auszuge aus den Diöcesalrechnungen des griechischen Patriarchen von Jerusalem die Zahl der orthodoxen Christen in Bethlehem nur zu 280 an, sowie die in Jerusalem nur zu 600. (Siehe dagegen oben S. 42.)

Auch die Beschäftigung der Bethlehemiten hat vorzugsweise eine gewisse christliche Tendenz. Sie verfertigen nämlich die zierlichen Andenken für die Pilgrime, aus Perlmutter, aus dem schönen schwarzen Steine des todten Meeres, aus Elfenbein, aus gepreßtem Kamelsuß, aus Olivenholz. Auf großen Perlmuscheln stellen sie am liebsten das Abendmahl dar, oder auch Paulus und Petrus, die Auferstehung, den Erzengel Michael und Aehnliches. Der schwarze Stein wird besonders zu Trinkschalen verarbeitet, oder zur Form eines kleinen Psalmbuches, belegt mit arabischen Schriftzügen. Die meisten dieser Kunstsachen haben nicht eben einen künstlerischen Werth; doch kauft' ich unter Anderem ein Kreuz, das einem Pariser Künstler Ehre machen würde. Der Verfertiger desselben ist durch Vorzeichnungen eines deutschen Malers zu solcher Geschicklichkeit gelangt.

Neben diesen Geschäften wissen die Bethlehemiten auch die Fruchtbarkeit ihres Heimathbodens zu nützen. Sie bauen Wein und Oel, treiben Ackerbau und Viehzucht. Der hebräische Name „Bethlehem" ist drum so wohl begründet wie der üblichere arabische „Beit Lahm." Der erstere bezeichnet Brodhaus, der letztere Fleischhaus. Das Fleisch wird so wenig wie das Brod den Bethlehemiten jemals gemangelt haben, obschon sie volle Bekanntschaft mit der eisernen Ruthe der türkischen Regierung gemacht.

Von der Tracht der Frauen zu Bethlehem haben Reisende berichtet, daß sie dem Raphael'schen Typus der Madonnenbilder entspricht. Ich kann diese Beobachtung nur bestätigen. Ueber einem blauen Rocke oder Hemde mit einem Gürtel tragen sie einen rothen Ueberwurf, wozu öfters noch ein weißer Schleier kömmt. Bei der großen Stabilität, die in so vielen Stücken der orientalischen Lebensweise herrscht, ist es nicht unmöglich, daß die heutige Tracht schon vor zweitausend Jahren üblich gewesen.

Beim Spaziergange, den wir heute durch die Stadt machten, mußten wir von den Eingebornen wiederholt ein freundliches buon giorno hören. Sie schienen sich sehr zu freuen, daß sie uns in der Sprache ihrer geistlichen Väter zu begrüßen wußten. Ihr Wortvorrath würde freilich nicht weit gereicht haben. Doch traf ich einen vierzehnjährigen Knaben, der den Verkauf seiner Perlmuttersachen mit italiänischem Commentar begleitete und mir dabei erklärte, daß wir in Europa weder eine heilige Stadt noch heilige Oerter besäßen.

In die Umgegend Bethlehems macht' ich einen sehr flüchtigen Ritt. Das Feld, wo die Hirten in der Christnacht waren, umrauscht von den jauchzenden Heerschaaren des Himmels, zeigt man nahe bei dem Dorfe Beit Sahur, das wie Bethlehem nur von Christen bewohnt sein soll. Das Feld liegt, von einer niedrigen

Mauer umschlossen, in einem olivenreichen Thale an einem fröhlich bewachsenen Abhange. Auch eine geweihte Grotte fehlt dabei nicht.

Eine andere Grotte, berühmt unter dem Namen der Milchgrotte und mit einem Altare ausgestattet, liegt in geringer Entfernung hinter dem Kloster. Von ihr bezieht noch immer der türkische Aberglaube so gut wie der christliche ein wohlthätiges Pulver und die unter dem Namen der terra sigillata bekannten Küchlein, bedruckt mit dem spanischen Kreuze. Hier soll sich Maria vor ihrer Flucht nach Egypten verborgen haben. Die Grotte ist im weichen Kalkfelsen ausgehauen; ihre feuchten Kreidewände haben den sonderlichen Milchglauben hervorgerufen.

Interessanter als Grotte und Feld waren uns die riesenhaften Wasserbauten, eine Stunde vor Bethlehem, die Teiche Salomo's genannt. Diese Teiche, drei an der Zahl, sind in einem hochgelegenen Felsenthale angelegt und zeugen durch die Großartigkeit ihrer Anlage, sowie durch die mächtigen Werkstücke ihrer Wände vom höchsten Alterthume. Sie liegen auf terrassenartigen Absätzen, der eine über dem andern, und zwar so, daß der oberste am kleinsten, der unterste am größten ist. Die Länge des letztern beträgt nahe an sechshundert Fuß, seine Breite gegen zweihundert, seine Tiefe fünfzig. In allen dreien führen Stufen auf den Grund, der, sowie die innern Wände, mit Mörtel bedeckt ist. Das Wasser traf ich im untersten Teiche sehr hoch; im mittlern stand es tief; im obersten fehlte es ganz, weil man eine Ableitung von der Quelle getroffen hatte. Der Hauptzweck dieser Cisternen ergibt sich aus der größtentheils unterirdischen Wasserleitung, die von hier aus vier Stunden Wegs bis nach Jerusalem läuft.

Nicht minder merkwürdig als die Teiche ist der Brunnen, aus dem sie hauptsächlich gespeis't werden. Er liegt nahe bei der alten Sarazenenburg El Burak, ist an seiner Mündung mit einem großen Steine verdeckt und enthält in einer Tiefe von zwölf Fuß zwei schön gewölbte Räume, aus denen ein unterirdischer Kanal zu den Teichen geführt ist.

Dieser Brunnen ist durch die unpoetische Phantasie der Mönche zu einer eigenthümlichen Berühmtheit gelangt. Als nämlich der Dichter des Hohenliedes seine „schöne Freundin" einen versiegelten Born nannte, hat er, so viel die Mönche wissen, diesen Brunnen im Auge gehabt. Und da neben dem versiegelten Brunnen auch „ein verschlossener Garten" zur Bezeichnung der schönen Freundin steht, so haben die Mönche auch diesen ausfindig gemacht, und zwar gleich in der Nähe des Quells und der Teiche, da wo noch jetzt Gartenanlagen voller Orangen und Feigen in üppiger Fülle prangen. Diese Erinnerungen des Hohenlieds sind freilich nicht für jeden Gaumen schmackhaft; aber in der That spricht alle Wahr-

scheinlichkeit dafür, daß im Thale dieser Gärten, durch=
strömt von einem rauschenden Bache — eine Seltenheit
in diesen Ländern — und reich an Spuren alter Bau=
werke, Salomo seinen Lieblingsaufenthalt, das herrliche
Etham, besessen hat.

Von den Erinnerungen dieses Fürsten, den seine Tu=
genden berühmter gemacht als seine Laster, kamen mir zu
Erinnerungen an den letzten unter seinen Nachfolgern,
der noch mit einem Scheine von Selbstständigkeit den
Königsmantel trug. Bewunderungswürdige Bauten ha=
ben seinen Namen eben so glänzend gemacht wie den
seines großen Ahnherrn; aber leider dienten sie nur, seine
Laster zu behausen. Anderthalb Stunden von den Tei=
chen Salomo's thront nämlich mit seiner seltsamen Ke=
gelspitze der sogenannte Frankenberg, worauf Herodes
der Große jenes Lustschloß errichtete, das gleichmäßig
durch seine Pracht wie durch seine Befestigung hervor=
ragte, und das sich allmählig bis zu einer Stadt von Be=
deutung erhob. Die gebliebenen Ruinen sind formlos
und unansehnlich; sie bezeichnen würdig den letzten Ruhe=
platz des tyrannischen Herrschers. Seinen jetzigen Na=
men trägt der Berg von seiner Benutzung durch die
Kreuzfahrer.

Des Nachmittags verließ ich Bethlehem. Wenig von
allem was ich gesehen ist mir so treu vor der Seele ge=
blieben, wie diese Stadt mit ihrer Umgebung.

Der Heimweg nach Jerusalem führte uns, durch eine reichbebaute Landschaft, sehr bald bei dem Grabe der Rahel vorüber. Da wir so sicher wissen, daß ein Grabmonument, gewidmet der schönen Mutter Josephs und Benjamins, gerade in dieser Gegend gestanden, so kann die Tradition recht wohl die richtige Lage bewahrt und das heutige türkische Grabmal veranlaßt haben. Neben der Rahel vergaß ich nicht der frommen Moabitin Ruth zu gedenken; denn eins der Felder in der Nähe dieses Grabmals war der Schauplatz ihrer Geschichte. Aber bald nach dem Grabmale beginnt ein kahler steiniger Landstrich, wo es jetzt schwer sein möchte, mit der Ruth die Aehren aufzulesen. Eine halbe Stunde später hatten wir zu unserer Rechten das griechische Kloster Mar Elias, das die benachbarten Thäler beherrscht und heraus aus einem Haine von Oliven und Feigenbäumen sowohl nach Bethlehem als nach Jerusalem schaut. Ob sich gerade an diese Oertlichkeit das Andenken des Propheten knüpft, wie er floh vor der Isabel, das · mag wohl sehr zweifelhaft sein. Dagegen ist es unbedenklich, in der Ebene Rephaim oder dem Riesenthale, das wir eine Viertelstunde nach diesem Kloster bis ans Thal Hinnom dicht zu unserer Linken hatten, das Schlachtfeld wieder zu erkennen, wo der neugekrönte David zwei Mal das Heer der Philister schlug, und wo ihm „das Rauschen auf den Wipfeln der Maulbeerbäume," die auch

jetzt dort nicht fehlen, den Beistand des göttlichen Armes
verkündigte.

Bethanien. Abschied von Jerusalem.

Bethanien hatt' ich wiederholt vom Oelberg aus be=
grüßt, eh' ich zu ihm hinüberging. Es liegt überaus
freundlich vor Augen, sieht man's vom Gipfel des Oel=
bergs, da wo er sich nach Osten senkt. Gerade von hier
aus machte mir's immer den Eindruck, den auch Schubert gehabt und beschrieben, als müßte man dort ein
Weilchen ausruhen, bevor man zur heiligen Stadt geht;
oder als wär's ein stiller heiliger Abend vor dem
Osterfeste.

Erst am Tage vor meiner Abreise von Jerusalem be=
sucht' ich Bethanien. Es liegt südöstlich von der Stadt,
in einer Entfernung von dreißig bis vierzig Minuten.
Der Oelberg fällt nach dieser Richtung zuerst ein wenig
ab, dann läuft er in einen flachen, allmählig nach Osten
sich erhebenden Rücken aus. Hier liegt der kleine Flecken,
der von seiner Höhe eine schöne Aussicht über die wüsten
Thäler des Ostens hinweg zum todten Meere genießt.

Ich sprach mit mehreren Landleuten, die mir auf dem
Wege nach Bethanien begegneten; der alte Name des

Fleckens war ihnen völlig unbekannt; er ist durch den arabischen El Azirijeh, „Ort des Lazarus," ersetzt, was sich wohl aus den beständigen Wallfahrten zum Grabe des Lazarus erklärt.

Daß sich auf einer Wanderung nach Bethanien die innigste Erinnerung an den Herrn unabweislich der Seele aufdrängt, das hab' ich selbst erfahren. Den Weg dahin hat sein Fuß so oft betreten; so oft, wenn ihn der sinkende Abend aus dem Tempel rief, fand er hier bei lieben Herzen einen heimathlichen Herd; hier war's auch wo er der Welt das wunderbarste Zeugniß vom Sohne Gottes ablegte. Ich dachte im Augenblick daran, daß ein berühmter skeptischer Philosoph des vorigen Jahrhunderts wiederholt versichert hat: Könne er von der ganzen Schrift nur das eine glauben, was Johannes im elften Kapitel seines Evangeliums erzählt, so müsse er sich unbedingt dem Glauben an den Sohn Gottes gefangen geben. Merkwürdiges Zeugniß eines scharfsinnigen Zweiflers; würde es doch von tausend anderen gekannt und beherzigt. Jenes elfte Kapitel, das ist meine eigene Ueberzeugung, läßt nur die einzige Wahl zu: Johannes war der geschickteste und entschiedenste Lügner, oder der an dessen Brust er geruht war der Sohn des lebendigen Gottes.

Die Heimath des Lazarus ist jetzt ein armes, stilles Dorf; selbst an seinen Mauern hat es nur wenig Spuren einer vergangenen Größe bewahrt. Das angebliche Haus Martha's und ihrer Schwester gibt der kleinen Häusergruppe mit einigen vollbuschigen Feigenbäumen ein ganz romantisches Aussehen; es starren aus seinem Gemäuer zwei schmale Trümmer wie Thurmreste einsam in die Höhe.

Das Grab des Lazarus macht leider nicht recht den Eindruck jener Kluft oder Höhle, wo Lazarus vier Tage im Schlummer des Todes gelegen. Auf vielen Stufen steigt man in den Kalkfelsen wie in ein enges Kellergewölbe hinab. Gegen das Ende setzen die Stufen bei einer mehrere Schritte breiten Fläche ab, und dadurch wird der Grabesraum so dunkel, daß wir bei lichtem Tage einer Leuchte bedurften*. Gegen die Aechtheit dieses Grabes zeugt außer der Form auch noch der Umstand, daß es im Dorfe selber liegt, da es doch nach dem Berichte des Johannes in einiger Entfernung davon gedacht werden muß. Demohngeachtet spricht schon der

---

* Schon Peter Belon sprach sein großes Befremden über dies angebliche Grab des Lazarus aus. Man steigt, sagt er, wie in einen Schornstein 18 Stufen tief ganz steil hinab in die Erde und kommt in eine kleine Kammer; von hier steigt man wieder 7 oder 8 Stufen hinab in einen engen Raum, welches das eigentliche Grab sein soll. So viel ich auch Gräber um Jerusalem her, in Galiläa, bei Sidon und in Egypten gesehen, wüßte ich keines, zu welchem so tief und beschwerlich hinabzusteigen gewesen wäre. S. Paulus Sammlung ꝛc. Thl. II. S. 72.

Pilger von Bordeaux im Jahre 333. von der Verehrung dieses Grabmals, die bald nach dieser Zeit durch den Bau einer Kirche und eines Klosters bethätigt wurde. Später wurden diese Bauten noch vermehrt, bis sie am glänzendsten in den Kreuzzügen vor der Mitte des zwölften Jahrhunderts wurden, wo ihnen die Königin Melisinda von Jerusalem eine besondere Gunst zuwandte und noch dazu ein Benediktinerkloster für schwarze Nonnen stiftete. Nur waren diese Schöpfungen, wie's scheint, von kurzer Dauer. Jetzt steht anstatt aller Klöster und Kirchen eine kleine Moschee mit einem Kuppeldache nahe beim Eingange zum Grabe. Doch wird zu gewissen Zeiten das Grab auch jetzt noch mit feierlicher Andacht umgeben, namentlich zur Osterzeit, wo die Mönche und die Pilger im nächtlichen Dunkel bei Fackelschein von Jerusalem nach Bethanien ziehen. Diese Procession mag ein ergreifendes Schauspiel gewähren.

Meinen Heimweg von Bethanien nahm ich über den Gipfel des Oelbergs; von dort ging ich bei Gethsemane vorüber und holte mir einige Erinnerungen von seinen uralten Oelbäumen. So legt das Gärtlein, seit es in seiner Mitte den Augenblick des heiligsten Kampfes gesehen, alle Jahrhunderte hindurch in die Hand des Pilgers liebe Zeichen des Friedens. Ich kam glücklich mit einem Reichthume grüner Zweige in der Casa nuova an.

Wie schnell waren die vierzehn Tage vergangen, die ich zu Jerusalem verlebt. Und doch hatte mich ihr Inhalt so reich für's ganze Leben gemacht. Ich mochte nun meinen Abschied um so weniger verzögern, da ich dadurch die Begleitung eines französischen Reisenden verloren hätte, die für den unsicheren Weg nach Naplus wünschenswerth war. Diesen Morgen noch hatten wir beide durch den französischen Generalconsul beim Pascha um ein militärisches Schutzgeleite bitten lassen. Der Pascha befand sich aber in völliger Entblößung von Militär; er bewies uns seine Theilnahme nur durch die Abmahnung von der Reise, da sich diesen Augenblick durchaus für kein Vorkommniß einstehen lasse. Wir blieben demohngeachtet bei unserem Entschlusse, da der furchtsame Pascha durch eigene Unfälle eingeschüchtert war, für den Fall eines wirklichen Angriffs aber auch ein paar Soldaten wenig Hilfe bieten konnten. Dazu kam daß erst vor kurzem einige syrische Kaufleute unangefochten desselben Weges gezogen waren, und man auch noch von dem großen Respekte der Beduinen dieser Gegend vor den Europäern erzählte. Ein interessanter Beleg zu diesem Respekte lag uns aus der neuesten Zeit vor. Vor zwei Monaten nämlich waren zwei Engländer zu Lande nach Nazareth gegangen. Zwischen Naplus und Djenin hatten sie, einer kleinen Seitenpartie halber, auf einige Stunden ihren Dragoman mit dem Gepäck allein gelassen.

Beduinen waren gekommen das Gepäck zu rauben. Aber bedeutet durch den Dragoman, daß seine Herren Engländer seien die mit einem Ferman reis'ten, hatten sie den Raub unterlassen und nur das geringe Eigenthum des Dragomans genommen. Der Dragoman selbst erzählte uns diesen Vorfall, den auch jene Engländer in seinem Zeugnisse verzeichnet hatten.

Ich hatte heute noch einmal recht angelegentlich dem französischen sowie dem sarbinischen Consul für ihre freundlichen Zuvorkommenheiten zu danken. Bei beiden hatt' ich nach meinem Begriffe einen gut besetzten Tisch gefunden; doch klagten beide gar sehr und wohl mit Recht über die Schwierigkeit, in Jerusalem eine gute Küche zu führen. Zu meinem Bedauern hatt' ich den preußischen Consul ganz verfehlt; er war auf einer Reise zur Heimath begriffen. Mein Bedauern war um so größer, da er mir als der gelehrteste Kenner von Jerusalem geschildert wurde.

Unter den verschiebenen Missionären die ich kennen gelernt, mit Einschluß des Bischofs Alexander, hat mich besonders der Amerikaner Lanneau angezogen, ein Mann von Geschmack, Gewandtheit, Gelehrsamkeit und gewiß von gutem Takte. Die Grundsätze; nach denen die amerikanische Mission verfährt, haben meinen ganzen Beifall. Sie hält ihre Predigten weniger kirchlich als biblisch;

sie versammelt dazu alle Glaubensfarben, Armenier, Griechen, Syrer, Katholiken; sieht es aber durchaus auf keine Bekehrungstaufe ab. Das heißt dem Geiste und der Wahrheit dienen. Alles sogenannte Bekehren unter christlichen Confessionen hat etwas Gehässiges, und doch ist die rechte Bekehrung überall eine so heilige Pflicht.

Dem katholischen Kloster, seinem Padre Presidente, und besonders seinem Fremdenprocuratore war ich zu freundlichem Danke verpflichtet worden. Des Abends noch brachte mir der Letztere zwei Habschizeugnisse. Ich hatte keins gewünscht; da aber mein deutscher Dragoman darum gebeten, so brachte er der Schicklichkeit halber zwei. Der Text dieser Zeugnisse ist mehrmals veröffentlicht worden; er ist im alten Stile der römischen Frömmigkeit abgefaßt und spricht von der massa damnata totius humani generis sowie von der miserabilis daemonum potestas. Außer dem geschriebenen Habschi=zeugnisse nehmen viele Pilger noch ein anderes mit, das auf dem Arme in Kreuzeszeichen eingegraben und einge=brannt wird. Aber jenes dritte Zeugniß, weder eingegra=ben noch eingebrannt, und doch so getreu und sicher, das bleibt doch wohl das beste.

Als ich am zwei und zwanzigsten Juli des Morgens um Drei zu Pferde stieg, kam der freundliche Padre Lo=renzetti zu einem letzten Lebewohl. Der Abschied ist gleich ein anderer, kann man eine Hand drücken mit Herzlichkeit.

Ich freute mich daß ichs auch bei meinem Abschiede vom unvergeßlichen Jerusalem konnte.

Am Damaskusthore trafen wir die letzten Backschisch=helden von Kubs. Die Wache war angewiesen worden uns das Thor zu öffnen; zu dem Zwecke oder vielmehr zum Backschisch, der damit zusammenhing, hatte sie sich zahlreich eingestellt. Ich hatte nun Gelegenheit, das was ich bei den Wächtern des heiligen Grabes versäumt hatte nachzuholen. Denn die türkische Wache für die Schande noch zu beschenken, die sie dem christlichen Heiligthume anthut, war mir unmöglich gewesen.

Als wir das Damaskusthor im Rücken hatten, ritten wir dicht bei dem merkwürdigen Felsengrabe vorüber, das den Namen der Jeremiasgrotte trägt. Bald darauf lagen die Königsgräber neben uns; ich sah zu ihrem offenen Portale hinunter. Gräber waren meine erste Begegnung gewesen, als ich von Ramleh herankam; Gräber waren jetzt meine letzte. Aus den Gräbern spricht die Trauer, spricht die Hoffnung. Und was anderes hätte der Pilger zum Gruße wie zum Abschied für die heilige Sadt als Trauer und Hoffnung? Jerusalem seufzt fort und fort unter dem türkischen Joche. Die Begeisterung der Kreuzzüge war eine Schwärmerei, die unser Jahrhundert mitleidig be=lächelt. In den Kabineten Europa's spricht man so oft von den Rechten der Staaten, die theuer und heilig sind. Die Flotten Englands und Frankreichs zögern nicht, gilt's irgendwo in der weitesten Ferne jene Rechte zu wahren. Hat Jerusalem keine Rechte, keine Ansprüche an die christlichen Großmächte? Oder sind sie vielleicht verjährt, weil sie so lange gemißachtet worden sind? Es mag das christliche Gefühl in den Herzen der Menschen ein sehr verschiedenes sein; das meinige sagt mir, daß der positive Glaube, den doch zum Glücke am wenigsten die Fürsten und die Regierungen verschmähen, eine ganz andere als die bisherige Theilnahme für Jerusalem fordert, so lange das materielle Interesse noch nicht allen Patriotismus begraben hat. Denn keine andere als eine Sache des christlichen Patriotismus ist's, die Stadt, wo der christliche Glaube geboren wurde, aus den Händen derer zu reißen, die diesen Glauben seit einem Jahrtausend und jeden Tag noch empörend mit Füßen treten.

Was geschieht aber zu einer Zeit, wo der alte Feind des Christenthums so tief gebeugt ist, daß er selber kömmt um den Schutz der christlichen Mächte anzuflehen? Das gelobte Land wird aus Ibrahim Pascha's Händen mit übermächtiger Gewalt in die Hände des Sultans zurückgegeben. Und schon hat unter dem Scepter des letztern die Barbarei einen solchen Aufschwung gewonnen, daß Syrien sich seufzend unter die eiserne Hand Ibrahim Pascha's zurücksehnt. Daß ein Sprößling aus dem apostolischen Kaiserhause zu diesem traurigen Tausche der beiden barbarischen Herrscher über das gelobte Land mit seinen Kanonen geholfen: dafür trägt er den glänzenden Nischar auf der Brust. Würde Gottfried von Bouillon seinen Augen trauen? Werden sich die kommenden Geschlechter nicht fragen, ob's Wahrheit oder Dichtung?

Bei alle dem bleibt's außer Zweifel, daß es heute kaum so vieler Federn bedarf als es ehedem Schwerter beburft hat, um zu erreichen was die Kreuzfahrer gewollt. Aber, so lautet die bedenkliche Frage, wem soll Jerusalem zufallen? Nun vielleicht ist's in der Schmach das Aergste, daß persönliche Eifersucht über die heilige Sache der Gesammtheit triumphirt. Das Eine ist klar: Jerusalem muß christlich sein. Um aber alle Familienzwiste um dieses gemeinsame Erbtheil zu vermeiden, so läßt sich Jerusalem zur christlichen Bundesstadt oder zur freien Stadt unter dem Schutze der christlichen Mächte erklären. Das wäre eine schöne That des Jahrhunderts; das wäre eine Bundesthat, die jenes so oft gewechselte Wort vom großen herzlichen Einverständnisse zur Wahrheit machte. Welche Zukunft könnte daraus für die gesammte Kirche erwachsen. Die traurige Beschränktheit der christlichen Confessionen, wie sie jetzt im Oriente waltet, würde zurückfliehen vor den Strahlen des neuen christlichen Lebens, das die begeisterten Schaaren der europäischen Pilgrime ausbreiten müßten. In Jerusalem gälte es eine neue Einheit des Christenthums; wie zerstreute Heerden fänden sich dort die Völker zusammen; dort erklänge das Evangelium eines großen Kirchenfriedens. Und welche Folgen müßten sich daraus für die muhamedanische Bevölkerung des Orients ergeben. Die große christliche Stadt, wenn auch vielfarbig in ihren Gebräuchen aber einig in ihrem Geiste, mit einer ernsten Praxis des Christenthums vor den Augen der Fremdlinge: das wäre die rechte Missionspredigt.

Schreiben an eine hohe Gönnerin

über mein biblischkritisches Unternehmen *.

Als ich zu Bethlehem in der felsigen Zelle saß, wo der fromme Hieronymus so viele Jahre seinen gelehrten Bibelarbeiten gewidmet, da freut' ich mich von Herzen meines eigenen Berufes. Wohl gedacht' ich dessen was mir im Mai 1843. Gregor XVI. theilnehmend vorgehalten: Erinnern Sie Sich nicht des h. Hieronymus und der gefährlichen Widersprüche die sein Unternehmen hervorgerufen? Doch gedacht' ich dessen nur um das Jahrhundert zu segnen, das für den Ernst biblischkritischer Forschungen statt der Verketzerung des vierten Jahrhunderts das Auge freudiger Anerkennung besitzt. Freilich besitzt dasselbe Jahrhundert daneben ein sehr verschiedenes Auge, das dennoch gleich wie das erstere jene Forschungen vor der Verketzerung sicher stellt. Das trat mir in Oberitalien eines Tags in der grellsten Haltung entgegen. Ein gefeierter Astronom, der an alle Sterne des Firma-

---

* Vergl. das Vorwort zum 1. Bande dieser Reise S. 9.

ments glaubt, nur nicht an den Stern der Weisen über der Krippe zu Bethlehem, gestand mir offen, er begreife nicht wie ein Mann von Talent die kostbare Zeit seines Lebens ans Studium eines Buches verschwenden könne, das so klar wie die Bibel den Character gutmüthiger Fabeln an der Stirne trage. Eigenthümlich genug wenn auch nicht eben neu ists, daß in der Heimath der unbedingten Gläubigkeit der Unglaube in einer so traurigen Nacktheit auftritt.

Doch von diesem Standpunkte, ich weiß es, darf ich sehr weit absehen, indem ich Ihnen den Sinn und die Bedeutung meiner Unternehmungen für den biblischen Text darzulegen versuche. Die apologetische Seite meines Schreibens gilt vielmehr Ansichten, die von der Fabelmeinung des italienischen Sternsehers so sehr wie der Himmel von der Erde geschieden sind; Ansichten die wohl jenem Eifer für Gott der mit dem Unverstande zusammen wandelt angehören mögen.

Als ich vor sieben Jahren dem griechischen Urterte des Neuen Testaments ein kritisches Studium zu widmen anfing, gewann ich leicht die doppelte Ueberzeugung, daß unsern üblichen Ausgaben dieses Textes ein historisches Unrecht, gleichsam eine dreihundertjährige Erbsünde anhafte, und daß eine Heilung desselben, wenigstens bis zu einem gewissen Grade, nicht über die Schranken der Möglichkeit hinausfalle. Klar lag mir das Interesse vor

Augen, das für die gesammte Kirche, besonders aber für die evangelische Christenheit, Bestrebungen haben müßten die auf diese Heilung abzielen würden.

Ich eile mich näher über die dreihundertjährige Erbsünde zu erklären. Als im sechzehnten Jahrhundert der bis dahin nur in Handschriftlichen Urkunden aufbewahrte Text des Neuen Testaments durch die Guttenberg'sche Presse zu einer größern Vervielfältigung kam, schritt man zu einer solchen Behandlung der vorliegenden Manuscripte, die es sehr wenig mit einer scharfen Prüfung des Richtigen und des Irrthümlichen zu thun hatte.

Der große Erasmus, den man, was seltsam contrastirt, den Voltaire seiner Zeit genannt, beschenkte im März 1516. die Welt mit der ersten gedruckten Ausgabe vom Originaltexte des Neuen Testaments. Die wenigen Handschriften, die ihm dabei gedient hatten, waren sämmtlich tausend und noch mehr Jahre nach der Abfassungszeit der heiligen Schriften verfaßt. Neunzehn Jahre später, nahe dem Ende seines Lebens, veröffentlichte Erasmus seine fünfte Ausgabe, die er wohl auch mit Benutzung einiger Kirchenväter und der in der katholischen Kirche üblichen lateinischen Version, nach ihrem Hauptbestande aber in unwesentlicher Verschiedenheit von seiner ersten Ausgabe gestaltete.

Bald darauf gewann die Gestalt des Neutestamentlichen Textes durch den gelehrten aber auch dem Inder verfallenen Pariser Buchdrucker, Robert Stephanus, eine neue Verbreitung; ja sie wurde, nachdem sie noch, fast unversehrt, durch die Hände Beza's gegangen war, zu Anfang des siebzehnten Jahrhunderts von den Elzevirn, berühmten Buchdruckern zu Leyden, mit dem Prädikate des allgemein üblichen Textes geschmückt. Dies ehrenhafte Prädikat hat der erasmisch=elzevir'sche Text, das siebzehnte und achtzehnte Jahrhundert hindurch, dadurch gerechtfertigt daß er in der That in allgemeinen Gebrauch gekommen.

Wohl geschah in derselben Zeit, in England, in Deutschland, in Frankreich, in Holland, auch in Italien, Mehreres von hoher Wichtigkeit fürs kritische Studium des Neutestamentlichen Textes. Handschriften, nur wenige Jahrhunderte nach Christus verfaßt, wurden entdeckt und in Betracht gezogen; sehr alte Uebersetzungen des griechischen Textes ins Lateinische sowie in mehrere Sprachen des Orients wurden aus den Bibliotheken hervorgezogen und bearbeitet; die alten Kirchenväter mit ihren Anführungen aus dem Neuen Testamente wurden geprüft und benutzt. In Folge von alle dem erschienen Ausgaben des griechischen Textes, worin die verschiedenen aus den Urkunden geschöpften Lesarten beigegeben waren, zugleich mit Versuchen, aus diesen Lesarten heraus Berichtigungen des üblichen Textes selbst zu gewinnen. Allein der letztere behauptete nicht nur das Recht der Gewohnheit, sondern hatte auch allmählich bei allen denen, die seinen Ursprung nicht kannten oder nicht zu beurtheilen vermochten, eine gewiſſe heilige Autorität gewonnen, die ihn unantaſtbar wie einen Glaubensartikel machte. Ich gebe einen Beleg hierzu.

Wetſtein, ein talentvoller und unermüdlicher Forſcher, ſtand im Begriff das Reſultat ſeiner textkritiſchen Forſchungen, die er namentlich auf Reiſen gemacht, in einer neuen Ausgabe ans Licht treten zu laſſen. Im Voraus war er mit einzelnen Ergebniſſen nicht zurückhaltend geweſen; man wußte daß er in mehrere Stellen, auf Grund alter Zeugniſſe, andere Lesarten einzuführen gedachte. Dadurch gab er ſeinen Collegen, den Basler Theologen, einen ſolchen Anſtoß, daß er genöthigt ward die erſten Bogen ſeiner Arbeit zu einer Art Inquiſition auszuliefern, daß er nach einem längeren Prozeſſe ſeine beſcheidene Anſtellung als Diakonus verlor und ſich nach Holland flüchten mußte, woher er umſonſt in ſeine Vaterſtadt zurückzukehren wünſchte. Dies geſchah im Jahre 1730.

Um dieſelbe Zeit wollte der geniale Kritiker Richard Bentley in Cambridge zu einer in der That völlig neuen Ausgabe des Neuteſtamentlichen Originaltextes Papier aus Frankreich ohne Zollverſteuerung nach England einführen. Er ſuchte um die Erlaubniß nach: die engliſche Regierung verweigerte ſie ihm. Der Aerger darüber ließ es nie zum Erſcheinen des Werkes kommen.

Doch gegen das Ende des vorigen Jahrhunderts fand sich ein deutscher Schriftforscher, Griesbach zu Jena, der mit Tact und Glück an der Verbesserung des Neutestamentlichen Textes arbeitete und dankbare Anerkennung erfuhr; sowie auch nach ihm der tüchtigen Gottesgelehrten mancher, hauptsächlich in Deutschland, in seinem Sinne wirkte und noch heute wirkt. Griesbach's Ruf ist bis jetzt so groß geblieben, daß mich ein Pariser Hellenist von großer Berühmtheit fragte: Hat denn Griesbach noch Etwas zu thun übrig gelassen?

Darnach muß ich mich um so mehr auf die Frage gefaßt machen: Was ist aber nun jenes historische Unrecht oder, wie sich bezeichnend sagen läßt, jene vermeintliche Erbsünde, deren Heilung ich noch heute so wünschenswerth nannte. Sie besteht darin daß jener mit offenbarer Unkritik aufgestellte Text des sechzehnten Jahrhunderts, wenn auch in manchen einzelnen Stellen mit Nachdruck von Irrthümlichem gereinigt, immer noch im Besitze eines solchen Ansehens verblieben, daß die meisten der versuchten Verbesserungen nur wie kühne Wagnisse in die geschlossenen Reihen desselben aus der Ferne hineinschauen dürfen ohne sie selbst zu verletzen. Was also Erasmus gefehlt hat, das ist ein getreues Erbstück der folgenden Jahrhunderte geworden.

Die Gesammtlage der Sache ist nämlich folgende. Vom griechischen Texte besitzen wir Urkunden vom vierten

Jahrhunderte an; in den Werken der Kirchenväter finden wir Textzeugnisse aus dem zweiten, dem dritten, dem vierten und den folgenden Jahrhunderten; für die alten Versionen, ursprünglich in den ersten christlichen Jahrhunderten verfaßt, haben wir Dokumente die fast mit der Zeit ihrer Abfassung zusammenfallen. Nun läßt sich von diesen sämmtlichen Zeugnissen im Allgemeinen sagen, daß die ältesten eine andere Textesfärbung als die neueren enthalten; oder daß sie, die älteren wie die neueren mehr oder weniger als ein Ganzes betrachtet, in wenigstens vier bis fünf tausend Stellen eine Verschiedenheit des Textes darstellen. Der übliche Text aber ist, zufolge seiner ersten Entlehnung aus einigen neueren Handschriften im sechzehnten Jahrhundert, derjenigen Textesfärbung zugehörig, welche im Gegensatze mit den ältesten die neuesten Dokumente an sich tragen, nur daß er neuerdings, wie schon gesagt, hie und da nach jenen berichtigt worden ist.

Lassen Sie mich, zur Verdeutlichung der Sache, den Fall setzen, wir wären diesen Augenblick noch ohne gedruckte Ausgabe; wir hätten nur zur Rechten die bezeichneten alten Dokumente liegen, zur Linken die bezeichneten neuen. Wäre es nicht widersinnig, aus den letzteren den Text und aus den ersteren nur einzelne Berichtigungen desselben zu schöpfen? Wäre es nicht um so widersinniger, je mehr die Verschiedenheit der ersteren von den letztern zu Tage tritt? Hat man aber dies Verfahren nun einmal befolgt, heißt es nicht der Gewohnheit unwürdig fröhnen und der heiligen Sache ihr Recht versagen; wenn man dabei fort und fort beharren will?

Freilich ist man auf eine Erfindung verfallen, die der Stabilität den Schein einer vortrefflichen Berechtigung geliehen. Es stellt sich nämlich in der Masse von Textzeugnissen eine Art von Klassen oder Familien heraus, so daß die einen denjenigen Text zu enthalten scheinen, der in dem einen Theile der christlichen Welt der gebräuchlichste war, die andern den Text des anderen Theiles. Man spricht daher von einem orientalischen oder alexandrinischen Texte und von einem occidentalischen oder constantinopolitanischen Texte; oder auch von einem afrikanischen und lateinischen Texte, welche beide zusammen wieder dem orientalischen oder alexandrinischen entsprechen, und von einem asiatischen Texte, welcher mit dem von Constantinopel gleich gilt. Zur sogenannten alexandrinischen Klasse gehören — denn so läßt sich kurz und mit gutem Grunde sagen — die sämmtlichen ältesten Zeugen; zur andern die sämmtlichen neueren. Für den Ursprung beider Klassen nimmt man die planmäßige Bearbeitung oder Recension einer gelehrten Hand etwa im dritten Jahrhundert an, will aber die neueren für unverfälschter als die älteren ansehen. Und darnach wäre man im sechzehnten Jahrhundert mit glücklichem Finger gerade auf die Herausgabe des reineren Textes verfallen.

Allein was ergibt sich aus einer allseitigen Prüfung dieser Annahmen? Zuvörderst daß die gelehrtesten Männer des Alterthums, wie der Bibelkritiker Hieronymus im vierten Jahrhundert, nichts von diesen die Textklassen begründenden Arbeiten gewußt haben. Sodann daß der sogenannte alexandrinische Text von den ältesten und meisten Kirchenvätern in Asien so gut wie von den Afrikanern in ihren Citaten befolgt wird; sowie daß die Schriftexemplare der alexandrinischen Abschreiber im hohen Alterthume überall am höchsten geschätzt wurden. Ferner läßt sich in unseren Dokumenten wohl eine große Uebereinstimmung bei der Masse der neueren herausfinden, aber nur eine weit schwächere bei den älteren, wenngleich ihre Zahl vergleichungsweise sehr gering ist. Endlich tragen die neueren Handschriften in sehr vielen Fällen einen solchen Character an sich, daß ihre willkürliche Ableitung aus einzelnen der älteren ins Auge springt.

Aus dem allen folgt jedenfalls, daß die Hypothese von den Zeugenklassen keineswegs ein oberster Grundsatz für unser Geschäft der Textesbearbeitung sein darf. Das Natürlichste dagegen ist es und bleibt es, den Text der ältesten Dokumente, namentlich wenn er sich sowohl in griechischen Handschriften als auch bei Kirchenvätern und in Versionen findet, dem Texte der neueren vorzuziehen, solange nicht sehr gewichtige innere Gründe diesem Vorzuge entgegentreten.

Etwas Aehnliches ist nun allerdings bereits unternommen worden. Ein berühmter Philolog Deutschlands hat sich gefunden, der äußerst wenige aber nur die ältesten Zeugen zur Aufstellung eines neuen Textes benutzte. Allein bei allem Vortrefflichen — unstreitig ist der Gedanke daran das Vortrefflichste — scheint mir der Arbeit so viel des Mangelhaften anzukleben, was ich auch im Herbste 1842. öffentlich darzulegen versucht*, daß ich die Hauptaufgabe die es gilt damit noch ungelöst glaube.

Nach den gegebenen Vorbemerkungen bin ich im Stande in voller Klarheit hinzustellen, was das Ziel meiner biblischkritischen Unternehmungen ist. Darnach sollen zuvörderst die sämmtlichen wenigen Handschriften vom Neutestamentlichen Originaltexte, die vor dem zehnten Jahrhundert geschrieben sind und in den Bibliotheken Europa's zerstreut liegen, zu einem diplomatisch genauen Abdrucke befördert werden. Diese Urkundenbibliothek, zwanzig bis dreißig Bände stark, scheint mir einer Seits für die gelehrten Texteskritiker aller Zeiten eine viel sichere Unterlage zu bieten als die sogenannten Vergleichungen oder Verzeichnisse von abweichenden Lesarten; anderer Seits halt' ich sie für ein kostbares Besitzthum der christlichen Kirche. Oder wäre es unwichtig, daß die Kirche die ältesten Urkunden ihres heiligen Gesetzbuches, die

---

* Vergl. Neue Jenaer Literaturzeitung 1843. Nr. 80—82.

Stürme der Jahrhunderte hindurch so wunderbar erhalten, auf solche Weise bei weitem sicherer in ihre Hände bekömmt als es mit den einzelnen Originalien möglich ist, die neben den unvermeiblichen Zeitangriffen auch noch der besonderen Ungunst der Schicksale ausgesetzt sind? Sodann gilt es eine ähnliche Bearbeitung der ältesten und wichtigsten Versionen, namentlich — und das fällt ganz in mein Bereich — der lateinischen, für welche uralte Handschriften vorliegen, theils mit dem vor Hieronymus üblichen Texte, theils mit dem des Hieronymus selber. Der Text des Hieronymus ist nämlich derjenige, den er um die Mitte des vierten Jahrhunderts im Auftrage des Papstes Damasus aus der Menge der verschiedenen vorliegenden zusammenstellte. Ferner gilt es ein solches Studium der Kirchenväter, das uns den Text den sie vor Augen hatten aufs Zuverlässigste an die Hand gibt. Aus diesen dreifachen Arbeiten soll zuletzt nach streng wissenschaftlichen Prinzipien ein Text gebildet werden, der dem Buchstaben, wie er aus der Hand der Apostel ging, so nahe als möglich tritt.

Welchen Antheil aber, so werden Sie fragen, haben wir, hat der Ungelehrte, hat die Gemeinde an all diesem gelehrten Treiben? Die Antwort ist nicht schwer. Die Uebersetzung nämlich die wir der Meisterhand Luthers verdanken, sowie alle übrigen gedruckten Uebersetzungen, sowohl in deutscher als in der Zunge anderer Nationen der Gegenwart, haben ganz hauptsächlich jenen oben geschilderten griechischen Text des Erasmus zur Grundlage gehabt, nur daß die aus der katholischen Christenheit hervorgegangenen mehr noch als dem griechischen Texte dem lateinischen der Vulgata, autorisirt von der römischen Curie, gefolgt sind. Der Text der Vulgata aber, größtentheils aus neueren Manuscripten geflossen, steht zu den ältesten lateinischen Dokumenten in einem ähnlichen Verhältnisse wie der erasmische Text zu den ältesten griechischen. Deshalb theilen mit dem Originaltexte die im Gebrauche der Nationen befindlichen Uebersetzungen des Neuen Testaments das Bedürfniß der Berichtigung nach den besten ursprünglichsten Quellen.

Zugleich aber muß ich mich über die Art der Textesverschiedenheiten aussprechen, um die es sich hier überhaupt handelt. Ich habe oft, besonders außerhalb des deutschen Vaterlands, Fragen wie diese hören müssen: Nun, wie erscheint Christus in ihren Manuscripten? Was steht darin von der Dreieinigkeit? Anderwärts hab' ich Bitterkeiten über die Verdächtigung einzelner Stellen erfahren. Ich sah daraus, wie wenig man der Sache Geist und Wesen begriff. Die Verschiedenheiten des Textes betreffen bei weitem mehr sogenannte Kleinigkeiten als Objekte des Dogma's. Ich sage „sogenannte;“ denn ich wenigstens kann den Character der „Kleinigkeit“ nur im Gegensatze zum „dogmatischen“ Gewichte anerkennen. Am häufigsten nämlich, d. h. mehrere tausend Mal, handelt es sich um ben in vielen Urkunden willkürlich verfälschten Ausdruck in gramatischer und stilistischer Hinsicht; sehr häufig auch darum, dem einen der neutestamentlichen Schriftsteller, besonders unter den vier Evangelisten, genau das zuzuweisen was er selber geschrieben, und das zu nehmen was ihm aus dem Texte des anderen, etwa zu vermeintlicher Vervollständigung, im Laufe der Zeit beigegeben worden ist. Bisweilen aber wird selbst Sachliches, Historisches in Frage gestellt; endlich gibt's auch Fälle, doch sind sie selten genug, wo die Verschiedenheit der Lesarten das Dogma berührt.

Hiernach werden Sie beurtheilen, wie wichtig oder wie unwichtig diese Kritik ist. Nach meinem Urtheile gibt es im Texte des Buches, an dessen heiligen Ursprung, hohe Bedeutsamkeit, unermeßliche Erfolge kein anderes Buch der Welt hinanreicht, nichts so Geringfügiges daß es zum Gleichgiltigen würde. Was hat der Apostel geschrieben, was nicht, wär's auch nur eine Partikel, wär's auch nur eine gramatische Form: das halt' ich für eine Frage, deren beste Beantwortung eines ernsten Studiums werth ist. Hat man doch, ohne einen Vorwurf zu verdienen, für die Textesrichtigkeit der griechischen und römischen Klassiker nicht nur Bücher sondern Bibliotheken geschrieben.

Ueber die dogmatischen Lesarten muß ich Ihnen durch Beispiele einen nähern Aufschluß geben.

Im ersten Sendschreiben des Apostel Paulus an den Timotheus Kap. 3. Vers 16. steht im gewöhnlichen griechischen Texte: „Gott ist erschienen im Fleische." Dafür haben die ältesten Autoritäten unter den Handschriften, unter den Kirchenvätern, unter den Versionen die Lesart: „Welcher" oder „Welches ist erschienen im Fleische." Die Stelle ist dadurch besonders wichtig, weil sie bei der gewöhnlichen Lesart den vorzüglichsten Beleg dazu liefert, daß Christus von Paulus entschieden ist „Gott" genannt worden. Die andere Lesart dagegen stürzt keineswegs, wie Unwissende geträumt und Schwache gefürchtet haben, das Dogma von der Gottheit Christi bei Paulus; denn, mag der Apostel den Heiland Gott genannt haben oder nicht, das Dogma selber steht bei ihm eben so fest wie das Faktum seiner Bekehrung.

Berühmt ist ferner die Dreieinigkeitsstelle im ersten Briefe des Johannes, Kap. 5. Vers 7. und 8. „Denn Drei sind die da zeugen im Himmel: der Vater, das Wort und der heilige Geist; und diese Drei sind Eins. Und Drei sind die da zeugen auf Erden: der Geist und das Wasser und das Blut; und die Drei sind beisammen." Hier müssen nach dem Zeugnisse sämmtlicher alten griechischen Handschriften, sämmtlicher griechischen sowie der ältesten lateinischen Kirchenväter und sämmtlicher alten Versionen die Worte: „im Himmel" bis „die da zeugen auf

„Erden" aus dem Texte entfernt werden. Die Worte stehen aber, wie in der kirchlich autorisirten Vulgata, so auch in unseren gewöhnlichen deutschen Ausgaben, obschon sie Luther selbst keineswegs in seine Uebersetzung aufgenommen hat. Diese Stelle ist natürlich bedeutungsvoll für das Dogma von der Dreieinigkeit. Dennoch hatte Luther gewiß den festesten Glauben an die Dreieinigkeit, ohne dieser Stelle zu bedürfen.

Zu den fraglichen Bestandtheilen des Textes gehören auch die dreizehn Verse im Evangelium des Johannes mit der Erzählung von der Ehebrecherin. Die stärksten kritischen Beweise versagen ihr die Ursprünglichkeit, oder wenigstens ihre Stelle im Johannesevangelium. Diese Streitfrage ist sehr alt; denn schon Augustin behandelte sie. Freilich erklärte er, daß nur die Schwachen im Glauben die Stelle verwerfen möchten. Nur darf wohl die dogmatische Frage, die gar verschiedener Beantwortung fähig ist, nicht eben die oberste Stelle in der Kritik einnehmen. Gerade hier zeigt sich die Wichtigkeit der Prüfung des Originaltextes. Augustin verstand kein Griechisch; er hielt sich an die lateinische Uebertragung. Dadurch wurde er zu sehen verhindert, daß die ganze Stelle so entschieden von der Johanneischen Sprachweise abweicht, um schon deshalb als ein fremder Körper im Evangelium des Johannes zu erscheinen.

Sehr irrthümlich wäre es aber, in der Verneinung die

Spitze der großen textkritischen Unternehmung von der ich spreche finden zu wollen; wenn schon mit großem Unrechte das Princip der Verneinung in den üblen Verdacht eines unheiligen Beginnens gebracht worden ist. Denn was ist heiliger, Menschliches, das im Laufe der Zeit zum Scheine, zur Anmaßung des Göttlichen gekommen ist, unbedenklich unter Göttlichem zu belassen, oder das Göttliche so hoch zu achten, daß man es von allem was der Beglaubigung ermangelt, entbunden wissen will? Gestatten Sie mir dies Wort zu Gunsten der Negation. Wenn aber die gewissenhafteste Erforschung aller Urkunden aus längst verklungenen Jahrhunderten, wenn der schärfste Gebrauch dieser siegesgewissen Waffen der Wissenschaft das Buch der Bücher zu einem Werke macht, dessen Ursprünglichkeit nach allen Seiten hin verbürgter ist als die irgend eines klassischen Werkes des Alterthums: irre ich wenn ich glaube, daß damit eben so sehr dem wahren Fortschritte unserer Zeit gehuldigt als der heiligen Sache unseres Glaubens ein wesentlicher Dienst geleistet wird? Und dies ist der Gesichtspunkt, ich gesteh' es, von dem ich ausgegangen bin bei meinen Unternehmungen; dies ist der Sinn in welchem ich, kurz vor dem Antritte meiner Reise, einem erlauchten Fürsten, der für die ernsten Bestrebungen der Kirche der er selber nicht angehört den Blick einer unbefangenen Schätzung, und die Hand eines hohen Beschützers hat, dem Prinzen Johann von Sachsen, diese Unternehmungen nahe zu legen wagte. Ich habe seitdem in den Ländern des Katholicismus nicht weniger als in denen des Protestantismus die Ueberzeugung erlangt, daß dieser Sinn, dieser Gesichtspunkt von voller Richtigkeit sein möchte; denn nur daraus ist mir die mir gewordene große Sympathie erklärlich. So schrieb auch Coquerel von meinen Arbeiten im Lien am 23. October 1841. Le Lien tiendra ses lecteurs au courant de travaux d'une si haute importance dans la science réligieuse et qui promettent d'inscrire un nom de plus sur la liste de ces hommes, à qui la critique sacrée doit ses progrès et qui ont donné à la foi chrétienne cette curieuse prééminence, qu'il n'existe pas un seul auteur grec dont le texte soit aussi certain que celui du Nouveau Testament.

Leider müßte ich den Vorwurf der Eitelkeit fürchten, wollte ich Ihnen einzelne Stimmen nennen, die meine Herausgabe des Coder Ephrämi in meinem eigenen Sinne beurtheilten. Doch haben mir diese Stimmen die herzlichste Genugthuung geboten. Nur Eins will ich erwähnen; es ist die Begegnung im Winter 1843. mit einem bejahrten Schweizer Theologen, der besonders in Kritik und Exegese heimisch ist. Dieser würdige Mann empfing mich mit Thränen der Theilnahme; seine Freude über meine biblischkritischen Unternehmungen gehörte, so schien es, zu den erwünschtesten Erfahrungen seiner alten Tage.

Daneben darf ich freilich nicht verschweigen, daß ich über zwei Jahre nach dem Erscheinen dieses Codex von einem namhaften theologischen Professor Deutschlands gefragt wurde: Wird der Codex bald erscheinen? Es mag diese Erfahrung mit der Ansicht zusammenhängen, daß die sogenannte heilige Textkritik zu den überflüssigsten Geschäften von der Welt gehöre, da ja die Bibel aus den Händen der Vorsehung stamme und von diesen Händen alle Zeiten hindurch schützend getragen worden sei. Vielleicht aber gibt sich der wunderbare Finger der Vorsehung vielmehr dadurch zu erkennen, daß sie uns in der Masse der biblischen Urkunden mit so vielgestaltigem Texte bis diese Stunde einige uralte bewahrt hat, aufrichtigen Wahrheitsforschern zu treuen Leitsternen. Außerdem könnte, wenn sich Inspirationstheorien hier bis auf Robert Stephanus und die Elzevirn, dort auf die Vertreter der Vulgata und anderer Versionen ausdehnen wollten, noch heute eine Concurrenz zulässig erscheinen.

Doch gegenüber den beiden traurigen Extremen, dem frechen Unglauben und der sorglosen prüfungsscheuen Allgläubigkeit, steht mir der Glaube unerschütterlich fest, daß das Buch von der Erlösung den spätesten Jahrtausenden noch dasselbe gelten wird was es mir heute gilt, dasselbe was es gegolten dem Bergmannssohne, der das Kleinod

aus seinem Grabesschachte begeistert und glücklich empor-
gehoben.

Jetzt sind mir nur noch einige Worte darüber
übrig, wie sich meine Reisestudien zu meinen biblisch-
kritischen Tendenzen — ich übergehe alle andern — that-
sächlich gestellt haben. Zuvörderst betrieb ich die Bearbeitung jener ältesten griechischen Urkunden, oder bestimmter, ihre Vorbereitung zur Herausgabe, wozu übrigens schon früher mehrere der wichtigsten unter ihnen
gelangt sind. Erreicht hab' ich hierin, sehr Weniges aus-
genommen, alles was ich angestrebt. Den Pariser Palimpsesten, vorzugsweise der Coder Ephrämi genannt,
vollendete ich zu Weihnachten 1842; er ist meines Lebens
theuerste Christgabe, die mir die Gnade des Herrn beschert
hat. Von großem Belange war mir ferner die Auffindung
und Bearbeitung uralter Dokumente für die lateinische Version. Außerdem knüpft' ich ein Band freundschaftlicher Beziehung mit Männern, an denen seiner Zeit mein Unternehmen kräftige Stützen besitzen soll; sowie ich allenthal-
ben, auch in anderen als den gelehrten Kreisen, ein
freundliches Interesse daran zu wecken oder zu steigern
suchte.

Und wie groß die Theilnahme, die Gunst, die Förderung gewesen, die ich für meine Reise und meine
Reisezwecke fand: das darf ich Ihnen jetzt nicht schildern

wollen; weder von Paris, wo ich den gefeierten Namen Letronne's, Raoul Rochette's, Hase's; sowie dem hochherzigen Emmanuel Lascases und Guizot vor vielen Andern zum Schuldner geworden bin; noch von Cambridge, wo mir, empfohlen vom Herzog von Susser, auf's Liberalste die Bibliotheksschlüssel vom Trinitätscollegium anvertraut wurden; noch von den gelehrten Holländern; oder von De Wette's herzlicher Biederkeit und andern fröhlichen Erfahrungen in der Schweiz. Auch darf ich Ihnen nicht wiederholen, daß ich in Italien der Gönner und Freunde so viele gefunden; noch darf ich vom deutschen Vaterlande zu sprechen anfangen.

Daß ich aber auch noch den Orient für mein speciellstes Ziel bereis't habe, das glaub' ich leicht zu rechtfertigen, wenn gleich die reichste Ausbeute die mir dort geworden anderen Zwecken dient. Denn neben dem was ich in der That gefunden ist es mir nicht zweifelhaft geblieben, in wie weit die letzten Resultate, welche der Neutestamentlichen Textkritik die in Europa vorhandenen Elemente liefern, von dort aus noch modificirt werden möchten.

So bedarf ich nur noch der Entschuldigung für die Länge meines Briefs. Ihr Interesse an der Sache muß groß sein, um ihm seine Trockenheit nachzusehen. Doch ich weiß daß es groß ist; das Evangelium besitzt so

11 *

viel von Ihrem Herzen, daß ich begreife wie viel Ihnen die Klarheit gilt über den Text der Schriften des Neuen Testaments, das Bollwerk der Theologie gegen die Angriffe zweifelnder Wissenschaft, das heilige unzerstörbare Fundament unseres Glaubens.

Von Jerusalem nach Nazareth.

(Ueber Samaria und Sichem.)

Als ich die Mauern Jerusalems hinter die Hügel ver=
schwinden sah, überfielen mich Gedanken der Schwermuth.
Ich kam von einem Feste, aber von einem Todtenfeste.
Die feierlichen Klänge klangen mir noch durch die Seele;
ich war verloren im Traume von einem geschwundenen
schönen Tage; aber zugleich drückte mich's wie ein Schmerz
um einen Todten, der mir im Herzen ruhte. Ob ich Jeru=
salem wiedersehen werde, fragt' ich mich. Wenn ich es
wiedersehen soll, so gebe Gott, daß ich's im Frühlings=
grün einer neuen Aera sehe, die aus der heiligen Stadt
auch eine glückliche macht.

Die Begleitung, in der ich nach Nazareth ging, war
neu und unterhaltend. Unsere Caravane bestand aus
vier Pferden, drei Maulthieren und einem Esel. Der
Mucker oder Pferdeverleiher spielte die interessanteste Fi=
gur. Er saß auf seinem Maulthiere mit einer vollkom=
menen Herrnmiene; ein Knabe lief ihm als Bedienter
zur Seite und trug die lange Pfeife. Der Mucker zweiten

Grades ritt den Esel und beschäftigte sich hauptsächlich mit dem Commando der beiden belasteten Maulthiere. Der Franzose, der mit mir reis'te, hatte sich lange im Oriente und in Spanien aufgehalten; jetzt trug er das ganze heilige Land in Daguerreotypen nach Hause. Sein Dragoman war derselbe Araber, der im Dienste der Engländer auf dem Wege nach Nazareth geplündert worden war. Er war dadurch in seinem Anzuge halb Türke und halb Engländer geworden; er trug nämlich, was sich possierlich ausnahm, über seinen weiten Hosen einen kurzen engen Rock, ein Geschenk jener Herren.

Unser jetziger Weg hatte nicht mehr vollkommen den Character der öden Strecken und kahlen Höhen um Jerusalem. Vor uns und neben uns zogen sich nach allen Richtungen Thäler und Hügel hin, deren Boden wohl öfters felsig aber nicht unfruchtbar war. Wir sahen Gruppen fruchttragender Bäume, Birnen und Aepfel darunter; auch grüne Auen, von Viehheerden beweidet. Da und dort winkte von der Höhe ein Dorf, öfter noch Ruinen einer Burg oder eines Klosters.

Nach zwei Stunden hatten wir nahe zur Linken im Westen, umgeben von wenigen Hütten, jene Moschee Samuels, die ich schon vom Minaret des Oelbergs aus begrüßt hatte. Der Prophet selber soll darin begraben liegen; sein Grab wird nicht ohne Andacht von Juden, Muhamedanern und Christen betrachtet. Gelehrte Zweifel machen ihm diesen Ruhm mehr als streitig, obschon eine so hervortretende Oertlichkeit im hohen Alterthume von Wichtigkeit sein mußte. Robinson vermuthet hier das biblische Mizpa, wo Samuel beim Opfer des Milchlamms nicht umsonst um göttliche Hilfe gegen die Philister flehte, und wo er später den Saul, der des prophetischen Geistes voll geworden, zum Könige salbte.

Eine halbe Stunde nördlich von Neby Samwil liegt auf seiner „herrlichen Höhe" El Jib, das alte Gibeon, dem Josua's Zuruf galt: Sonne, steh' still zu Gibeon. Berühmt wurde es am meisten als die Stadt der Priester mit der Stiftshütte. Hier war's wo Salomo als junger König die tausend Brandopfer opferte und darauf des Nachts sein kindliches Gebet betete, das dem Herrn so wohl gefiel.

Vier Stunden Wegs hatten wir zurückgelegt und schon früher einen kurzen Halt gemacht, als wir zur Mittagsrast in Bir ankamen. Das Dorf selber ließen wir zehn Minuten vor uns auf dem Hügel liegen, und hielten im Thale nahe bei der Quelle hinter den Mauern eines verlassenen Klostergebäudes. Die unterirdischen Räume dieses Gebäudes, die ich durchwanderte, mögen wohl nach dem geistlichen Gebrauche auch einen weltlichen erfahren haben; wahrscheinlich ist aus dem Kloster später ein Khan geworden. Des Nachmittags besahen wir im Dorfe die schönen Kirchruinen, die den Baustil der Kreuzzüge verrathen.

Bir besitzt eine Auszeichnung in der christlichen Ueberlieferung. Bis hieher soll die erste Tagereise der Eltern Jesu auf dem Rückwege vom Paschafeste gegangen sein; hier sollen sie also den zwölfjährigen Jesus unter den Freunden gesucht und vermißt haben. Diese Ueberlieferung hat nichts Ungeschicktes; wie aus alter Gewohnheit noch heute die Osterpilgrime die erste Tagereise ihres Heimwegs nur bis Bir ausdehnen, so können's die galiläischen Pilgrime schon längst gehalten haben. Unser Weg nach Nazareth war wenigstens gewiß derselbe, den der Herr mit seinen Jüngern wiederholt zurückgelegt hat, als er zum Feste ging. Diese Erinnerung war die theuerste Reisegesellschaft. Beim mehrmaligen Hinabsteigen von den steilen Gebirgsabhängen dieser Gegend begriff ich recht wohl, wie richtig der heilige Text von der Paschareise Jesu zu sagen pflegt: Er ging hinauf zum Feste.

Von Bir bis zu unserem Nachtlager hatten wir beständig das Gebirg Ephraim zur Seite, das bei weitem reicher an Bäumen und Buschwerk ist als das Gebirg Juda, doch auch wüste Höhen und felsige Thalwände mit vielen Schluchten und Klüften zeigt. Je weiter wir vorrückten, desto fröhlicher wurde die Landschaft; an Oliven- und Feigenbäumen hat sie einen großen Reichthum.

Etwa eine halbe Stunde früher als wir unser heutiges Ziel erreichten, sahen wir im Dämmerlichte nach Nordosten zur nahen Höhe hinüber, welche die Ruinen von Silo, jener „Friedensstätte" trägt, die gleichwie Gibeon lange die Bundeslade bewahrte und damals auch Zeuge von den frommen Jugendjahren Samuels wurde. Dort führten einst die feurigen Söhne Benjamins ein Abenteuer aus, ähnlich dem Raube der Sabinerinnen durch die Römer. Beim Jahresfeste des Herrn nämlich, wie's im Buche der Richter heißt, gingen sie hin und lauerten in den Weinbergen; als aber die Töchter Silo mit Reigen zum Tanze herausgingen, da nahmen und raubten sie sich Weiber nach ihrer Zahl.

Wir stiegen jetzt einen hohen und so jähen Felsenabhang hinunter, daß es gefährlich gewesen wäre zu Pferde zu bleiben. Am Fuße des Abhangs trafen wir in einer weiten grünen Aue einen großen, in ein längliches Viereck von Mauern gefaßten Brunnen, woran sich unsere Thiere labten. Drei Weiber, aber keine Grazien, holten Wasser nach dem Dorfe, das wenigstens zwanzig Minuten entfernt liegt. Es fing an zu dunkeln, als wir nach Leban zur Linken unseres Weges ablenkten, um dort zu übernachten. Dies uralte Dorf liegt an einer steinigten, buschreichen Höhe. Nahe bei unserem Lagerplatze besahen wir alte Grabhöhlen; unweit darunter standen Felder in reicher Pracht. Wir wurden

schnell von vielen Bewohnern Lebans begrüßt; sie halfen
ein tüchtiges Feuer anschüren und setzten sich daran, um
mit unsern Muckern bei einer Pfeife eine Tasse Kaffee zu
trinken. Ihre Unterhaltung dehnten sie fast über's Maß
des Wünschenswerthen aus. Einer der Gäste bot uns
ein gutes englisches Fernrohr zum Kaufe an, das er
ohne Zweifel früheren Reisenden gestohlen hatte. Daraus ergab sich, daß ihr Respekt vor den Europäern doch
wohl gewisse enge Grenzen haben mochte. Da wir befürchten mußten von diesen Leuten, die bei unsern Füh-
rern im schlechtesten Rufe standen, des Nachts bestohlen
zu werden, so nahmen wir aus ihrer eigenen Mitte vier
Wächter. Das Nachtlager fand ich hier weniger angenehm als im Sande der arabischen Wüste. Ich lag auf
einem Lammfelle, in meine wollene Decke gehüllt; aber
der nächtliche Thau fiel so stark, daß ich mich darin
baden konnte.

Am nächsten Morgen betraten wir schon früh um Acht
das überraschend üppige Thal zwischen den Bergen Garizim und Ebal. Gegen eine halbe Stunde vor Naplus,
am Eingange ins Thal, am Fuße des Garizim, liegt
der tiefe Brunnen, der wohl mit Recht für jenen Jacobs-
brunnen gehalten wird, woran Jesus bei seiner Unter-
redung mit der Samariterin saß. Das Grab des Patriarchen Joseph, ein wenig hinter dem Brunnen, der
uns nahe zur Rechten blieb, ist nichts als ein türkisches

Heiligenmonument, dem die Muhamedaner eine große Ehrfurcht widmen. Ob die Tradition Recht oder Unrecht mit der Oertlichkeit hat, wird Niemand sagen können.

Der Anblick von Naplus, dem alten Sichem, ist reizend und großartig. Mit seinen vielen weißen Minarets und platten Kuppeldächern schaut es aus dem engen Thale unter Oel- und Feigenbäumen hervor. Die beiden nachbarlichen Berge bringen den Ernst zur Lieblichkeit des Bildes; sie umschließen Stadt und Thal mit ihren kahlen Felsenwänden, die nur hie und da mit Oelbäumen bewachsen sind. Was für ein Schauspiel muß es gewesen sein, als Josua seinen Einzug ins gelobte Land, nach dem Befehle des Herrn, von diesen Bergen herab feierlich besiegelte. Sechs Stämme standen auf dem Garizim; sechs Stämme auf dem Ebal. Vom Garizim herab erschollen die Worte des Segens, vom Ebal herab die Worte des Fluchs. Zum Segen wie zum Fluche, gesprochen durch den Mund der Leviten, rief das Volk sein vieltausendstimmiges Amen. Wer diese Berge gesehen und jenes Schauspiels gedacht, dem stehen sie ewig vor der Seele wie zwei unerschütterliche Zeugen vom Ernste des Gesetzes.

Unterm Thore der Stadt hatten wir eine traurige Begegnung; mehrere Aussätzige saßen da und bettelten. Ich wüßte nicht was einen üblern Eindruck hätte machen können als dieser erste Gruß der Stadt.

Nach dem Thore durchritten wir den langen Bazar, der des Hübschen und Köstlichen eine reiche Fülle bot; er war aber so eng und zugleich so besucht, daß wir nur mühsam Schritt für Schritt durchkommen konnten. Unsere Wohnung nahmen wir, auf eine Empfehlung vom französischen Consul zu Jerusalem, im Samaritanischen Schulhause. Ehe wir ins Gastzimmer eintreten konnten, mußte die fleißige Jugend daraus entfernt werden.

Sehr bald empfingen wir den Besuch des obersten Samaritanischen Rabbiners, eines würdigen Mannes von mehr als sechzig Jahren, mit einem langen weißen Barte und von feinen Gesichtszügen. Er trug ein carmoisinseidenes Gewand und einen weißen Turban. Als wir ihm sagten, daß wir zunächst den Pascha von Naplus besuchen wollten, so bot er uns zuvorkommend seine Begleitung an. Den Pascha, einen sehr wohlbeleibten Mann von mittlern Jahren, trafen wir in einiger Gesellschaft auf der schönen Terrasse seines Hauses. Er ging zu meiner Ueberraschung barfuß; doch blieb er wie er war, und setzte sich sogleich mit uns auf die ausgebreiteten Kissen und Teppiche. Wir rauchten eine Pfeife und tranken eine Tasse Kaffee. Unser Anliegen betraf eine militärische Bedeckung für unsere Weiterreise; der Pascha war bereit es zu erfüllen; doch versicherte er uns, daß durch seine polizeiliche Strenge die Straßen sicher geworden seien. Wir machten ihm natürlich unser

~~Compliment~~ darüber. Als wir von ihm weggegangen waren, fanden wir verwundert zwei seiner Bedienten hinter uns, um sich ihren Backschisch für den Kaffee auszubitten. Es war unmöglich, ihrer mit leerer Hand loszuwerden. Ich hatte damit eine orientalische Galanterie mehr kennen gelernt. Doch hatt' ich Unrecht mich darüber zu verwundern, da ich ein Jahr früher in Rom gewesen und noch kurz vor dem Momente meiner Abreise früh um Sechs einen Cardinalsbedienten bei mir gesehen hatte, um mich an einen ähnlichen Backschisch zu erinnern.

Jetzt lag mir der Besuch der Samaritanischen Synagoge am Herzen; ich war gespannt auf die berühmten Manuscripte, die sie bewahrt. Der Zugang hatte keine Schwierigkeit. Ein Rabbiner — aber nicht der erstere, der beim Pascha in Geschäften geblieben war — führte uns in den kleinen Betsaal, der mit Strohmatten belegt war und ohne Schuhe betreten werden mußte. Auf einem Bücherbrete sah ich einige zwanzig Manuscripte, größtentheils auf Pergament. Mehreren trau' ich unbedenklich ein Alter von vielen hundert Jahren zu. Eins verräth durch verschiedene Eigenthümlichkeiten, wie durch die Abfassung in drei Columnen, ein Alter von mehr als tausend Jahren. Am meisten beschäftigte mich die angeblich uralte Handschrift, die eine Unterschrift tragen soll, wornach sie von Abischua, dem Sohne des Phineas, der ein Enkel

Aarons war, dreizehn Jahre nach Moses verfaßt worden
ist. Der Rabbiner brächte uns eine blecherne Kapsel;
darin lag das Manuscript als eine starke Synagogalrolle
auf Pergament, umwickelt von einem kostbaren Um=
schlage in schwerer Carmoisinseide, mit eingewirkten gol=
denen Buchstaben. Es trägt unverkennbare Spuren des
Alterthums. Ich prüfte das Pergament, die Farbe der
Tinte, das System der Linien, die Interpunktion, die
Absätze, denen alle Initialen fehlen, die Schriftzüge, so
weit sie sich ohne Kenntniß des Samaritanischen prüfen
lassen. Alles vereinigt sich um den Eindruck eines Ma=
nuscripts aus dem sechsten Jahrhundert zu machen. Bei
dieser Vermuthung bleibt ihm natürlich ein sehr ausge=
zeichneter Rang unter allen alten Pergamenturkunden des
Orients und des Occidents. Was die angeführte Unter=
schrift anlangt, so kann sie, wenn sie anders in der That
vorhanden ist, unmöglich für etwas anderes gelten als
für eine den früheren Dokumenten sorglos abgeschriebene
und jenen selbst auf Grund einer hochfahrenden Tradi=
ion einverleibte Note. Vielleicht hat jener Abischua An=
heil an der ursprünglichen Abfassung des Pentateuchs
gehabt. Dann würde die Unterschrift eine Erläuterung
aus den griechischen Evangelienhandschriften erhalten,
worin sehr häufig die Abfassung durch Matthäus, durch
Johannes, sowie auch das Jahr der ersten Bekannt=
machung angemerkt ist. Auch diese Anmerkungen haben

urkundige Augen in Irrthum geführt. So fand ich auf einer namhaften Bibliothek in einer Handschrift der Evangelien eine Note von der Hand des Bibliothekars selber, mit der Aussage, daß die Handschrift im zehnten Jahrhunderte nach Christi Himmelfahrt durch den Rhetor Hebraides verfaßt worden sei. Dabei war auf eine urkundliche Glosse verwiesen. Was stand in dieser Glosse? Nichts als daß das Evangelium Matthäi zehn Jahre nach Christi Himmelfahrt und zwar im hebräischen Dialekte ausgegeben worden *.

Doch ich kehre zu den Samaritanern in Naplus zurück. Ich glaube nicht, daß die Erwerbung ihrer Manuscripte unmöglich ist; daß damit ein kostbarer Schatz für die größte Bibliothek Europa's gewonnen würde, bin ich überzeugt.

Unser Rabbiner lenkte die Unterhaltung von den Manuscripten auf seine gelehrte Correspondenz mit Europa.

---

* Bei der Gelegenheit muß ich, was vielleicht meinen Lesern neu sein wird, einer überaus merkwürdigen Originalhandschrift gedenken, die erst unlängst aus dem Grabe der Vergessenheit hervorgezogen worden ist. Das ist nichts Geringeres als die hebräische Originalschrift des Pilatus überm Kreuze Jesu. Bekanntlich besitzt man schon längst dieses heilige hölzerne Kreuz zu Rom. Daran hat nun ein in der That gelehrter Propagandist, aus dem Hause Israel, die merkwürdige Entdeckung gemacht, die er sofort mit Commentar und Facsimile der Welt mittheilte. Er zeigte mir selber seine Schrift darüber vor; zu meinem Bedauern hat er mir aber kein Exemplar verehrt.

Besonders fragte er, wie er es auch gegen mehrere frühere Reisende gethan, angelegentlich nach gewissen gelehrten Freunden zu Genf, wenn wir recht verstanden
haben. Von diesen Freunden erwartete er, ich weiß nicht
seit wie viel Jahren, umsonst eine Antwort. Er wurde
ganz ungeduldig darüber daß wir ihn schwer verstanden
und keine Auskunft zu geben wußten. Dafür ließen wir
uns von ihm eine bessere Auskunft über seine Glaubensgenossen geben. In Naplus zählte er hundert fünfzig
Samaritaner und ebensoviel außer Naplus. Sie verehren noch immer den Garizim als ihren heiligen Berg
und kehren sich gegen ihn wenn sie beten. An ihren vier
großen Jahresfesten, zum Pascha, zu Pfingsten, zum
Laubhüttenfeste und am Versöhnungstage wallfahrten sie
in Prozession, unter lautem Ablesen des Gesetzes, auf
den Gipfel des Berges; sie schlagen dort ihre Zelte auf
und bringen, wenigstens am Paschafeste, Lämmeropfer.
Außerdem versammeln sie sich regelmäßig jede Woche
zum Gebet in der Synagoge, lesen nichts als den Pen-
tateuch und halten den Sabbath mit aller Strenge. Mit
den Juden hat sie sogar die Unterdrückung, die Trübsal,
die sie doch seit zweitausend Jahren wie Brüder getheilt,
nicht ausgesöhnt. Sie essen, sie trinken wohl mit Türken, aber nicht mit den Söhnen vom Hause Israel.
Merkwürdiges Beispiel wie Brüder hassen. Auffällig war
mir, daß die Gesichtszüge der Samaritaner, wenigstens

aller derer die ich zu Naplus und anderwärts sah, keines=
wegs den jüdischen Character hatten. Dennoch erkennt
man auf den ersten Blick, daß sie weder Türken noch
Araber sind. Mehrere trugen hübsche weiße Bärte und
waren von einer feinen aber lebhaften Gesichtsfarbe. Als
wir uns von unserm Rabbiner verabschiedeten, hatte er,
trotz seiner gelehrten Correspondenz mit Europa, die Ge=
müthlichkeit, sich so gut wie die Bedienten des Pascha
einen Backschisch auszubitten.

In der Stadt Naplus machten wir einen Spazier=
gang in Begleitung eines arabischen Arztes, der früher
als Dragoman viele Europäer kennen gelernt hatte. Die
Stadt ist ziemlich groß, aber ihre Häuser sind dicht zu=
sammengedrängt; von Gärten, voller Orangen, Citro=
nen, Granaten, ist sie reichlich umgeben. Die Zahl der
Einwohner* wurde uns auf sechs bis sieben tausend ge=
schätzt; darunter befindet sich eine kleine Anzahl Juden
und etwa dreihundert griechische Christen, die auch ein
Kloster in der Stadt besitzen.

Beim Besuche einer großen alterthümlichen Moschee
war es unumgänglich, unsere Schuhe mit Lappen über=
kleiden zu lassen; eine Förmlichkeit, der ich mich auch in
Cairo unterworfen hatte. Als darauf mein Begleiter ein

---

* Robinson nimmt sie zu 8000 an und zählt darunter 500
Griechen.

merkwürdiges Portal aus dem Mittelalter abzuzeichnen anfing, wurden wir von einer solchen Masse Pöbel und eben nicht in der freundlichsten Stimmung umringt, daß wir in eine bedenkliche Lage geriethen und bei Zeiten weiter gingen. Unser Führer erzählte uns nun, daß die Napluser ein aufrührerisches, gewaltthätiges, fanatisches Völkchen seien. Den Tag vor unserer Ankunft hatten sie den Scheik eines benachbarten Dorfes mitten in der Stadt aus boshaftem Muthwillen erschlagen, wofür sie kein Schatten von Strafe betroffen hatte. Als nämlich der Vorfall dem Pascha hinterbracht wurde, rief er aus: Warum ist er hereingekommen, und ließ die Untersuchung auf sich beruhen.

Wir gingen zur Besichtigung einer kufischen Inschrift, in erhabenen Schriftzügen auf einem Marmorstücke, das in eine Mauer gefügt war. Unterwegs that ich ein paar Schritte eine enge Straße hinein. Sogleich kamen mir Kinder mit dem Geschrei: Harem, Harem, abwehrend entgegengesprungen, und ich that wohl eilig zurückzulenken.

Gegen Fünf des Abends brachen wir, zum Verdrusse unserer eigenwilligen Mucker, von Naplus wieder auf, um noch das unferne Samaria zu erreichen. Mit Naplus, dessen alter Name Sichem zu Ehren des Flavius Vespasian mit dem Namen Flavia Neapolis vertauscht worden ist, woraus sich der arabische Name

Naplus* bildete, hatt' ich von Neuem einen Boden betreten, den große Erinnerungen frühzeitig geheiligt haben. Abrahams erster Wohnsitz im Lande Canaan war die "Stätte Sichem." "Vor der Stadt Sichem" schlug Jacob der Patriarch seine Hütte auf und kaufte ein "Stück Ackers." Aus diesem Stück Ackers wurde das "Dörflein," wie Johannes sagt, "das Jacob seinem Sohne Joseph gegeben." Hier war's auch wo die Brüder Josephs die Heerden ihres Vaters weideten und den verhaßten Träumer, der von Hebron zu ihnen geschickt worden war, an die ismaelitischen Kaufleute nach Egypten verkauften.

Als wir gegen Abend das üppige Thal vor der Stadt zum zweiten Male durchritten, füllten mir die Erinnerungen des Alten und des Neuen Bundes die ganze Seele. Wem wäre diejenige fremd geblieben, die ich feierte als ich in die Tiefe des uralten Jacobsbrunnens hinabsah? Der Brunnen ist tief**; ich sah mit eigenen Augen, daß die Samariterin Recht hatte. An diesem Brunnen saß der Heiland; hier sprach er jene erhabenen

---

* Ich glaube wegen der Abstammung von Neapolis richtiger Naplus als Nablus zu schreiben. Robinson schreibt nach Abulfeda's Orthographie Nabulus.

** Er soll nach wiederholten genauen Messungen 105 Fuß Tiefe haben. Als ich ihn sah, — mitten im Sommer — war er fast wasserleer.

Worte vom Wasser das ins ewige Leben quillt. Die Worte des Heilands riefen mir andere unvergeßliche Worte ins Gedächtniß, die gleichfalls im Angesichte dieses Brunnens, aber vom Garizim herab zu den versammelten Männern von Sichem gesprochen worden sind. Hier trug nämlich Jotham seine schöne Parabel — wohl die älteste die wir kennen — von den Bäumen vor, die sich einen König wählen wollten. Vor allen andern Bäumen nannte er den Oelbaum und den Feigenbaum; beide geben noch heute dem Thale des Brunnens seinen Character.

Von Naplus nach Samaria ritten wir bergauf, bergab durch eine grüne, an Pflanzen, Blumen und Bäumen reiche Landschaft, die nur der emsigen deutschen Hände bedürfte, um das gelobte Land zur vollen Anschauung zu bringen.

Kurz nach sieben Uhr des Abends hatten wir Samaria vor Augen. Seine Lage ist herrlich. „Die stolze Krone Ephraims" nannte es Jesaias; wie eine Krone erscheint es noch jetzt, wenn schon ihr Glanz längst verblichen ist. Mitten in einem reizenden, von Höhen umschlossenen Thale erhebt sich ein runder Berg; darauf liegt Samaria. Unfern vom Fuße des runden Berges trafen wir im Thale, bei den Resten einer römischen Wasserleitung, einen rauschenden Bach, an dessen Ufern alte prächtige Oelbäume standen. Von da sahen wir mit gefesselten

Augen hinan zu den Kirchruinen Samaria's. Diese Ruinen sind wohl die schönsten in Syrien. Wir sahen jetzt vor uns eine kreisförmig umbiegende Mauerwand derselben, die fast noch vollständig erhalten ist, mit ihren schönen Strebepfeilern und ihren hohen Fenstern unter verzierten Nischen und byzantinischen Bogen. Wir ritten erwartungsvoll den Berg hinauf; der Weg war beschwerlicher als er aussah. Unsere ersten Gedanken galten dem Eintritte in die Mauern der zerstörten Kirche; aber wir stießen auf ungeahnte Schwierigkeiten. Denn als wir vor dem Eingange, der zunächst zur kleinen Moschee im vordern Theile der Mauern führt, mit unsern Pferden hielten, so wurde er vor unsern Augen geschlossen. Mein Begleiter hatte einen großherrlichen Ferman bei sich; er zeigte ihn vor. Wer weiß nicht, daß der Namenszug des Sultans im Oriente allmächtig ist? Dennoch kehrten sich diese Leute nicht im Geringsten daran; die Hand des Pascha von Naplus hätte uns, wie sie sagten, beglaubigen müssen. Wir hatten zwei Soldaten des Pascha zur Bedeckung bei uns; aber auch das half nichts. Sie erklärten, wenn sie uns die Moschee betreten ließen, so würde sich das ganze Dorf erheben und unsern Köpfen leicht einen üblen Streich spielen. Dabei blieb's. Dagegen fand sich eine halbe Stunde später ein Spekulant, der uns durch eine Fensteröffnung den Eintritt ins Innere der Ruinen ermöglichte, ohne daß wir die Moschee selbst

betraten. Wir sahen darin, in welche Kunst und Schön=
heit die Kreuzfahrer die Kirche mochten gekleidet haben;
auch sahen wir auf Marmortafeln viele verunstaltete Jo=
hanniterkreuze.

Ueber die Zeit der Kreuzzüge mag dieser zerstörte Bau
schwerlich hinaufreichen, obschon ihn die Tradition auf
die Allschöpferin Helena zurückführt. Geweiht war die
Kirche Johannes dem Täufer; der Orden der Johanniter
mochte daran einen besondern Antheil haben. Das Grab
des Propheten, nach türkischem Geschmacke überbaut,
wird noch heute innerhalb der Ruinen verwahrt und
verehrt. Schon Hieronymus berichtet nämlich, daß Sa=
maria, neben den Grabmälern der Propheten Elisa und
Obadja, auch das Grabmal des Johannes besitze. Diese
Tradition enthält freilich Unwahrscheinliches. Nach Jo=
sephus und auch Eusebius erscheint es als Thatsache,
daß Johannes in der Festung Machärus nahe beim tod=
ten Meere enthauptet worden ist. Sollten von dort seine
Jünger den Leichnam bis nach Samaria gebracht haben?
Uebrigens hat sich die Tradition sehr bald mit dem Grabe
nicht mehr begnügt; sie verlegte auch den Act der Ent=
hauptung nach Samaria. Noch heute heißt es nicht
anders, als daß die Kirche zu Samaria gerade da
stehe wo Johannes gefangen gesessen und enthauptet
worden. Darum mag wohl weit mehr die Phan=
tasie als die Geschichte gewaltet haben, als man die

prachtvolle Königsstadt auf den Bergen Samaria's, nachdem sie Zeuge gewesen von so vielen Grausamkeiten des Herodes des Großen, den Schauplatz noch einer blutigen That mehr unter seinem schuldbeladenen Sohne Antipas gewesen sein ließ.

Des Herodes, weder des Vaters noch des Sohnes, denkt jetzt Niemand mehr, aber der heilige Johannes ist auch dem Türken theuer; seinen Namen kennt und spricht auch der heutige muhamedanische Samariter. Ob es dem Könige, umgeben von seiner Herrlichkeit, wenigstens ein Traum in die frevelvolle Seele gerufen haben mag, daß einst, während sein Name nur schwanke zwischen Fluch und Vergessenheit, der Name des Mannes, dessen Kopf er einer Weiberlaune geopfert, in feierlichen Gottes= häusern, in den Büchern der Menschheit, in den Herzen vieler Millionen unauslöschlich glänzen werde?

Wir schlugen unser Zelt im Angesichte der Kirch= ruinen auf, die an dem vorspringenden Abhange im Süden des Berges liegen; das heutige Dorf liegt in einiger Entfernung über und hinter den Ruinen. Die Bevölkerung des Dorfes hatte uns mit der Verweige= rung des Eintritts zur Moschee einen Zug ihres wahren Characters geliefert; das merkten wir bald an denen die unser Zelt begafften. Trotz unserer militärischen Be= deckung schien es nöthig, für die Nacht den Dieb zum

Wächter zu setzen; wir bestellten daher vier Leute zu diesem Behufe.

Der heutige Abend bot uns noch Köstliches dar. Wir wanderten auf die Spitze des Berges und genossen die reizende Aussicht. Da standen wir inmitten eines reizenden in sich abgeschlossenen Bildes. Nach Norden, Osten und Süden hatten wir den Horizont begrenzende Berge, die mit ihrer Cultur und ihren Dörfern prangten; nach Westen gestattet die Höhe mit dem Blicke hinüber zum Meere zu schweifen. Die Thäler, die den Berg umgürten, sowie der Berg selber sind reichlich von Bäumen, besonders von Oliven und Feigen bewachsen.' Um den Berg herum läuft wie ein Kranz die Spur einer Terrasse, die wahrscheinlich zur Zierde der ehemaligen Residenz angelegt wurde.

Von der geschwundenen Pracht, die unter Herobes diese Stadt so sehr auszeichnete, traten uns manche Erinnerungen entgegen. In einer weitläufigen Gruppe von Feigenbäumen, ziemlich hoch auf dem Berge, stehen mehrere Säulen von Kalkstein und andere liegen zertrümmert daneben. Unser Führer geleitete uns in seine eigene Behausung im Dorfe, um uns darin alte Marmorreste mit Spuren schöner Sculpturen zu zeigen. Vor Allem aber ist's eine großartige Säulenallee, von der am Fuße des Berges, besonders nach Westen, nahe an hundert Säulen übrig sind, und zwar größtentheils noch in

vollkommener Stellung. Diese Säulen gehen ohne Zweifel auf Herodes zurück. Vielleicht standen sie in Beziehung zu dem prunkhaften Augustustempel, den Herodes
demselben kaiserlichen Beschützer errichtete, zu dessen Ehren die Stadt selber den Namen Sebaste * erhielt. Wir
wandelten lange unter diesen Säulen umher und gedach-
ten der fernen Tage, die sie gesehen. Wie Ankläger bei
der richtenden Nachwelt zeugen sie gegen den der sie geschaffen. Zu Samaria selbst war es, wo er seiner hin-
gerichteten Gemahlin Mariamne ihre beiden Söhne auf
gleichem Wege in den Tod nachschickte.

Doch war Herodes nicht der Erste, der Samaria, zum
grellen Contraste mit der Lieblichkeit die ihm die Natur
gegeben, zum Theater blutiger Thaten und Gräuelscenen
machte. Seit es Omri, fünfzig Jahre nach Salomo,
gegründet und den Königen von Israel zur Residenz
gemacht, hat es mehr zum Baal als zu Jehovah gebetet.
Hier hat Ahab seinen Götzendienst geübt; hier hat Elias,
mit dem Zorne seines Gottes angethan, dem schwachen
Könige und der gottlosen Isabel geflucht. Hesekiel nannte
Samaria die große Schwester Sodoms; Worte des Straf-
gerichts erklangen ihm von allen Propheten. Aber bevor
die Prophezeiungen durch Salmanassar's Arm in Erfül-
lung gingen, waren sie machtlos verhallt.

---

* Sebaste ist das griechische Wort für Augusta.

So haben diese traurigen Säulen auf Samaria's Boden des Traurigen gar viel zu verkünden. Und sieht man von den Säulen zu ihren Nachbarn, zu den türkischen Bewohnern des Dorfes mit dem Kaisernamen, beren Störrigkeit und Bosheit eine alte Klage ist, die ich selber bestätigen kann: so möchte man glauben, daß hier eine Erbsünde mit unaustilgbarem Stachel waltet.

Am nächsten Morgen nahm mein Begleiter mehrere Bilder von Samaria durchs Daguerreotyp auf. Daß diese Unternehmung sehr peinlich ausfallen würde, war voraus zu sehen. Die ganze Bevölkerung, alt und jung, belagerte das wunderbare und zugleich verdächtige Instrument nebst seinem Meister. Jeder wollte sehen und auch einen Backschisch verdienen. Ich durchstreifte unterdessen die Umgegend, lagerte mich am rieselnden Quellbache vor Samaria unter die Oelbäume und verlor mich in so fröhliche Gedanken wie sie der wolkenlose Himmel in die Seele gab. Auch den alten Liebling meiner Knabenjahre, die Königskerze, traf ich; ich legte bedächtig ihre goldenen Blüthen in meine Brieftasche, aber im Geiste legt' ich sie auch schon den lieben Brüdern im Voigtlande vor das kundige Auge.

Auf dem Heimwege zum Zelte hatt' ich Gelegenheit zu beobachten, wie früh bei dem Samariter die Unart kömmt. Ein Knabe von zehn Jahren war mir unterwegs begegnet und als ich die Blüthen der Königskerze pflückte, war er in meiner Nähe gestanden. Nun verfolgte er mich von weitem mit dem Geschrei: Backschisch, Backschisch, und da er sich umsonst bemühte, warf er unter Schimpfreden mit Steinen.

Gleich nach dem Mittage verließen wir Samaria. Aber unser Aufbruch war noch von einer tragi-komischen Scene begleitet. Der Sohn des Scheiks vom Dorfe war unter den gaffenden Zuschauern beim Daguerreotypiren gewesen; jetzt verlangte er, da er die Ordnung aufrecht erhalten habe, einen anständigen Backschisch. Der Wortwechsel hätte sehr wahrscheinlich mit Thätlichkeiten geschlossen, wäre ihm zuletzt nicht noch sein Wunsch gewährt worden.

So ermüdend unser Weg während der Stunden der Mittagssonne für uns wie für unsere Pferde war, so anziehend war er zugleich. Von steilen Bergen kamen wir in reizende Thäler, umlagert von romantischen Felsengruppen; der Dörfer trafen wir mehrere, dichte Olivenwaldungen glänzten um ihre Häuser. In der Mitte des Weges nach Jenin hielten wir einen Augenblick, um einen hohen, runden Felsen zu besteigen, der einsam in der Ebene liegt, übersäet von Ruinen. Es stand hier eine Sarazenenveste, die, vermöge ihrer Lage, gegen Freund und Feind eine trotzige Stirn führen konnte. Kurz vor Ibrahim Pascha's Herrschaft in Syrien lehnte sich der Scheik, der sie inne hatte, gegen den berüchtigten

Abballah Pascha von St. Jean d'Acre auf; sie wurde von ihm mehrere Monate lang belagert, aber erst unter Beihilfe von Maroniten des Libanon mit Sturm genommen. Seitdem liegt das Kastell in wüsten Ruinen. Ein paar Leute, die dem Dorfe angehören das nahe am Fuße des Felsen liegt, hausen in den Felsenhöhlen.

Eine Stunde später hatten wir zwischen zwei nachbarlichen Dörfern eine seltsame Begegnung. Es war, allem Anscheine nach, ein Brautzug. Die weiß verschleierte Braut interessirte uns weniger als das Kamel, worauf sie saß. Das Kamel trug nämlich einen Frauenkopfputz in fränkischem Geschmacke. Der dumme Ausdruck dieses Kamelkopfes unter der stattlichen Haube war von einem überaus komischen Effekte, der sich nicht beschreiben läßt. Es war eine schwere Aufgabe nicht laut aufzulachen; doch wäre das Lachen gewiß übel aufgenommen worden. Durch ritterliche Begleiter war die Braut bestens gedeckt; mit ihren langen Spießen hätt' ich nicht scherzen mögen.

Gegen Abend kamen wir nach Jenin. Wir würden vorgezogen haben unter einigen Palmbäumen außerhalb der Mauern zu übernachten, hätte die Rücksicht der Sicherheit nicht dagegen gesprochen. Wir überschickten dem Befehlshaber der Stadt sogleich die Empfehlung des Pascha von Naplus, worauf er uns eine Wohnung in einem seiner Häuser anweisen ließ. Diese Wohnung bestand in einer niedlichen Terrasse und einem Zimmer daroben, wenn man einen kleinen öden Raum zwischen vier Wänden mit zwei Fensteröffnungen ein Zimmer nennen kann.

Jenin liegt schön; seine Gärten, von Feigencactus eingehegt, sind von der üppigsten Vegetation. In der Stadt ritten wir bei einer sehr wasserreichen ansehnlichen Cisterne vorüber, mit einem Bache lebendigen Wassers. Große Heerden begegneten uns, die auf gute Viehzucht schließen ließen. Aber die größte Herrlichkeit Jenins ist seine Aussicht über die fruchtbare, berühmte Ebene Esdrelon mit einem Gebirgshintergrunde im Westen, Norden und Osten. Ich freute mich schon heute auf unsern Ritt durch diese Ebene.

Ich besuchte mit meinem Begleiter den großen Khan des Orts; wir tranken eine Tasse Kaffee und rauchten ein Nargileh. Die Gäste die wir trafen thaten alle dasselbe, nur pflegten sie weniger als wir der Unterhaltung. Die schweigsame Beschauung der Türken im Kaffeehause liefert ein völliges Gegenstück zu den lauten Unterhaltungen bei uns. Natürlich ist dort auch keine Spur eines Zeitungsblattes.

Als wir nach Hause auf unsere Terrasse kamen, machten wir Bekanntschaft mit den häuslichen Umständen unsers Wirthes. Er hatte zwei Frauen, die uns gerade gegenüber wohnten, doch jede in ihrem eignen kleinen Harem. Daß sie mit einander nicht sehr schwesterlich lebten, hörten wir an einem Wortwechsel, den der Haus= herr bei unserer Rückkehr schleunigst niederschlug.

In der Nacht machten wir mehrfache peinliche Be= kanntschaften. Freilich waren unter unserer Terrasse un= sere Pferde einquartirt, und ohnehin trafen uns die Be= schwerden der Hundstage eines südlichen Klima's. Unsern Pferden schien es nicht besser ergangen zu sein; sie mach= ten am nächsten Morgen, wo die Gewitterschwüle der verflossenen Nacht noch fortdauerte, so muthlose Kopf= bewegungen, wobei das meinige immer links ging und zwei Mal stürzte, daß ich sehnsüchtig an meine tapfern Kamele und ihren sichern Tact zurückdachte.

Aber der Schatten verbarg sich leicht hinterm Lichte; wir ritten ja heute durch die Ebene Esdrelon. Ihre Fruchtbarkeit ist so bewundrungswürdig als ihre Schön= heit. Der Weizen war jetzt größtentheils geerntet; in den hohen Stoppeln der Felder konnte sich eine Gazelle verstecken. Die Durrafelder standen noch, sowie die Flu= ren der Baumwollenstauden mit dunklem Grün und gel= ben Blüthen. Blumige Ufer verriethen Wasserbäche, die in den Kison fließen. Zur Rechten hatten wir nach un= serm Ausritte von Jenin das Gebirge Gilboa, zur Lin= ken die Vorberge des Carmel, und nach Nordwesten hin= auf grüßten wir den Carmel selber. Die Erinnerungen, die sich an diese Ebene und ihre Berge knüpfen, waren wie im Streite um die Seele dessen der sie durchwanderte.

Auf Gilboa's Höhen fiel der unglückliche Saul in sein eigenes Schwert, und sein Sohn Jonathan mit zwei Brüdern fielen durch das Schwert der Philister. Das schöne Trauerlied Davids um die Zierde Israels und um den Bruder, den Geliebten, hat beiden einen Denkstein gesetzt, der hoch ragt über des Berges Höhen. Das Wasser Megiddo erzählt von Debora's und Baraks Heldenmuth gegen den Sissera, worauf die Heldin selber das unsterbliche Preislied gesungen. Der Bach Kison erzählt von Gideon, wie er den Geist des Herrn anzog, um die Midianiter und Amalekiter zu schlagen. Aber wer wüßte die Schlachten alle die in der Ebene geliefert worden sind, von Saul bis zu den Makkabäern, von den Römern bis zu den Sarazenen, von den Kreuzzügen bis zu Napoleon. Das Abendland so gut wie das Morgenland hat reichliches Blut auf diesem Boden vergossen, der uns heute so fröhliche Fluren vor die Augen hielt.

Unser Weg, der ein wenig östlich vom geraden Karavanenwege lief, brachte uns in zwei Stunden nach dem Dorfe Zerin, das sich, besonders nach Robinson's Forschungen, als das alte Jesreel ausweis't. In dieser kleinen Gruppe ruinenhafter Häuser liegt das Andenken an jene hochfahrende Königin Isabel begraben; denn hier war Raboth's Weinberg, sein väterliches Erbe, woran sie ihren Frevel geübt; hier stand auch der Palast, aus dessen Fenstern sie hinabgestürzt wurde, um das

Strafwort des Propheten aufs Schrecklichste zu erfüllen.

Zerin liegt hoch und schön; die Aussicht von seinem alten Thurme ist großartig, zum Carmel im Westen, zum kleinen Hermon im Norden, zum Jordansthale im Osten, in Südosten zum Gebirg Gilboa, an dessen Abhang es selber liegt. Nach dem Thabor fragt' ich umsonst unsere Führer; der Hermon verdeckte ihn. Erst anderthalb Stunde später, nachdem wir auch das Dorf Solam im Rücken hatten, wo einst Elisa den todten Knaben der Sunamitin ins Leben zurückrief, sahen wir, vom Fuße des Hermon hinweg, den Thabor aus der nordöstlichen Ebene hervortreten. Beim ersten Blicke auf ihn traten mir Thränen ins Auge; der heilige Vertraute der Vorzeit war mir so plötzlich entgegengetreten. „Mitternacht und Mittag hast Du geschaffen; Thabor und Hermon jauchzen in Deinem Namen," diese Worte des Psalmsängers bewahrt' ich im Herzen seit den Kinderjahren. Des Berges hehre Gestalt, sein runder, mit Eichenlaub geschmückter Gipfel, seine frei aus der Ebene ragende Erscheinung: das Alles machte zur Wahrheit jetzt das Bild, das ich längst im Geiste getragen.

Wir hatten von hier noch eine Stunde Wegs, bevor wir aus der Ebene zu den engen, in felsigen Bergmauern ruhenden Thälern kamen, welche Nazareth umgeben. Beim Eingange in den Thalweg hielten wir eine kurze Mittagsrast. Wir verabschiedeten hier unsere Soldaten aus Jenin, die uns doch immer als ein Zeichen der Autorität gedient hatten. Ein Mal dachte ich fast, daß wir ihrer bedürfen könnten. Wir zogen in der Nähe des Hermon unserm Wege entlang. Ich war abgestiegen und ging etwa fünfzig Schritte der Caravane zu Fuß voraus. Da reiten zu meiner Ueberraschung hinter der Höhe acht oder zehn Beduinen auf Dromedaren mit riesigen Lanzen hervor. Ich ging dreist weiter; aber einer aus dem Trupp erlaubte sich, zum Vergnügen seiner Kameraden, mit seiner Lanze scherzend gegen mich auszuholen und sie mir nahe genug auf die Brust zu setzen. Ich nahm den Scherz in aller Heiterkeit auf; zog es in Zukunft aber doch vor, hübsch zu Pferde in voller Gesellschaft zu bleiben.

Während wir jetzt gelagert waren, setzte sich ein großer Aasgeier uns gegenüber auf einen felsigen Vorsprung; zu meinem Bedauern verfehlte ihn der Schuß meines Dragomans. Einen andern für mich neuen Anblick der Art hatten wir diesen Morgen in der Ebene gehabt. Eine Schlange, zwei bis drei Ellen lang, von der Stärke eines Armes, braunschwärzlich von Farbe, lag auf dem Felde in der Sonne. Bei unserer Annäherung bog sie in schlanken Wellen in den aufklaffenden Feldboden hinein.

Um Vier des Nachmittags sahen wir das gar freundliche Nazareth vor uns liegen. Nach drei Seiten ist es von reichlich bewachsenen Hügeln umschlossen und lehnt sich selber an den Hügel im Westen an. Einige Palmen und Cypressen, sowie ein hohes Minaret hat es in seiner Mitte. Nahe beim Minaret erkannten wir sogleich das große Klostergebäude. Dort wurden wir denn auch bald und um so mehr willkommen geheißen, da uns der lateinische Prior zu Jerusalem ein Empfehlungsschreiben an den Prior zu Nazareth mitgegeben hatte.

Nazareth. Der Thabor. Der See Genezareth.

Man beglückwünschte uns bei unserm Eintritt ins Kloster zu Nazareth über unsere so glücklich zurückgelegte Wanderung; denn auch im Kloster herrschte eine sehr üble Meinung von dem Wege nach Jerusalem über Naplus. Unter andern Unfällen erzählte uns der Prior, daß kurz vor Ostern der Curator des Klosters, obschon in Begleitung eines Führers und eines Soldaten des Pascha, zwischen Naplus und Nazareth angefallen worden und in Gefahr gerathen war, nackt davon geschickt zu werden. Sein Soldat schoß bei dem Anfalle und verwundete einen der Beduinen. Dafür konnte derselbe kaum dem Tode entrinnen; denn vergossenes Blut der

Seinigen weiß der Beduine nur durch Blut zu sühnen. Endlich war's aber doch dem Geistlichen gelungen, seine Räuber zu beschwichtigen, ja sogar zu bewegen, daß sie ihm in eigner Person das sichere Geleite gaben. An einer Kapuzinerkutte mochte freilich nicht viel zu erobern sein.

Unsere Wohnung nahmen wir dem Kloster gegenüber in dem Gebäude, das wie die Casa nuova zu Jerusalem zur Aufnahme der Pilgrime bestimmt ist. Wir trafen hier mehrere fränkische Reisende, die vom Carmel aus in Nazareth eingetroffen waren. Ein Neapolitaner darunter wurde wegen der Zuvorkommenheiten geneckt, die ihm die Mönche des heiligen Landes aus Dankbarkeit für die Huld seines Königs bewiesen.

Wir machten heute noch einen Spaziergang durch die Stadt. Die Häuser in Nazareth haben ein festes Aussehen; alle haben platte Dächer ohne Kuppeln. Wir sahen auf diesen Dächern kleine Gesellschaften, die sich in der Abendluft ergingen, deren heitere Frische nach dem schwülen Tage auch uns sehr wohlthätig war. Spuren des Erdbebens, das erst vor wenig Jahren die Stadt heimgesucht hatte, fielen uns nirgends ins Auge. Aber einen fast erschreckenden Eindruck machten mir, im westlichen Theile der Stadt, die schroffen Felswände des Bergabhangs, woran die Stadt selber liegt.

Unwillkürlich dacht' ich dabei jenes Vorfalls, den uns Lukas unter den erſten Nachrichten ſeines Evangeliums berichtet. Die Nazarener, erzählt er, hatten „die holdſeligen Worte" aus dem Munde ihres Landsmannes bewundert; als er aber den ſtrengen Ernſt des Propheten hinzufügte, ſtießen ſie ihn zornig zur Stadt hinaus und wollten ihn „von einem Hügel des Berges, worauf ihre Stadt gebaut war, hinabſtürzen." Mehr als einer dieſer Felſenhügel um die heutige Stadt, die allem Anſcheine nach eben da liegt wo die ehemalige gelegen, beweiſ't wie natürlich den Nazarenern gerade dieſe Aeußerung ihres Zornes beiſiel. Die Tradition hatte übrigens gewiß Unrecht, den „Berg des Herabſtürzens" in eine Entfernung von der Stadt zu verlegen, die mit dem Ausdrucke des Evangeliums nicht zuſammenſtimmt.

Natürlich zeigt man in Nazareth das Haus oder die Werkſtätte des Joſeph, ſowie die Synagoge, worin der Heiland jene Stelle des Jeſaias aufſchlug und überhaupt ſeine Lehrvorträge zu halten pflegte. Auch einen tiſchförmigen Steinblock verehrt man, woran der Meiſter mit ſeinen Schülern geſpeiſ't haben ſoll. Dazu kömmt noch der Garten, der dem Knaben Jeſus beſonders lieb geweſen. Dieſer Garten, voller Feigen, Orangen und Granaten, weckt wenigſtens ſehr freundliche Gedanken. Aber was mich heute am meiſten anzog, das war der Marienbrunnen, einige Minuten vor der Stadt, am

Wege nach dem Thabor. Wenige der verehrten Oertlichkeiten Palästina's sind ihrer Ursprünglichkeit so gewiß
wie dieser Brunnen. Er ist jetzt der einzige der Stadt;
er war's sehr wahrscheinlich schon vor zweitausend Jahren. Ich fand diesen Abend sehr viele Frauen und
Jungfrauen versammelt, um aus den Brunnen zu schöpfen; wer möchte zweifeln, daß auch einst die Gebene-
deiete der Frauen hier gestanden habe. Unter den heutigen Wasserträgerinnen sah ich mehrere zierliche Figuren;
ihre schweren Wasserkrüge wußten sie mit einer bewun-
drungswürdigen Geschicklichkeit auf dem Kopfe zu tragen.

Unweit im Norden vom Brunnen sprudelt seine eigentliche Quelle hervor. Darüber haben die Griechen
ihre Kirche der Verkündigung gebaut; denn gerade hier
glauben sie daß Maria den Weihegruß des Engels empfing. Sie folgen hierin dem apokryphischen Evangelium des Jacobus, wo es ausdrücklich heißt, daß Maria
mit ihrem Kruge nach Wasser ausgegangen war, als sie
jenes heilige Wort vernahm. Doch beläßt dieses Evangelium auch die Tradition der Lateiner in ihrem Rechte.
Denn als Maria, so sagt es weiter, mit dem Wasser-
kruge nach Haus gekommen war und ihre Arbeit wieder
vorgenommen hatte, so erschien ihr der Engel von Neuem
und wiederholte seinen Gruß. Die Lateiner verehren
nämlich eine „Grotte der Verkündigung," und diese
Grotte bildet das Heiligthum ihrer Klosterkirche.

Als wir im Dämmerlichte nach dem Kloster zurückgingen, begegneten uns zwei abyssinische Frauen von einer Karavane, die seit mehreren Wochen bei der Stadt ihr Zelt aufgeschlagen hatte. Sie fingen ohne Weiteres an uns zu erzählen. Natürlich verstanden wir so viel wie nichts; aber sie ließen sich nicht irre machen, sie erzählten mit einem liebenswürdigen Eifer fort und zeigten dabei auf ihre nahe Zeltniederlassung. Da uns der hübsche, melancholische Ausdruck ihrer lichtbraunen Gesichter und schwarzen Augen gefiel, so ließen wir uns auch die Unterhaltung ein paar Minuten gefallen, und drückten dann den armen Pilgerinnen, von deren Noth einer unserer Begleiter schon unterrichtet worden war, ein reichliches Almosen in die Hand.

Es schlief sich in Nazareth besser als zu Jenin in der peinlichen Gesellschaft, oder zu Leban mit dem kühlen Thau überm Gesichte. Aber zu dem leiblichen Segen kam noch ein höherer; denn der Gedanke, unter den Dächern derselben Stadt zu ruhen, wo der Heiland seine Kindheit und seine Jugend verlebte, erhellte diese Nacht meines Lebens mit einem himmlischen Lichtstrahle.

Zu neuer Freude weckte mich der Morgen des sechs und zwanzigsten Juli. Ich durchstreifte in aller Frühe die östlichen Höhen im Angesichte der Stadt, die mit mehr Feigenbäumen als Oliven bewachsen sind. Es war schwer die schönste Ansicht von Nazareth aufzufinden; es machte auf allen Standpunkten einen malerisch schönen Effekt. Einen angenehmen Haltpunkt fand der Blick immer am weißen Thurme der Moschee mit den hohen, dunklen Cypressen zur Seite. Aber am liebsten verweilt' ich da, wo ich mit der Stadt zugleich den Brunnen am Bergrande im Norden vor mir sah. Und so ließ ich das Auge· und mit dem Auge die Seele lange ruhen auf Nazareth, seinen Hügeln und Thälern. Zwei Jahrtausende mögen wohl Manches geändert haben; aber so vieles was ich heute sah, das mußte auch dem Sohne Joseph's von Nazareth vor dem göttlichen Auge liegen. Wie oft mag da, wo ich wandelte, auch er gewandelt sein, das heilige Herz seiner großen Zukunft voll, voll des Gedankens seiner Predigt, die heraus aus den engen Bergen der kleinen Heimath alle Berge und Meere, alle Länder und Herzen der Erde erfüllen sollte.

Mir gegenüber im Westen lag die Krone der Höhen um Nazareth; vom türkischen Grabmale, das sie trägt, wird sie nach dem Propheten Ismail benannt. Ich wußte voraus, welche Herrlichkeit dort meiner wartete, zumal da der Himmel heute fast wolkenlos und die Luft von einer völligen Klarheit war.

Vor wenig Monden erst war ich auf der höchsten Pyramide gestanden, die Wüste, den Nil und Kahira zu meinen Füßen; ich war auf dem Sinai, der majestätischen

Gottesburg, gestanden und hatte in den Himmel hinein gebetet wie in das Herz eines nachbarlichen Freundes; vom Minaret des Oelberggipfels hatt' ich die heilige Stadt mit Bethlehems Höhen und den Bergen Samaria's, mit dem wunderbaren Meere von Sodom und dem Gebirge Moab zugleich ins Auge gefaßt: dennoch war ich heute wie ein Kind, das nur die kleine Scene seiner Heimath und noch nicht die Welt gesehen. So überwältigte mich die Aussicht von Neby Ismail, das die Höhen von Nazareth krönt. Zum Thabor sah ich zuerst nach Osten; auch der kleine Hermon und Gilboa ragten aus seiner Nähe; sie geleiteten mich nach Süden auf die Berge von Samaria. Von da sah ich nach Westen zu den Vorbergen des Carmel und zum dunklen Blau des Carmel selber. Zwischen allen diesen Bergeshöhen ruhte vor mir, wie von ewigen Mauern umgürtet, die weite Ebene von Esdrelon. Aber hinter dem Carmel, zu seiner Linken und zu seiner Rechten, lag wie ein Festtag in glänzender Schönheit der Spiegel des Mittelmeers. Im Norden breitete sich eine zweite große Ebene aus, mit Kana, dem Hochzeitsstädtchen, und „den Hörnern von Hattin," wo das Schlachtheer Saladins alle Siege der Kreuzfahrer zu Boden trat. Im Nordosten endlich leuchtete wie ein heiliges Auge hinter wüsten Berggruppen herab der Gipfel des großen Hermon, gehüllt in seinen ewigen Schnee. Und von dem Allen hinweg sah ich nieder auf Nazareth, das sich wie ein liebes Kind anschmiegte an den Hügel, über dem ich stand.

Was im Momente dieses Schauspiels die Seele fühlt? Die Bewundrung, die Anbetung findet kein Wort; aber ein Psalm der begeisterten Davidsharfe will sich auf die Lippe drängen, der hinunterklänge zu den Tiefen des unergründlichen Meeres, der hinaufstiege zum Schneegipfel des Hermon. Was mochte dem Heiland diese Warte sein? Ein Symbol von seinem Reiche auf Erden, vom Evangelium der Erlösung, wie es Himmel, Erd' und Meer umspann mit den Armen der Mutterliebe; wie es das Diesseits und Jenseits der Zeit zusammendrängte in die einzige große Stunde auf Golgatha. Der Schnee des Hermon sieht wie das greise Haupt der Zeit, wie die Vorzeit; das geheimnißschwangere Meer wie die Zukunft. Zwischen beiden ruht die Gegenwart, dieser Thautropfen mit den unendlich reichen Bildern aus dem Strahle der Morgensonne.

Hier dachte der Erlöser, wann er die Fluthen hinüber zum Abendlande sah, gewiß oft auch deiner, du geliebtes Deutschland. Und er dachte, weil er's wußte, daß du berufen warst, einst wie ein heiliger Rächer der Wahrheit gegen die Lüge zu kämpfen und zu bluten; daß du dem Glauben des Römerbriefs im deutschen Herzen ein Bollwerk gründen würdest, wenn er geschwunden aus den Palästen der Siebenhügelstadt. Ständest du selber hier und hörtest mit mir, daß dir das Wort entgegenklingt: Halte was du hast, daß Niemand deine Krone raube.

Nach meiner Rückkehr vom Berge besucht' ich die kleine Kirche des lateinischen Klosters. Ich traf sie voll von Nazarenern, die knieend um die Stufen des Altars lagen und nach der Sitte des Orients ziemlich laut ihre Andacht äußerten. Die Fenster der Kirche waren wie die Wände dunkel verhangen, und die Orgel klang feierlich zum Gesange der Mönche. Hauptgegenstand der Verehrung in dieser Kirche ist die Grotte unterm Hochaltare, in der die Jungfrau Maria verweilt haben soll, als sie den Gruß des Engels empfing. Dieses unterirdische Felsengemach ist zu einer Kapelle wie die Grotten zu Bethlehem und zu St. Johann eingerichtet. Auf einer Marmortafel stehen lateinisch die Worte: Das Wort ist Fleisch hier geworden. Als eine wunderbare Merkwürdigkeit der Grotte wird eine Granitsäule gezeigt, die von den Sarazenen mitten entzwei gebrochen wurde, aber jetzt noch mit ihrer obern Hälfte fest am Gewölbe hängt. Ueber diesem unterirdischen Felsengemache, gleich hinterm Hochaltare, befanden sich zwei andere Grottenkapellen. Die eine steht jetzt noch; die andere ist, wie der Wunderglaube will, im dreizehnten Jahrhunderte über Dalmatien nach Loretto bei Ankona von den Engeln

getragen worden, um sie vor den unreinen Händen der
Sarazenen zu bewahren.

Die größte Feierlichkeit mag diese Kirche, oder viel=
mehr diejenige auf deren Ruinen die heutige erbaut wor=
den ist, an jenem Festtage der Verkündigung in ihren
Räumen gesehen haben, an welchem der heilige Ludwig
von Frankreich im Gewande eines büßenden Pilgers hier
erschien und das heilige Abendmahl genoß. Es war im
Jahre 1250. Dreizehn Jahre später wüthete da, wo
der fromme König gebetet, das Schwert der Sarazenen,
und die Kirche der Verkündigung sank gänzlich in Rui=
nen. Erst spätere Jahrhunderte haben neue christliche
Bauten darüber errichtet; aber die Bedeutung eines Bis=
thums, die Nazareth unter der Lehnsherrschaft des edlen
Tankred empfangen hatte, ist immer, wenigstens dem
Namen nach, geblieben und sogar bis heute aufrecht er=
halten worden.

Die heutige Bevölkerung von Nazareth ist zum größ=
ten Theile christlich. In der Zahl von etwa dreitausend
Einwohnern* mögen weniger als tausend Muhamedaner

---

* Robinson erhielt aus guter Quelle folgende Angabe: Grie=
chen 260 steuerpflichtige Männer, Griechisch=katholische 130, Rö=
misch=katholische 120, Maroniten 100, Muhamedaner 170. Siehe
sein Palästina III. S. 421. Williams gibt aus seinen Diöcesal=
rechnungen 1000 orthodoxe Griechen an, was mit den 260 steuer=
pflichtigen Männern Robinson's zusammentrifft. Andere frühere
Angaben schätzten die Einwohnerzahl wohl mit Unrecht höher.

sein. Unter den Christen befinden sich außer Griechen und Katholiken auch einige hundert Maroniten, die eine eigene kleine Kirche unterhalten.

Die Beduinen der Umgegend wurden mir als eine üble Nachbarschaft geschildert. Man war jetzt eben in der Befürchtung eines feindlichen Einfalls derselben; sie hatten eine Schuldforderung an die Stadt gestellt und im Falle der Verweigerung auf einen bestimmten Tag Gewalt angedroht. Die Nazarener hatten sich deshalb an den Pascha von St. Jean d'Acre gewendet. Da ich den nächsten Tag über den Thabor nach Tiberias wollte, so waren mir diese Nachrichten nicht angenehm; zumal da ich von nun an wieder allein reis'te, während mein Begleiter direkt nach Damaskus ging.

Am sieben und zwanzigsten Juli ritt ich, eine halbe Stunde vor Sonnenaufgang, beim Marienbrunnen vorüber; nur ein Führer und mein Dragoman begleiteten mich. Der Himmel war wolkig und die Luft war schwül; ich fürchtete für meine Hoffnungen ein ungünstiges Gestirn. Wir gingen gerade nach Osten und hatten nur erst wenige Höhen erstiegen: siehe, da lag vor uns der Thabor, majestätisch und seine Umgebung überragend. Er hatte jetzt eine ergreifende Gestalt, die der Augenblick ihm gegeben. Der höchste runde Gipfel trug die dunkle Farbe seiner Eichen; aber gleich darunter war er in den düstern

Ernst einer tief hängenden lichten Gewitterwolke gehüllt. Allmählig verschwanden Nebel und Schwüle; der Tag wurde heiter. Als da die Sonne mit ihren Frühstrahlen die Stirne des Berges entschleierte, so feierte der Berg selber einen Augenblick der Verklärung, der die Gedanken des Wanderers um so lebendiger in die Stunde jener himmlischen Verklärung versetzte, deren Gedächtniß der Thabor geweiht ist.

Nach zwei Stunden standen wir am Fuße des Berges; das kleine Dorf Daburieh lag unfern zu unserer Rechten. Wir stiegen aufwärts ohne Aufenthalt. Der Weg ist steil und mühsam; obschon ich an mehreren Stellen sah, daß der Weg künstlich erleichtert worden ist. In einer Stunde hatten wir den Gipfel erreicht, dessen ebene Fläche sich fast ausnimmt als wäre sie vor Zeiten zum Behufe eines großen Baues abgeplattet worden. Und in der That trifft man an verschiedenen Punkten der Gipfelebene Spuren ehemaliger Bauwerke. Eine Festungsmauer scheint ringsum gelaufen zu sein; Ruinen und Schutt liegen da und dort; der spitze Bogen eines Thors ist noch zu sehen, das die Araber „das Thor des Windes" nennen. Auch ein unterm Schutt verstecktes dunkles Gewölbe mit einem Altare fand ich und hörte, daß darin alljährlich eine lateinische Messe gehalten wird, sowie die Griechen auf der entgegengesetzten Seite des

Berges unter alten Kirchruinen einen Altar zu demselben Zwecke unterhalten.

Auf welches Alter alle diese Baureste zurückgehen, wird schwer zu bestimmen sein; jedenfalls stammen sie aus verschiedenen Zeiten. Daß eine Stadt sehr lange vor Christus hier gestanden, läßt sich nach den Stellen der Chronik (I. 7, 77.) und des Buchs der Richter (8, 18.) nicht bezweifeln; Polybius beweis't aber, daß die Stadt im Jahre 218. vor Christus noch vorhanden war *. Auch mag wohl Josephus, der Geschichtsschreiber und Feldherr, wenn er erzählt, daß er selber Befestigungen auf dem Thabor vornahm, die Stadt daselbst voraussetzen.

Der christliche Ruhm des Berges ist allbekannt. Man glaubt im Thabor den „hohen Berg" der Evangelien und den „heiligen Berg" des zweiten Briefs Petri wiederzuerkennen. In dieser Eigenschaft des „Berges der Verklärung" tritt er zuerst in den apokryphischen Evangelien und bei Cyrill von Jerusalem hervor, während Eusebius und Hieronymus, obgleich sie vom Thabor sprechen, die Scene der Verklärung in keine Verbindung mit ihm bringen. Aber von der Zeit Cyrill's an, Ende des vierten Jahrhunderts, erscheinen auf dem Berge Pilger und

---

* Polybius V, 70, 6. Siehe hierüber und über die verschiedenen Constructionen auf dem Thabor: Robinson's Palästina III. 462. fg.

Kirchen. Schon im sechsten Jahrhunderte wurden als Nachbilder der drei Hütten, die Petrus bauen wollte, drei Kirchen daselbst errichtet; bald darauf stand auch ein Kloster dabei. Die Kreuzfahrer widmeten dem Berge große Verehrung; er wurde zum Schauplatz mancher blutigen Kämpfe zwischen Kreuz und Halbmond, aus denen er zuletzt nichts rettete als dürftige Ruinen, die ihm bis heute geblieben sind.

Aus diesen Mittheilungen mögen freilich Zweifel erwachen, ob es in der That der Thabor gewesen wo die himmlische Stimme an den geliebten Sohn erklang; doch ist möglich daß unsere historischen Zeugnisse von den Anfängen der Ueberlieferung viel später reden als sie stattgefunden. Auch deutet die Ausdrucksweise im zweiten Briefe Petri darauf hin, daß schon damals ein bestimmter Berg als der heilige Berg ausgezeichnet wurde; wie aber von da an der rechte mit einem falschen hätte verwechselt werden können, ist nicht abzusehen. Und wäre die Tradition dennoch im Irrthume, so wäre es schwer sie aufzugeben. Denn der Berg, an den sie glaubt, steht da wie ein Moment der Begeisterung der eine irdische Form gewonnen, wie ein Markstein in der Schöpfung den Gott gesetzt, wie der Altar des Landes, das selber ein Tempel Gottes ist. Wer ihn heute noch sieht, der glaubt, gleich als ob's ihm ein Engel sage, daß der schöne Berg, von dem seine Brüder wie bewundernd ferne stehn, ein heiliges Geheimniß in sich trage, daß er eine heilige Aufgabe von dem empfangen, der ihn so herrlich gemacht. Aber sein Geheimniß hat er gekündet, seine Aufgabe hat er gelöf't, wenn er in Wahrheit der Schauplatz der Verklärung des Sohnes Gottes gewesen. Fünfzehn Jahrhunderte haben auf dem Thabor das Gedächtniß dieser Verklärung gefeiert. So viel Schwerter seit grauer Vorzeit auf ihm geblitzt und den blutigen Kampf geweckt, so viel Augen haben auf ihm zum Himmel hinauf geglänzt und den Frieden des Himmels herabgefleht.

Ich setzte mich einsam unter Ruinen, an denen junger Epheu gewachsen; Terebinthen und Eichen warfen ihre Schatten um mich; die Ebene Esdrelon lag zu meinen Füßen; der Kison, „der Bach der Vorwelt," schimmerte in ihr wie ein schwacher Silberstreif. Ich sah Endor mit der Erinnerung an den Wahrsagergeist, der dem Saul seinen Tod verkündigte; ich sah Nain, wo der Heiland die Wittwe tröstete und ihr den Sohn wiedergab. Nicht des Sissera neunhundert eiserne Wagen standen im Geiste vor mir; ich saß unter den Jüngern, deren Auge umdüstert war. Was vergangen und was gegenwärtig, das erschien mir als ein dunkles Räthsel. Die himmlische Kunde von Freude und Friede, wo wäre ein Berg der Welt, von dem sie erklungen wie vom Thabor? Und doch erzählt, seit sie erklungen, jeder Stein,

jeder Baum des Berges von Fehde und Trübsal; der
Berg steht da wie ein unverstandener Prophet, wie ein
Fremdling unter einem fremden Volke. Aber wie freut'
ich mich der Eichen des Thabor; der Thabor grüßt mit
deutscher Zunge; auf Deutschlands Bergen hat auch das
Wort ein Echo gefunden, das einst aus der Wolke auf
ihn fiel; im Lande der Eichen ist er heimischer als am
Kison.

Die Aussicht vom Thabor grenzt an die Herrlichkeit
der Aussicht von Neby Ismail. Sie beherrscht sehr weit
die Ebene Esdrelon. Weiter im Süden sah ich den kleinen Hermon und Gilboa, im Südosten die Thalfläche
am Jordan, das Gebirg Gilead dahinter; im Nordosten
sah ich zum ersten Male den See Genezareth mit den jen-
seitigen Gebirgen, und hoch oben im Norden, über die
Ebene und Berge sammt Städten und Dörfern hinweg,
den schneegekrönten Hermon. Vom Mittelmeere neben
dem Carmel glänzten nur Punkte wie Schneespitzen.

Obschon wir heute noch einen langen Weg vorhatten,
so konnt' ich doch so schnell nicht scheiden vom Thabor.
Von seinen Eichen sammelte ich Blätter und Früchte;
beide sind von den unsrigen verschieden*. Außer den
Terebinthen oder Pistazienbäumen fand ich auch Lorbeer-
sträucher. Ich dachte, als ich mir Zweige davon brach,

* v. Schubert bezeichnet diese Art Eichen als Quercus Aegilops.

wie schön es sei, sich den Lorbeer nach Deutschland vom Thabor holen. Eber, deren viele auf dem Thabor leben sollen, traf ich nicht; dafür umrauschte mich eine dichte Schaar Sperlinge, die ganz denselben Musiktext zu haben schienen wie die Leipziger Sperlinge. Diese Sperlinge, die bis zum Gipfel des Thabor flogen, verdarben mir die Gedanken vom Lorbeer. Aber die Welt bleibt sich überall gleich; die vom Thabor picken an den Lorbeer so gut wie Leipziger Sperlinge. Uebrigens gehört einem Jeden sein Recht und sein Ruhm; auf meinen Reisen in Europa, Afrika und Asien hab' ich mich von einer populären Seite des Kosmopolitismus überzeugt: der Sperling gehört sicher zu den Kosmopoliten.

Gegen Elf waren wir wieder am Fuße des Thabor; von da ritten wir den nächsten Weg nach Tiberias. Nach einer Stunde trafen wir in geringer Entfernung von einander zwei große kastellartig gebaute Khans, die zwar keine Anzeichen von Bewohnern hatten, aber zur Abhaltung eines wöchentlichen Marktes den Vereinigungspunkt für die Nachbarn im Osten und im Westen bilden. Ihre Anlegung wurde jedoch vorzugsweise durch das Bedürfniß der Karavanen zwischen Egypten und Damaskus veranlaßt. Wir suchten daselbst einen Trunk Wasser; was wir aber fanden, war mehr für unsere Thiere als für uns genießbar. Eine halbe Stunde später kamen wir zu mehreren Zelten, die zu Kefr Sabt gehörten. Hier wurden wir anstatt des Wassers wenigstens mit einem Trunke Milch erquickt. Kurz darauf begegnete uns ein Trupp Beduinen in stattlicher Waffenkleidung; wir hatten zu unserer Freude kein Interesse für sie. Eine kleine Stunde vor Tiberias konnten wir endlich an einem großen Brunnen unsern Durst mit leidlichem Wasser stillen. Wir trafen am Brunnen eine junge Frau, die im Felle eines wilden Schweins Wasser holte; sie war sehr bereitwillig uns mit ihrem schon geschöpften Vorrathe auszuhelfen. Als wir unfern vom Brunnen im Thale auf die Höhe kamen, da wo sie nach Osten in die Tiefe abfällt, hatten wir plötzlich den Anblick des herrlichen See's von Genezareth. Dieser See hat ein ganz anderes Gepräge als der Zürcher oder der Luzerner oder auch der Albaner See; aber seine eigenthümliche Schönheit ist groß. Das östliche Ufer ist ohne Grün; es besteht aus einem hochröthlichen, nackten Gebirgsabhange, dessen malerisch düsterer Ausdruck die Pracht der blauen Spiegelfläche noch hebt. Im Norden und Süden, wo der Jordan einfließt und ausfließt, sind die schmalen Ufer tief und freundlich grün. Den Westen des See's bildet eine niedere Bergkette, die mehrmals von Schluchten unterbrochen wird und bald mehr bald weniger zurücktritt. Die Stadt Tiberias liegt dicht am westlichen Ufer, ein wenig südlich von der Mitte des See's.

Was aber dem See Genezareth, abgesehen von seiner natürlichen Schönheit, den höchsten Reiz verleiht, das darf ich nicht erst sagen. Die Thätigkeit des Herrn, die uns die Evangelien, besonders die drei ersten, schildern, bewegt sich zum größten Theile an seinen Ufern. Hier hatte der Heiland seinen Lieblingsaufenthalt; bald wandelte er an den Ufern des See's, bald fuhr er auf seinen Wassern; hier hat er aus der Zahl der Fischer seine vertrautesten Jünger gewählt; hier hat er so oft sein heiliges Wort ans Volk gerichtet, bald herab vom Berge, bald aus dem Schiffe; hier hat er durch zahlreiche Wunder den der ihn gesandt verherrlicht. Diesen Augenblick war der See vollkommen ruhig; kein Segel, kein Fahrzeug kräuselte seine Wellen; Ruhe und Schweigen herrschte im ganzen Bilde vor mir; ich sah wohl die grauen Mauern und Festungsthürme von Tiberias, aber keinen einzigen Menschen sah ich, so weit ich auch sah. Nur Ein Laut schwebte über dem Schweigen dieser Landschaft, es war ein heiliger Laut: Der Stern der Sterne hat hier geglänzt, und er ist verblichen; der Meister aller Meister hat hier gelehrt, und er hat seine Lippen geschlossen; der Christ Gottes hat hier gewandelt, und er ist geschieden. Als wäre gestern Pfingsten oder Ostern gewesen, so war mir als ich das Land Genezareth ansah; als müßten wir uns zusammen erzählen von viel Herrlichem, das wir erlebt; als verständen wir uns ohne

Worte, wie zwei Freunde, die nach einer Trennung, die alle lieben Erinnerungen nur tiefer in die Seele grub, sich stumm ins Auge sehen.

Als wir zum Thore der Stadt hinein geritten waren, so erkundigte sich mein Dragoman auf Deutsch nach dem neuen Gasthause eines polnischen Juden. Er irrte nicht; er wurde deutsch berichtet. Es wohnen nämlich zu Tiberias mehrere hundert Juden, die meistens aus Polen eingewandert sind und zum Theil das Deutsche sprechen. Auch unser Wirth sprach es, der mit der Vollendung eines Gasthauses beschäftigt war, so ansehnlich und so gut wie man's nicht leicht zu Tiberias erwartet.

Nachdem wir einige Erfrischungen auf dem Altan des Hauses genossen hatten, gingen wir dem See entlang. Am Ende der Stadt trafen wir viele türkische Soldaten, die, wie es schien, sämmtlich beritten waren; ihre Caserne bestand in mehreren großen grünen Zelten. Ich badete im See und fand das Wasser angenehm, obschon ein wenig schwer. Der Geschmack desselben ist köstlich; die ganze Stadt benutzt es als ihr gewöhnliches Trinkwasser.

Eine halbe Stunde von der Stadt befinden sich die Badeanstalten mit den wohlthätigen heißen Quellen, die schon im Alterthume berühmt gewesen. Die Neubauten Ibrahim Pascha's daselbst sind vortrefflich und einladend. Die Hitze des Wassers schwankt zwischen 48° und 50° R.;

es riecht stark nach Schwefel und schmeckt sehr bitter; seine Heilkraft soll namentlich für Gichtleidende außerordentlich sein. Schubert sprach die Hoffnung aus, daß in wenig Jahren durch die Vermittlung der Dampfschiffe Kranke aus Europa nach Tiberias ins Bad gehen würden. Es versteht sich, daß das Klima des herrlichen Seethals dem Bade einen besondern Vorzug gibt; wer aber mit einem Gemüthe voll christlicher Innigkeit zu ihm kömmt, den wird es, wenn nicht geheilt für die Heimath im Westen, gewiß geschickter für die ewige Heimath entlassen.

Zwischen diesem Bade und der Stadt liegen viele Ruinen; unter mehreren umgestürzten grauen Granitsäulen steht eine noch aufrecht. Die alte Stadt, erbaut und benannt zu Ehren des Kaisers Tiberius, lag demnach eine Viertelstunde südlicher als die heutige. In der Stadt selber fanden wir die Spuren des schrecklichen Erdbebens vom zweiten Januar 1837. schon sehr verwischt; neben den neugebauten Häusern waren mehrere im Bau begriffen. Die ganze Stadt macht aber durch die Enge und Unreinlichkeit ihrer Straßen den Eindruck eines Judenviertels; auch begegneten uns meistentheils jüdische Gesichter. Tiberias gehört bekanntlich zu den heiligsten Städten der Juden; doch mögen neben den fünf bis achthundert jüdischen Einwohnern eben so viel Muhamedaner und nicht viel weniger griechisch-katholische Christen ansässig sein. Auch die Lateiner haben eine Kirche hier, die aber nur von Nazareth aus besucht wird und gewöhnlich mit ihren Räumen sowohl als mit ihrem Vorhofe fränkischen Reisenden zum Quartier dient. Wir hatten es jedoch unterlassen, den Schlüssel, den man uns im Kloster anbot, mitzunehmen, da uns die zuletzt nach Nazareth zurückgekehrten Landsleute den üblen Ruf dieser Lokalität, nicht etwa um großer Diebe sondern um kleiner Peiniger willen, mit voller Sachkenntniß bestätigt hatten. Das Geschlecht der letztern ist überhaupt so zahlreich in Tiberias, daß ein arabisches Sprichwort sagt, ihr Fürst habe seinen Hof zu Tiberias. Ich war deshalb um so leichter getröstet, als unser Wirth für Abendessen und Nachtlager eine so hohe Forderung machte daß ich sie nicht annehmen mochte.

Die Sonne ging unter, als wir die Stadt verließen und dem Dorfe Medschdel, dem alten Magdala, das eine Stunde entfernt liegt, entgegenritten. Bald glänzte der Vollmond über dem See; seine Ruhe, die ich wenige Stunden vorher bewundert hatte, wich einem Sturme, der die Wogen wild an die Felsen unseres Weges schleuderte. Zur Linken ragten über uns die Gebirge von Magdala, vielfach von Schluchten zerrissen; das Mondlicht machte ihren Anblick schauerlich schön. Es sind dieselben Berge, auf denen der Herr allein betete, als er das Volk entlassen und seine Jünger auf den See

vorausgeschickt hatte. Erinnerungen an den Herrn spra=
chen aus allem was mich umgab. Dazu tos'ten die
Wogen des See's heute wie damals, wo die Jünger
voll Angst den schlafenden Meister weckten, dem Wind
und Meer gehorsam war. Aber plötzlich wurd' ich aus
meinen Gedanken gerissen. Wir sahen auf dreißig Schritte
vor uns im Halbdunkel hinter dem Buschwerke des Wegs
mehrere Wandersleute hervorkommen; sie machten Halt,
sobald sie uns sahen und riefen uns ein unheimlich lau=
tes „Wer da“ entgegen. Sie hatten uns für Räuber
gehalten; wir hatten darum nicht nöthig dasselbe Zutrauen
zu ihnen zu hegen. Es war eine kleine Karavane, die
einen Transport zu Esel vorhatte. Daß der Weg un=
sicher war, konnten wir nun freilich nicht bezweifeln;
doch gelangten wir ohne weitere Begegnung ins Hei=
mathsdorf der Maria Magdalena. Wir kehrten in einem
Bauernhofe ein und nahmen unser Lager auf dem plat=
ten Dache. Wie das Dörflein so still und bescheiden im
Mondscheine da lag, sah man's ihm nicht an, daß einst
eine einzige seiner Töchter „sieben Teufel“ hatte haben
können; aber recht schön dachte sich's dabei der lieblichen
und so frommen Maddalena, wie sie so viele Bilder
verherrlicht haben. Uebrigens schlief sich's gut auf un=
serem hohen Posten; nur wurde mein Dragoman nach
einer halben Stunde zum Abendmahl unsers Gastwirths

geprüft, das er auch, wie er mir sagte, des guten Tactes halber kostete *.

Ein heiterer Morgen weckte uns; der See lag wieder in ruhiger Klarheit mit dem Abbilde des dunkelblauen Himmels vor uns. Wir ritten seinem westlichen Ufer entlang durch den herrlichsten Laubweg, dessen ich mich in meinem Leben erinnere. Zur Linken hatten wir einen dichten Hain von Rebekbäumen, Oliven und Feigen; zur Rechten trennte uns nur ein schmaler Streif Baumwuchs und Buschwerk vom schimmernden See. Aber dicht zu unsern beiden Seiten zog sich eine Guirlande von Oleanderbäumen hin, an deren Blüthen von der zartesten Rosenfarbe, blitzend mit den Perlen des Morgenthaues, das Auge sich nicht satt sehen konnte. Ich pflückte im Vorübereilen einen festlichen Strauß, konnt' ich ihn auch nicht für ein liebes Herz zum Busenstrauße machen.

Nur Eins fehlte noch, um den Genuß dieser glücklichen Natur voll zu machen: eine Fahrt auf dem See. Ich spähte in die Nähe und Ferne; nicht ein einziges Fahrzeug ließ sich blicken; auch dasjenige war verschwunden, das vor einigen Jahren von fränkischen Reisenden gesehen worden ist.

---

* Eine Bezahlung wird für eine solche Einkehr nicht angenommen; man hinterläßt dafür ein Geschenk wie in den Klöstern.

Mit den biblischen Forschungen, die ich diesen Morgen verfolgte, erreicht' ich kein anderes Ziel als der gelehrte Robinson. Von Chorazin, Bethsaida, Kapharnaum (Kapernaum) sind nicht nur die Namen verschwunden; auch die Steine des Bodens, die eine so beredte Zunge im Morgenlande führen, versagen alle Kunde. Ich ritt über eine Stunde weit, bis zum Khan Minyeh, wo ich den Jordan, der anderthalb Stunde davon in den See fließt, deutlich sehen konnte. Die nahe vor dem verfallenen Gebäude des Khans zerstreut am Berge liegenden dunkelfarbigen Steine möchte man wohl gern zur Bezeichnung der Stätte von Kapharnaum deuten, da die größte Wahrscheinlichkeit für diese Lage spricht; aber Ruinen fehlen gänzlich und die Steine selbst sind völlig formlos. Hat hier nicht die strafende Hand des Himmels gewaltet? Der Weheruf des Herrn über Chorazin, über Bethsaida und über jenes „bis an den Himmel erhobene" Kapharnaum, muß er nicht unabweislich dem vor die Seele treten, der heute umsonst auch nur nach der Ruine einer Mauer oder einer Säule von diesen Städten fragt, in denen, nach dem Zeugnisse des Matthäus, die meisten Wunderthaten des Herrn geschahen? Magdala, das kleine Dorf woher die fromme Büßerin Maria stammte, liegt unverrückt wie vor zweitausend Jahren; sogar sein Name ist unverkennbar geblieben. Und doch mußten die verschwundenen drei Städte, deren Bosheit an Tyrus, an Sidon, an Sodom grenzte, in der nächsten Nähe von Magdala liegen.

Vom Khan Minyeh ritten wir den Weg nach Magdala zurück. Nachdem wir von da den Anfang des Wegs nach Tiberias verfolgt hatten, stiegen wir durch eine Schlucht auf die Höhen im Westen, woher ich auf den See den letzten Blick warf. Der Heimweg nach Nazareth führte uns aufs berühmte Schlachtfeld von Hattin. Ich wüßte nicht welches Schlachtfeld mich je so tief ergriffen hätte. Der Ausgang der Kreuzzüge — denn die Schlacht von Hattin in den ersten Julitagen 1187. schlug den Kreuzfahrern die wahre unheilbare Wunde — konnte nicht schmachvoller, nicht schmerzlicher sein. Der christlichen Fürsten einer bricht den beschwornen Waffenstillstand durch Raub und Plünderung; Saladin hatte ein Recht, seinen Gefangenen, eh' er ihm die Schulter spaltete, zu verachten; endlich mußte noch der Zwiespalt unter den Fürsten und Rittern allen Rath und Bedacht zu nichte machen und dem Feinde die christliche Macht wie ein Schlachtopfer entgegenführen. Hat die Geschichte Thatsachen aufzuweisen die trauriger wären?

Die sogenannten Hörner von Hattin, die das Schlachtfeld beherrschen und der Schauplatz des letzten Kampfes selbst gewesen sind, werden in der christlichen Ueberlieferung als der „Berg der Seligkeiten" oder als der Berg bezeichnet wo Christus die Bergpredigt gehalten.

Ein Contrast, eine Ironie die bitterer wäre, läßt sich nicht denken.

In dieser Gegend, wie auch in der die wir gestern zwischen dem Thabor und Tiberias durchwandert hatten, fielen mir' die weiten Strecken wildwachsenden Hafers sowie mehrere andere mit Kletten und Disteln auf. Da wo die Hand der Cultur so leicht das Gold des Weizen ziehen könnte, läßt die orientalische Apathie die todte Natur selbst zur seufzenden Creatur werden. Heuschrecken, sehr ähnlich denen in der arabischen Wüste, sahen wir in dichten Schwärmen über die Felder ziehen; sie umflatterten uns selber mehrmals den Kopf, doch ließen sie sich nicht leicht haschen.

Auf einem niedern Hügel sah ich über einem dornigen Busche einen Vogel flattern. Ich trat hinzu; da lag eine geringelte Schlange, wenigstens zwei Ellen lang und ziemlich stark, die einem kleinen Vogel, den wahrscheinlich die jammernde Mutter umflattert hatte, das Blut aussog. Mein Führer schoß sein Pistol darauf ab, aber es gab kein Feuer; eh' die Flinte abgedrückt war, hatte sich die Schlange verkrochen und den kleinen Vogel todt liegen gelassen.

Vom hübsch auf seiner Höhe liegenden Dorfe Lubieh, dem Geburtsorte des Josephus dem die Geschichtsforschung so viel verdankt, kamen wir nach Kefr Kenna, worin man das biblische Kana wieder erkennen will.

Das Haus wo die Hochzeit gewesen wurde mir gezeigt, obschon keiner mehr von den sechs steinernen Wasserkrü= gen. Das Dorf liegt freundlich am südlichen Abhange eines Bergrückens und ist nur eine Stunde von Nazareth entfernt. Aber seine biblischen Erinnerungen macht ihm das Kana el Jelil sehr streitig, das mit seinen Ruinen zwei Stunden von ihm im Nordwesten der Ebene el Buttauf liegt.

Der Carmel.

Am Neununbzwanzigsten verließ ich das galiläische Städtchen, nach dessen Namen die Christen nicht nur in der frühesten Zeit Nazaräer genannt wurden sondern auch noch heute bei den Arabern Nusara (Singular: Nusrany) heißen. Vom Besuche des Ostens von Nazareth ging ich heute zu seinem Westen; der majestätische Carmel war mein Ziel. Ein lieber Padre gab uns das Geleite bis St. Giacomo oder Yafa, auf einer der Höhen von Nazareth, drei Viertel Stunde vom Kloster. Wir fan=
den das Kirchlein des heiligen Jacobus, dessen Geburts=
ort hier verehrt wird, in kirchlichen Feierlichkeiten begrif=
fen; vor wenigen Tagen war der Gedächtnißtag des Apostels von den Christen aus Nazareth und der Umge=
gend aufs Festlichste begangen worden.

Unser heutiger Weg bot uns beständig eine fröh=
lichere Landschaft als der gestrige. Schöne Waldungen schmückten die Höhen, üppig grüne Wiesen die Thäler; Vögel sangen auf den Zweigen, Raubvögel durchkreis'ten die Lüfte. In der ersten Hälfte des Weges kamen wir

durch ein Dorf, das von den stachlichten Hecken der Opuntienfeigen strotzte. Ich ließ mich verleiten einige, die überm Wege hingen, zu brechen. Seitdem weiß ich, daß es kein gewisseres Mittel gibt sich aus aller Behaglichkeit zu reißen als eine Hand voll Opuntienfeigen.

Dicht an einem der Abhänge des Carmel ritten wir durch den Kison, was keine Gefahr hatte. Zwischen beiden lebendigen Monumenten einer inhaltsschweren Vorzeit, dem Kison und dem Carmel, ritten wir über zwei Stunden lang nach der alten Küstenstadt Haïfa, an deren Mauern die Wogen des Mittelmeeres branden. Ein paar flatternde Consularflaggen über hübschen neuen Häusern und einige im Hafen rastende Fahrzeuge gaben der alten Stadt ein munteres Aussehen. Doch mag sie einst, als sie Tankred eroberte, viel ritterlicher als heute ausgesehen haben. Daß sie übrigens vom alten Japhet, jenem Mitgliede der Arche Noah, abstammen soll, das läßt sich gewiß keiner der türkischen Bewohner träumen.

Ohne Aufenthalt zogen wir dem Thore entgegen, von dem wir fast noch eine Stunde zum Eliaskloster hatten, das uns eben so schmuck als freundlich von seiner Höhe entgegenwinkte. Ein sorglich gebauter Weg erleichtert das Ersteigen des schroffen felsigen Abhanges. Sechshundert Fuß hoch steht das Kloster. Mit dem ersten Tritte in seine gastlichen Räume fühlt' ich mich heimisch.

So stand ich von Neuem auf einem jener Berge, die Gott gemacht hat Aug' und Herz zu entzücken. Wie ein Blick in die Unendlichkeit, so ist der Blick vom Carmel aufs Meer; wie ein Uebergang aus den lärmenden Märkten der Alltagswelt in den Vorhof des Himmels, der hier seine Liebesarme so weit, so mächtig ausspannt, daß das Herz keine Rettung vor ihm sieht. Der Carmel ist wie eine Frage an das Jenseits; weit hinter ihm tobt die Leidenschaft der Erdenkämpfe. Der Wanderer der zu ihm kam wird plötzlich stille, aber verloren ist er in jenen Gedanken, dessen Tiefe tiefer ist als das unergründete Meer. Als wär' sie Gott Aug' in Aug' gegenüber, so fühlt sich die Seele hier; keine Heiligenbilder wie im St. Peter drängen sich dazwischen. Wie an einen Scheideweg zwischen Diesseits und Jenseits glaubt der Wanderer gekommen zu sein. Und er vernimmt ein heiliges Wort mit langem Nachhall aus dem Himmel, das er mit sich nimmt auf die vielgekrümmten Pfade der Erde.

Die unabsehliche Wasserfläche hat man auf dem Carmel nicht nur vor sich, sondern auch zur Linken und Rechten; denn der Carmel streckt sich vorwärts ins Meer als ob er sich den Fluthen wie die kühne Brust eines Kämpfers entgegenwürfe. Eine ähnliche großartige Aussicht über's Meer hatte mir nur die Höhe von Ingouville bei Havre gewährt, die Casimir Delavigne sogar mit der Schönheit von Constantinopel verglichen hat * Hinter dem Kloster, nach Südost, dehnt sich der vielbewachsene Rücken des Carmel allmählig zu einer Höhe von mehr als tausend Fuß aus; nach Süden hinunter werfen, an einem felsigen Vorsprunge der Küstenebene, einen melancholischen Blick ins Meer hinein die Ruinen von Athlit, dem berühmten Kastell der christlichen Pilger, das auf seinen Thürmen einen der letzten Kämpfe der Kreuzesritter bestand. Nach Norden hinauf liegt St. Jean d'Acre, dessen weiße Mauern lieblich im Schimmer der Abendsonne glänzten. Hinter ihm, im Nordosten, thront der Libanon und krönt seine grünen Abhänge im Westen mit seinem blendenden Schneegipfel.

Der Carmel mit seiner Pracht hat mich des Klosters vergessen lassen, das mich so schnell in seinen Räumen heimisch machte. Ich trat zwei Stock hoch in den Gastsaal und durchmusterte die an denselben anstoßende Galerie der Gastzimmer. Die Sauberkeit, die Nettigkeit, die Bequemlichkeit, die darin herrscht, übersteigt alle Erwartungen. Am allermeisten fesseln das Auge des pilgernden Fremdlings die weißbekleideten, auf eisernen Gestellen ruhenden Himmelbetten; denn dergleichen hat er in keinem andern Kloster des Orients angetroffen.

----

* Seine Worte heißen: Après Constantinople il n'est rien de plus beau.

Ich besah darauf die Küche und die Mühle, die Garten=
anlagen und die Kirche: alles ist vortrefflich. Die letztere
hat eine Kuppelwölbung, von der sie ihr Licht empfängt,
einen marmornen Fußboden, eine niedliche Orgel. Meh=
rere Fuß tief unterm Boden befindet sich die Grotte des
Elias, die das Heiligthum der Kirche bildet. Ein Gärt=
lein an der Kirche dient als Gottesacker, den bereits
zwei Trauermonumente schmücken. Das eine ist eine
kleine Pyramide, geweiht dem Andenken der französischen
Krieger, die unter Napoleon auf dem Carmel an ihren
Wunden gestorben sind; das andere nennt den Namen
eines jungen französischen Grafen, der erst unlängst einem
plötzlichen Anfall von Dyssenterie erlegen war. Aufs
Angenehmste überraschte mich die Apotheke des Klo=
sters, deren größter Reichthum in heilenden Säften aus
den duftreichen Kräutern des Carmel besteht. Ihr Ge=
brauch ist nicht nur für die Pilgrime des heiligen Lan=
des sondern auch für die Kranken der Umgegend be=
stimmt.

Zuletzt führte mich mein Padre auf das platte Dach
des Klosters. Es war schwer sich davon wieder loszu=
reißen; denn hier übt die Großartigkeit der Aussicht vom
Carmel ihre volle Gewalt.

Nachdem ich alle diese Schätze des Klosters kennen
gelernt hatte, hielt ich ein Mittagsmahl, das alle Kloster=
mahlzeiten übertraf, die ich im heiligen Lande gehalten

hatte. Bei einem vortrefflichen Glase Wein vom Liba=
non ließ ich den Carmel und sein Kloster leben.

Aber woher dieses alles? Woher dies Kloster, was
es ist, was es hat? Wer es weiß, daß vor fünf und
zwanzig Jahren auf dem Carmel nichts als ein paar
traurige Ruinen standen, die noch dazu der verrufene
Abdallah Pascha in die Luft sprengen ließ, um sie einem
möglichen Gebrauche von Seiten der im Aufstande be=
griffenen Griechen zu entziehen, der thut diese Frage mit
großer Verwunderung. Der Mönch Fra Giovanni Bat=
tista weiß darauf zu antworten; das Kloster auf dem
Carmel, so läßt sich mit Recht sagen, ist die Schöpfung
dieses Mönchs. Aus weiter Ferne ist er auf dem Car=
mel gekommen; er brachte nichts mit als seine Begeiste=
rung; aber diese Begeisterung 'war stark und blieb ihm
getreu.

Es war im Jahre 1819. als Giovanni Battista im
Auftrage seines Ordens zum ersten Male von Rom auf
den Carmel reis'te. Da fand er in den Klosterruinen
anstatt der Mönche einen Haufen Gerippe von franzö=
sischen Soldaten. In der Stimmung der türkischen Nach=
barschaft, in der Tyrannei des Pascha von St. Jean
d'Acre, im Ausbruche des griechischen Befreiungskrieges
lag Grund genug, für den Augenblick an keinen neuen
Aufbau zu denken. Aber den heiligen Berg, der seinem
Orden den Namen gegeben, so verlassen, so veröbet zu

wissen, das war ein Schmerz, der den frommen Mönch begleitete in die westliche Heimath, der seine Seele nimmer ruhen ließ.

Er kehrte nach sieben Jahren zu besserer Stunde in den Orient zurück. Er ging über Constantinopel; von da brachte er, durch französischen Einfluß unterstützt, sogleich den Ferman mit für ein neues Kloster. Giovanni Battista ist selber baukundig; er entwirft sofort einen Bauplan, dessen Ausführung nahe an hundert tausend Thaler erheischte. Aber woher nimmt er die Mittel? Sein Orden hat keinen Antheil an den reichen Gaben, die der Franziskanerorden als Wächter des heiligen Grabes empfängt; auch die römische Curie kann ihm nichts anders als ihren Segen und ihre Protektion geben. Da durchwandert er die Küsten Asien's und Afrika's; er durchwandert Europa; er geht zum Fürsten wie zum Bürger; er bittet von Katholiken und Nichtkatholiken; mit eigener Hand trägt er die Opfer edler Theilnahme auf seinen Berg; er verarbeitet sie dort, in Gemeinschaft mit einigen wenigen gleichgestimmten Brüdern: So ist dies Kloster entstanden, den Pilgern aus allen Ländern, Christen wie Nichtchristen, ein erquickender Ruhepunkt; den Kranken aus der Nähe und aus der Ferne ein freundliches Pflegehaus; dem Andenken des großen Propheten, nach dessen Namen es benannt ist, ein festliches Heiligthum.

Während meines Besuches auf dem Carmel war Giovanni Battista auf neuen Wanderungen in Europa für seine Zwecke begriffen; sechs Monate später besuchte er mich in Leipzig. Hat man das schon vollendete Gebäude vor Augen gehabt, so möchte man allerdings die Nothwendigkeit des neuen Baues, den er jetzt betreibt, bezweifeln. Aber einem Manne, der ein so preiswürdiges Monument seines frommen und beharrlichen Eifers aufzuweisen hat, widmet man gar wohl mit Recht ein günstiges Auge und eine hilfreiche Hand, wenn er sein Werk noch einer Erweiterung entgegenführen will, die ihm wesentlich und wichtig scheint. Schon bei meiner Anwesenheit auf dem Carmel war dieser neue Bau ins Werk genommen und wurde lebhaft betrieben. Es steht nämlich etwa hundert Schritte von dem Kloster, nordwestlich aufs Meer zu, ein altes Mauerwerk, das Ibrahim Pascha, der ohnehin Giovanni Battista's Unternehmen sehr förderlich gewesen, den Carmelitern geschenkt hat. Daraus soll jetzt ein zweites Klostergebäude oder vielmehr ein Gebäude zu menschenfreundlichen Zwecken, besonders zu einer umfangreichen Verpflegung von Kranken errichtet werden. Da es sehr wahrscheinlich ist, daß ohne diesen zweiten Bau der Lateiner die alten Mauern von den Griechen wären beansprucht und zu einem griechischen Kloster ausgebaut worden, so freu' ich mich schon deshalb der neuen Unternehmung des braven Carmeliters.

Denn würde sich dicht vor dem jetzigen katholischen Kloster ein griechisches erhoben haben, so wäre damit ohne allen Zweifel der Zwiespalt, der leider an allen heiligen Oertern zwischen der abendländischen und der morgenländischen Kirche herrscht, zu neuem Aergernisse auch auf den Carmel verpflanzt worden.

Nur sehr wenige Mönche traf ich im Kloster. Der gegenwärtige Prior war ein Spanier; der Fremdenversorger, dessen liebreiche Begegnungen mich sehr verpflichtet haben, war ein Italiäner; ein Dritter war ein Deutscher, aus Baiern gebürtig. Dieser Landsmann schien mir kein sehr ehrenwerther Repräsentant seiner Nation zu sein, obschon er sich, nach seiner Aussage, mit der Bearbeitung eines arabischen Wörterbuchs beschäftigte. Zur Strafe war er früher nach Bagdad geschickt worden; jetzt lebte er in Unfrieden mit seinen Klosterbrüdern.

Die heutigen Abendstunden widmete ich den heiligen und auch unheiligen Erinnerungen, die sich an den Carmel knüpfen. Schon in sehr früher Zeit scheint er ein Sitz religiöser Uebungen gewesen zu sein; aber zum erhabensten, heiligsten Schauplatze, zum Schauplatze eines wahrhaften Gottesgerichts erkor ihn der Prophet Elias. (Siehe 1. Buch der Könige, Kap. 18.) Hieher brachte Ahab seine Baalspfaffen, achthundert und fünfzig Mann; hieher kam Elias, „der allein übrig geblieben war, ein Prophet des Herrn." Die Pfaffen bauten einen Altar ihrem Baal; Elias heilte den zerbrochenen Altar des Herrn. Fertige Brandopfer lagen auf beiden Altären. Vor dem harrenden Volke Israel sollte Feuer vom Himmel zeugen für die himmlische Wahrheit. Und es zeugte laut und wunderbar; das Volk rief aus: Der Herr ist Gott, der Herr ist Gott! Die ergriffenen Lügenpropheten führte Elias hinab an den Bach Kison und schlachtete sie dort. Darauf kehrte er auf den Carmel zurück und bat im Gebet um Regen, der auf seinen Fluch jahrelang ausgeblieben war.

Außer Elias hatte auch sein Schüler Elisa seine Grotte auf dem Carmel; man glaubt sie noch heute zu kennen. Die Zahl der Höhlen und Grotten des Carmel soll aber nahe an zwei tausend betragen; es ist als wäre dieses Höhlenlabyrinth der Zugang zu den Geistern der Unterwelt. Daß der Berg dadurch Anachoreten einen Lieblingsaufenthalt und Flüchtlingen eine Zuflucht geboten, das begreift sich leicht. Uebrigens sagen Nachrichten der Klassiker aus, daß auch Pythagoras, als er von den Weisen Egyptens heimkehrte, auf dem Carmel einen Tempel voll der heiligsten Weihe besucht habe; daß der Carmel der heilige Berg des Zeus gewesen; daß die Gottheit des Berges geheißen habe wie der Berg selber; daß ein Orakel hier bestanden habe, das dem Feldherrn Vespasian die Kaiserkrone weissagte. Aber was auch an alle dem Thatsächliches und Denkwürdiges sein mag: zum

ehrwürdigen Gottesberge hat ihn Elias, der furchtlose
Eiferer für Jehovah, gemacht; und noch heute, wenn
dem Pilgrime beim Blicke über das himmelsgewölbte
Meer die Rührung im Auge glänzt, klingt ihm im Her=
zen des Elias Name wie der Schall einer Posaune des
Weltgerichts.

Schon am folgenden Morgen verließ ich den Elias=
berg und sein schönes Kloster; ich schied mit dem Wunsche
der Wiederkehr. Der italiänische Padre, der sich mir
schon gestern getreulich angeschlossen hatte, gab mir das
Geleite bis nach Haïfa. Unterwegs erzählte er mir von
jenem berüchtigten aber zum Glücke seit Jahren verstor=
benen Pascha von St. Jean d'Acre. Darunter waren
folgende zwei Anekdoten. Sein Offizier sollte einem Be=
amten die Nase abschneiden. Der Offizier erfüllte den
Befehl, der seinen eigenen theuern Freund betraf, so be=
scheiden als möglich. Als der Pascha später den Beam=
ten sah, fiel ihm auf, daß demselben die Nase nur halb
abgeschnitten war. Der Offizier bat aufs Demüthigste
um Verzeihung; allein der Pascha ließ dem Offizier so=
fort das Fehlende von der eigenen Nase abschneiden. Die
andere Anekdote ist besserer Art; sie ist bereits von Rei=
senden erzählt worden. Ein griechischer Christ, der in
der Gunst des Pascha stand, hatte einen greisen Vater
und wohnte mit ihm in demselben Hause zu St. Jean
d'Acre. Als sich der Sohn verheirathete, vertrieb er mit

List und Härte den alten Vater aus dem obern Stock=
werke, dem schönsten Theile des Hauses. Der Pascha
erfuhr davon und forderte seinen Günstling vor sich.
Von welcher Religion bist du, fragt er ihn, und läßt
ihm das Bekenntniß der Dreieinigkeit mit dem dreifachen
Kreuzeszeichen hersagen. Weißt du also nicht, schreit er
ihm auf seine Antwort entgegen, daß der Vater oben auf
die Stirne gehört? Der ungerathene Sohn ließ sich
durch diese türkischchristliche Predigt seinen Kopf retten.
Eine dritte Anekdote spielte zwischen meinem Begleiter
selber und einem Beduinen aus der Nachbarschaft des
Carmel. Der Mönch, ein hübscher Mann von etwa
vierzig Jahren, dessen Bart nicht eben von orientalischem
Wuchse war, hatte durch ärztliche Gaben dem Beduinen
von einer Krankheit geholfen. Der Beduine wollte da=
für bezahlen; aber der Mönch nahm nichts an. So will
ich, sagte darauf der Beduine in vollem Ernste, den
Propheten bitten, daß er dir deinen Bart wachsen lasse.

St. Jean d'Acre. Beirut. Smyrna.

Unser Weg von Haïfa nach der berühmten Festung
St. Jean d'Acre führte so nahe am Ufer des Meeres
hin, daß wir oft den anbrausenden Fluthen Platz machen

mußten. Ich fand im Sande eine riesige Meerschildkröte; aber die Schale schien unbrauchbar zu sein. Um Zehn des Morgens waren wir in der Stadt.

Ich hatte die Absicht nach kurzem Aufenthalte nach dem alten Tyrus weiter zu reiten. Aber meine beiden Mucker waren theils für ihre Pferde theils für sich selber so voll von Besorgniß und Angst, daß ich sie von hier nach Nazareth zurückkehren ließ. Neue Pferde sucht' ich umsonst; die einzigen die ich auftrieb waren ohne Sattel. Deshalb freut' ich mich eine mit Getreide beladene Barke zu finden, die diesen Abend noch nach Beirut fahren wollte. Ich nahm meinen Platz auf der Barke; aber unglücklicher Weise warteten wir die ganze Nacht vergeblich auf günstigen Wind; weshalb ich am nächsten Morgen wieder ans Land stieg und erst des Abends aufs Schiff zurückkehrte. So hatt' ich bei weitem mehr Muße als ich wünschte, um mich in St. Jean d'Acre umzusehen und der merkwürdigen Ereignisse zu gedenken, die diese uralte Stadt * seit der Zeit der jüdischen Richter erlebt hat.

---

* Ihr frühester Name war Akko (siehe Buch der Richter 1, 31.) und Ake; später wurde sie, wahrscheinlich von Ptolemäus Lathurus, Ptolemais genannt. Jetzt nennen sie die Araber Akka, die Franken Acri und St. Jean d'Acre. Während Akka den Arabern die Zerbrochene heißt, wurde ihr griechischer Name Ake auf die Heilung gedeutet, die daselbst Herkules von einem Schlangenbisse erfahren.

Von ihrem letzten Schicksale, ihrer gewaltsamen Einnahme durch die Kanonen der englischen Flotte im Jahre 1840., wodurch Ibrahim Pascha den Besitz von Syrien verlor, sind noch manche Spuren geblieben, obschon bis diesen Augenblick sehr thätig an der Wiederherstellung der Festungswerke gebaut wurde. Auf dem Bazar bestanden viele Gewichte aus Stücken zersprungener Bomben; dergleichen unerquickliche Reliquien der unerquicklichen Großthat fand ich selber in Menge auf den Feldern der Stadt.

Wäre Bonaparte im Frühlinge des Jahres 1798. glücklicher gewesen: wer möchte die Folge davon absehen Ob dem heiligen Lande der verschriene Freiheitsmörder nicht eine glücklichere Zukunft gegeben haben würde, als ihm der Schutz der christlichen Großmächte bis heute gegönnt hat. Aber acht Mal bestürmte Bonaparte die türkischen Mauern; die Kriegskunst Sidney Smith's blieb unerschüttert dahinter.

In den Kreuzzügen erfuhr die Stadt noch heftigere Kämpfe. Drei Jahre lang belagerten sie Philipp August und Richard Löwenherz gegen Salahebbin; neun Schlachten wurden um ihren Besitz geschlagen. Der Sieg kostete den Kreuzfahrern unendliches Blut, und leider befleckte ihn eine Schandthat an den anvertrauten türkischen Gefangenen, die hundert Jahre später durch den Mord vieler tausend Christen gesühnt wurde.

Von allen diesen blutigen Gräuelscenen hinweg dacht' ich des Apostels Paulus, der auf seiner letzten verhängnißvollen Reise nach Jerusalem zu Ptolemais „die Brüder grüßte" und einen Tag bei ihnen blieb. Die jetzige Zahl der „Brüder" daselbst mag über tausend Seelen betragen, größtentheils Griechen*, sowohl Schismatiker als Katholiken. Der Lateiner und Maroniten sind wenig. Juden mögen gegen fünfhundert, Muhamedaner gegen acht tausend hier wohnen. Ich besuchte das lateinische Kloster mit einer schönen Aussicht aufs Meer und auf den Carmel. Auch die Griechen haben ein Kloster; ihre Kirche zum heiligen Georg ist groß und stattlich. Mein Dragoman traf zwei alte Bekannte, deutsche Handwerker, die mit ihrer Lage nicht unzufrieden waren.

In den ersten Abendstunden des einunddreißigsten Juli erhob sich endlich der längst erwartete Südwind; unsere Barke verließ sogleich den Hafen von St. Jean d'Acre und steuerte nach Norden der Küste entlang. Außer mir und meinem Dragoman waren noch vier Schiffsleute in der Barke. Ueber die aufgeschichtete Gerste legt' ich eine wollene Decke, darauf hatt' ich meinen Posten. Aengstliche Gemüther möchten sich nicht leicht auf einem solchen Fahrzeuge den Wogen des Mittelmeers

---

* Williams gibt aus den Diöcesalrechnungen die Zahl der orthodoxen Griechen zu 500 an.

anvertrauen; aber gerade hier an der phönizischen Küste war es angemessen sich in jene Zeiten zurück zu versetzen, wo die Kühnheit des menschlichen Geistes eine Bahn über das unsichere Element zu brechen anfing.

Gegen Morgen weckten mich meine Begleiter, wie ich gewünscht hatte; ich sah zur Rechten im Lichte des Vollmonds Felsenwände und zerstörte Mauern, umbrauf't von der Meeresfluth. Das waren die Trauerboten von jener königlichen Tochter des Meeres, von jener „fröhlichen Stadt, die sich ihres Alters rühmte;" es waren die Ruinen von Tyrus. „Heulet ihr Schiffe auf dem Meer; denn sie ist zerstört, daß kein Haus da ist, noch Jemand dahin ziehet," so rief Jesaias der stolzen Stadt zu, als „ihre Kaufleute Fürsten und ihre Krämer die Herrlichsten im Lande" waren. Es schauerte mich, als ich die Trümmer aus der Brandung der Wellen hervorstarren sah. Hinter ihnen steht jetzt nur ein geringes Dorf, das den Namen Sur trägt. Die hauptsächlichsten Ruinen, die noch von der Pracht der alten Fürstenstadt zeugen, bestehen in Haufen von Granitsäulen, die theils im Sande des Gestades, theils im Wasser daneben liegen.

Nachdem wir zwei Stunden später auf einer Anhöhe nahe am Strande das Dorf Surafend gesehen hatten, das auf jenes Sarepta zurückweis't, wo Elias das Oelkrüglein der Wittwe segnete und ihren Sohn von den Todten erweckte, kamen wir noch vor der Mittagsstunde zur

Mutterstadt von Tyrus, nach Sidon oder, wie es jetzt heißt; Saïda. Das ist auch jetzt noch eine ansehnliche feste Stadt *. Zwei alte Burgen, wahrscheinlich aus den Kreuzzügen, sahen uns entgegen, die eine aus der Mitte der hübschen Häuser, die andere von einem Felsen im Meere, dem Hafen gegenüber. Gärten und Wälder breiteten ein prächtiges dunkles Grün um die Stadt.

Bald darauf machten mich meine Begleiter auf ein weiß übertünchtes türkisches Grabmal mit einem Kuppeldache aufmerksam. Es ist dem Propheten Jonas geweiht, der, nach dem Glauben der Muhamedaner, an dieser Stelle aus dem Rachen des Fisches erlöst worden ist. Meine Begleiter versicherten mir dabei, daß es gar nichts Seltenes sei, an der Küste von Beirut, Sidon und Tyrus Haifische zu sehen.

Gegen Abend erreichten wir glücklich unser Ziel. Der Anblick von Beirut ist reizend. Sie galt vor Zeiten für die schönste Stadt Phöniziens; jetzt ist sie's ohne Zweifel. Sie liegt mit ihren stattlichen Häusern und hohen Minarets an der Küste und spiegelt sich im Meere. Hinter ihr öffnet sich auf der ansteigenden Höhe eine Landschaft des Segens, ein dichter Hain von Maulbeerbäumen, Oliven und Cypressen, durchsäet mit vielen freundlichen, meist fränkischen Landhäusern. Ueber Meer und Stadt

---

* Robinson schätzt die Zahl ihrer Einwohner auf 5000.

und Hain erhebt sich und ragt bis in die Wolken, wie eine versteinerte Gottheit der Vorwelt, der majestätische Libanon, kalkfelsig, schroff und kahl*.

Nach Beseitigung der Douane eilt' ich in Battista's Gasthaus, das einen ganz italiänischen Anstrich hat. Ich traf daselbst einen jungen Franzosen und einen polnischen Grafen; wir wurden diesen Abend noch Freunde. Der Graf hatte sich mit außerordentlichen Kosten sechs Pferde hinterm Libanon hervorgeholt; eins darunter war vielleicht das herrlichste, das diesen Augenblick der Orient besaß. Er erzählte mir, daß einer der Scheiks ihm sein Pferd ohne Weiteres nach Hause auf Probe hatte mitgeben wollen. Der Scheik mochte eben so wenig Bekanntschaft mit den fränkischen Schwindlern als mit der Geographie gemacht haben.

Am nächsten Morgen machten wir in aller Frühe einen Spazierritt in den berühmten Fichtenhain. Dies Wagniß konnte übel ausfallen. Mein Roß, von altem arabischen Abel, wußte bald daß ich mich höchstens auf Esel und Kamel verstand. Hätte sich's, wie das des Franzosen neben mir, im Sande umgelegt, was eine besondere Liebhaberei dieser Pferde ist, so wär' ich schwerlich heil

---

* „Libanon" heißt „der weiße Berg." Ich zweifle nicht, daß er diesen Namen deshalb erhalten, weil ihm der Kalkstein, aus dem er besteht, ein vorherrschend weißliches Aussehen gibt. Von Beirut aus sah man jetzt keinen Schnee auf seinen Höhen.

geblieben. Aber der Genuß dieses Morgens auf dem weiten Sandfelde unter den schlanken Fichten mit vollbuschigen Kronen, ließ mich fast in den Enthusiasmus Lamartine's bei der Schilderung seines Ritts in diesen Hain einstimmen. Der Libanon war jetzt unterhalb seines Scheitels von einer Gruppe grauer Wolken umlagert; sein Aussehen gewann dadurch eine großartige Melancholie.

Auf dem Rückwege ritten wir zwischen Mauern von Cactushecken; dahinter lagen Gärten voller Maulbeerbäume, auf denen manches Seidengespinnst gesponnen werden mochte.

Welch ein Reichthum von Früchten aller Art lagerte auf dem Bazar. Da sah man welch ein Segen auf diesem Lande ruht. Selbst die Nacktheit der Abhänge des Libanon, von der ich gesprochen, ist ein Schein für den Blick aus der Ferne; denn sie liefern Getreide und Wein, und tragen einen ganzen Strauß von Dörfern auf sich. Beides, Getreide und Wein, gedeiht hier gut und reichlich.

In dem bunten Gemische der Trachten auf dem Bazar fielen mir die thurmhohen Hauben der Frauen vom Gebirge auf. Beim Anblick einer solchen Haube begreift man, daß der Apostel Paulus im Briefe an die Corinther sagen konnte, die Frauen sollten „eine Macht" auf dem Haupte haben.

Vier Welttheile sind repräsentirt in Beirut. Nord=
amerika hat hier eine Hauptstation seiner Missionäre
und auch ein Consulat. Von Europäern halten sich be=
sonders viele Italiäner hier auf; doch gibt's Consulate
von allen größern Staaten Europa's. An Afrikanern,
besonders Negern, fehlt es nicht. Aber die Farbe des
Characters geben der Stadt, neben Türken und Arabern,
die Maroniten und Drusen. Man erzählte mir von der
trotzigen Lebensverachtung der letztern; vor ihnen nahm
man sich hier so sehr in Acht als in Jerusalem vor den
Albanesen. Seit Ibrahim Pascha's Abschied hatte sich
eben so sehr die allgemeine Sicherheit des Verkehrs ver=
ringert, als sich die Stimmung der muhamedanischen
Bevölkerung gegen die christliche nur noch verschlimmert
hatte. Als „die Amme ruhigen Lebens," wie ein alter
christlicher Dichter Beirut genannt hat, nahm sich's da=
her jetzt keineswegs aus, wenn gleich die drückende Hitze
mehr zum Schlaf als zur Arbeit einlud.

Trotz seines hohen Alters hat Beirut sehr wenig Al=
terthümer aufzuweisen. Vom Quai aus sieht man ver=
schiedene Mauerruinen im Wasser am Ufer stehen, wor=
nach der frühere Stadtbau bis ins Meer hinein gereicht
haben muß, und unterm Quai selber liegen viele alte
Säulen begraben. Von großer Merkwürdigkeit ist eine
uralte, in drei Sprachen verfaßte und schon von Herodot
gesehene Inschrift nahe bei der Ausmündung des Lykus,

faſt zwei Stunden nördlich von der Stadt. Uebrigens zeigt man bei Beirut auch eine Grotte, wo der heilige Georg seinen Drachen erlegt haben soll.

Ich hatte des Lieben, Freundlichen und Schönen recht viel in Beirut genoſſen, als ich am Abend des dritten August das österreichiſche Dampfschiff beſtieg, um nach Conſtantinopel zu fahren. Freilich hätt' ich gern noch manchen Ausflug in Syrien und Kleinaſien gemacht. Der Libanon mit seinen Cedernhainen wollte beſucht sein, sowie die Ruinen von Baalbeck. Noch erfreuter wär' ich geweſen nach Damaskus zu gehen, um dort das Andenken an die Bekehrung des großen Apoſtels der Heiden zu feiern. Aber es galt, dem Genuſſe ein Ziel zu stecken; hatt' ich doch, nach Conſtantinopel mit den Prinzeninſeln und dem Bosporus, noch Griechenland im Auge, und wollte auch nach tüchtigen Arbeiten in Wien und München gerade zur Weihnachtsfreude im harrenden Vaterhauſe sein, um da ein großes herzliches Dankfeſt wie noch keins in meinem Leben zu feiern. Ich hatte die ganze Seele so voll von Weihnachtslichtern und Chriſtbaumfrüchten, daß mir die rechte Stunde zur Heimkehr schon längſt tief im Innern geschrieben stand.

Das Verdeck des Dampfſchiffes bot eine intereſſante Geſellſchaft, mit der ich größtentheils bereits bekannt worden war. Die beiden Grafen Pourtales mit ihrem

Maler kehrten von ihren schönen und weiten Wanderungen in Egypten und dem heiligen Lande zurück. Der preußische Consul zu Jerusalem, der aufs Schmerzlichste in Beirut seine Braut verloren hatte, ging auf Urlaub in die Heimath. Ein Sekretär der englischen Gesandtschaft zu Constantinopel spazierte in orientalischem Costüm nachdenklich auf und ab. Ein polnischer Jesuit und ein Lazzarist, aus Savoyen gebürtig, kamen aus fernen Missionsstationen und gingen jetzt zu ihrem Centrum im Westen. Der syrische Patriarch endlich, von respektsvollen Dienern umgeben, reis'te in die türkische Hauptstadt.

Am Vierten früh um Acht stand unser Lloyd vor Cypern. Der sardinische Consul kam sogleich an unser Schiff herangefahren. Mit dem Patriarchen und dem Lazzaristen bestieg ich seine Barke und setzte in so ehrwürdiger Gesellschaft den Fuß auf die gefeierte Insel Aphroditens. Wir hatten aber keins der Lustgefilde vor Augen, wo sich ehedem die schöne Göttin ergangen haben mochte. Eine lichtröthliche und von den alten berühmten Waldungen gänzlich entblößte Bergkette begrenzte unsere Aussicht über das Eiland; um so freieren Spielraum hatte die Phantasie, dahinter sich die Tempel zu Paphos und zu Amathus noch in ihrer Pracht oder wenigstens in prächtigen Ruinen zu denken. Die priesterliche Gesellschaft, in der ich gekommen, veranlaßte mich der Meßfeier

in der katholischen Kirche beizuwohnen. Es war heute
Sonntag; das kleine Gotteshaus war gedrängt voll von
Andächtigen. Nach dem Kirchgange tranken wir im gast=
lichen Hause des Consuls ein Glas des besten Cyper=
weins, der, mit Eis gekühlt, unter dem brennenden Mit=
tagsstrahle eine große Labung bot.

In der Frühe des sechsten August hielten wir bei
Rhodus. Leider kann ich nicht mit Pindar singen:
Nun will ich preisend gedenken der Meeresnymph', Aphro=
ditens und des Helios Tochter, der kriegerischen Rhodos.
Ich war bis Mitternacht, um der drückenden Temperatur
der Cajüte zu entgehen, auf dem Verdecke geblieben; als
ich sodann mein hohes Schiffsbett bestiegen hatte, warf
mir die stürmische Woge durchs offen gebliebene Fenster
ein kaltes Bad herein. Dadurch war ich diesen Morgen
unwohl und unfähig geworden, auf einige Stunden das
schaukelnde Schiff mit dem festen Boden des paradie=
sischen Eilands zu vertauschen. Zwar haben die fünf=
hundert Kamele schon längst die Trümmer des umge=
stürzten Colosses hinweggetragen, und ob die beiden
Thürme überm Kanale in der That die Fußtapfen des
riesigen Hafenwächters gewesen, das ist sehr zweifelhaft;
aber an seine tapfern Johannisritter hat Rhodus bis
diese Stunde viele Andenken so treu bewahrt, daß ich sie
mit Bedauern ungesehen ließ. Ich las dafür, nach Art
der bekannten Sonderlinge unter den Reisenden, während

wir vor Rhodus lagen, aus der Schiffsbibliothek heraus,
daß die Rittergasse, sowie die großen Hospitäler und der
Palast des Großmeisters noch bis jetzt von den türkischen
Herren erhalten worden sind; daß noch immer die Jo-
hanniterwappen an den Thoren und auf den Kanonen
der Festung stehen; daß ein einziger Blick auf die ehemalige Johanniskirche drei Weltreligionen vor die Seele
ruft. Sie selbst ist nämlich mit entstellten Heiligenbildern
und Rittergrabmälern zur Moschee geworden, während
vor ihrem Portale ein Altar des altgriechischen Kultus
alle Schicksale hindurch unverrückt stehen geblieben ist.

Bald nachdem wir Rhodus im Rücken hatten, gedieh
meine körperliche Verstimmung zu einer bedenklichen Kri-
sis. Ich dankte Gott von ganzem Herzen, daß sie bald
und glücklich vorüberging. Einen vortrefflichen Freund
besaß ich in diesen sorgenvollen Stunden an dem Lazzaristen Sapeto, der auf seinen langjährigen Missionsreisen
in Abyssinien für solche Begegnisse einen guten Tact gelernt hatte.

Als wir am Achten früh im Hafen von Smyrna an-
gekommen waren, verschob ich um so lieber meine Weiterreise nach Constantinopel, da ich von Smyrna aus
am Besten einen Ausflug nach Patmos machen konnte.
Sapeto veranlaßte mich im Stifthause der Lazzaristen
meine Wohnung zu nehmen. Ich fand hier ein leibliches
Wohlbehagen, worauf die geistlichen Brüder klüglicher

Weise viel zu halten schienen; auch gewann ich, trotz des schroffen Gegensatzes unserer Glaubensansichten, Geschmack am Umgange dieser erfahrnen Männer. Bekanntlich steht der Orden der Lazzaristen in naher Verwandtschaft zum Orden der Jesuiten. Aber die letztern, so weit ich sie kennen gelernt, haben nichts von der harmlosen Umgänglichkeit der ersteren.

Der Aufenthalt in Smyrna hat des Anziehenden sehr viel. Sein Reichthum an den trefflichsten Früchten des Gartens, des Feldes, des Haines möchte schwer zu schildern sein. Der Schilderung bedarfs auch nicht; denn er wandert selber, die Feige und die Traube an der Spitze, in alle Fernen. Smyrna's Lage ist eben so schön als gesund. Den Strahl der südlichen Sonne kühlen ihm die Berge, die es hinter sich und neben sich hat, und das Meer, in dessen Spiegel es schaut. Seine Bewohner sind liebenswürdig. Die Stadt der Franken und die Stadt der Türken bestehen hier friedlicher neben einander als anderwärts. Bietet die letztere den Luxus des Orients dar, an Teppichen, an Seide und ähnlichen Herrlichkeiten, so ladet die erstere den Fremdling in die Paläste der Consuln zu gastlicher Labung ein.

Aber den größten Schatz, den Smyrna besitzt, hab' ich noch verschwiegen; er ist's der dem Ankömmling das liebste Willkommen sagt; er ist's auch der ihm zum Abschiede die theuerste Gabe beut. Das sind seine

Erinnerungen. Wer wüßte nicht daß die Genien der Wissenschaft, der Dichtung, der Kunst einst hier eine wohnliche Stätte hatten, die zur Geburtsstätte von so viel Herrlichem und Großem wurde, das unsterblich über dem Erdkreise dauert? Und als die Blüthen vom Baume der menschlichen Weisheit gefallen waren, da hat sich hier ein anderes noch edleres Gewächs gestaltet, und hat Blüthen und Früchte erzeugt, schöner und heiliger als Menschenwerk. Homer der Sänger aller Sänger hat hier gelebt; mit seinem Namen glänzen viele andere, die alle an diesem Boden haften. Smyrna war's aber auch wo eine der frühesten christlichen Gemeinden lebte, die in der Zahl jener sieben nicht ein Wort des Fluches sondern die liebliche Verheißung der Krone des ewigen Lebens empfing. Dazu verehrt es als seines Glaubens Blut- und Flammenzeugen den heiligen Greis Polykarp. So ist's ein Lorbeerkranz und eine Dornenkrone, die aus der Vergangenheit Smyrna's am hellsten und getreusten hervorblicken.

An beide hab' ich zwei Mal am lebendigsten gedacht; zuerst, als ich zu Wasser über die Bucht in das freund= nachbarliche Burnabat fuhr, unter seinen Feigen und Orangen mich erging und auch seine felsigen Grotten besuchte. Hier soll Homer am liebsten verweilt haben, und die malerische Lieblichkeit des Orts bestätigt was die Sage will. Das zweite Mal war's als ich den

Mustafaberg bestieg und an seinem Abhange das dem Andenken Polykarps geweihte Grabmal besuchte. Die Tradition behauptet, daß hier in der Nähe der damaligen Stadt der hundertjährige Greis den Märtyrertod gestorben sei; sie hat viel Wahrscheinlichkeit für sich.

Der genannte Berg, zu dessen Füßen Smyrna liegt, trägt viel zur Schönheit seines Anblicks bei. Auf seinen Höhen stehen noch beträchtliche Mauern einer mittelalterlichen Festung, die einst über den Ruinen anderer uralter Festungswerke errichtet wurden. Unterhalb derselben, nach der heutigen Stadt zu, finden sich noch deutliche Spuren vom Stadium, vom Theater und von andern Bauten des ehemaligen Smyrna. Was aber besonders den Abhang des Berges schmückt, das ist ein türkischer Gottesacker, der mit seinem dichten Haine Cypressen gar ernst und feierlich über das Häusergewühl der lustigen, großen Stadt hinweg schaut.

Vom gesellschaftlichen Leben in Smyrna, von dem viel Erbauliches zu berichten wäre, nur Eins. Die schöne Welt hält's hier nicht mit dem Systeme der zurückhaltenden Verschleierung. Bei einem Spaziergange durch die belebten Straßen glaubt man, die Stadt sei nur von Frauen und Mädchen bevölkert; alle sitzen nämlich in fröhlichem Geplauder oder auch bei einem schwärmerischen Liede unter der Thüre; manches schöne schwarze Auge, woran's nicht fehlt, wirft da gefährliche Netze aus.

Ausflug über Ephesus nach Patmos.

Auf den elften August früh um Zwei hatt' ich meine Abreise nach Patmos festgesetzt. Der nächste Weg dahin führt halb zu Lande, halb zu Wasser. Die Ruinen von Ephesus liegen auf diesem Wege; nichts konnte einladender sein. Freilich mußt' ich die lange Strecke Wegs von Smyrna bis Scala nuova füglich in einem Tage zurücklegen, um weder durch die böse Luft der Ebene von Ephesus noch durch das Raubgesindel der Umgegend in Gefahr zu kommen. Es galt daher am frühsten Morgen aufzubrechen und bis in die Nacht hineinzureiten.

Durch den Dragoman des sardinischen Consulats, meinen Begleiter auf dieser Wanderung, hatte mir der Gouverneur von Smyrna ein offenes Empfehlungsschreiben zugeschickt. Zugleich hatte er für tüchtige Pferde sorgen lassen, deren Verleiher, auf so hohe Veranlassung hin, keinen Anstand nahm für einen einzigen Tag hundert und fünfzig Piaster zu berechnen.

Früh um Zwei war ich bereit; aber erst um Fünf kamen die Pferde. Das war jene orientalische Pünktlichkeit, die fränkische Reisende, deren Zeit kostbar ist, schon oft nicht zur Ungebuld, sondern zur Verzweiflung gebracht hat. Es war nun unmöglich, heute noch das Ziel zu erreichen. Ich beauftragte den Dragoman, das Aergerniß mit grellen Farben an den Gouverneur zu berichten; er wird seinen Schützling schwerlich ungestraft gelassen haben.

Am nächsten Morgen Punkt Zwei saßen wir zu Pferde und ritten mit argem Gerassel durch die tief schlummernde Türkenstadt. Nach drei Viertel Stunde hatten wir den äußersten Wachtposten der Stadt erreicht. Die Wachen empfingen uns mit bedenklicher Miene. Obschon wir die Empfehlung des Gouverneurs vorzeigten, so nahmen sie doch Anstand uns passiren zu lassen. Wegen der Unsicherheit der Straße sollten wir den Anbruch des Tages abwarten; endlich ließen sie's geschehen, daß wir „auf eigene Verantwortlichkeit" weiter ritten.

Die Unsicherheit des Reisens ist leider in der That hier größer als in der arabischen Wüste. Und wer sind die Straßenräuber? Griechen sind's, meistentheils Samioten. Traurig genug für den griechischen wie für den christlichen Namen. Alle zwei Stunden trafen wir Wachtkafés oder Wachthäuser, mit einigen Soldaten besetzt; immer fragten sie angelegentlich nach den Begegnungen die wir gehabt. Wie betrübt macht es diese Gegend zu durchwandern, deren fruchtbarste Ebenen nichts anderes

als in seiner Verwilderung hoch gewachsenes Gras bedeckt. Die goldenen Früchte der Cultur verschmäht man
und greift dafür nach den blutigen des Straßenraubs.
Man möchte glauben, dies Land müsse viel gesündigt
haben, daß es ein solcher Fluch getroffen.

Unser Weg war bisweilen mühsam; unser Führer
wählte nicht glücklich, indem er von der gewöhnlichen
Bahn der Reisenden abwich. Eine Strecke lang mußten
wir uns durch zerklüftete Felsmassen arbeiten und die
Eichbäume boten nur kargen Schatten, so daß Pferd
und Reiter ermüdeten. Aber der Blick schweifte fröhlich
hinan zu den ausdrucksvollen Bergen um uns, deren
Name aus den großen Zeiten der alten Griechen so voll-
tönend zu uns herüberklingen. Der Wandrer aus dem
fernen Westen sieht sie jetzt mit Wehmuth an; sie erzählen ihm manch alte Mähr, manch altes Lied; er horcht
auf, als kläng' es ihm aus seinen eigenen frühen Tagen.
Aber vor des Landes eigenen Söhnen stehen sie fremd
und stumm; das Kind, der Mann, der Greis sieht sie;
aber sie haben keine Erinnerungen, kein Herz für einander.

Bald' nach der Mittagsstunde traten wir aus den
Bergen heraus und begrüßten die große Ebene des Kaystros. Im Osten begrenzt sie der Paktolus, im Norden
der Gallesus; der Prion und der Coryssus ziehen sich im
Süden nach Westen hin, wohin auch der Strom, den

seine Schwäne berühmt gemacht, seine schilfumgürteten Wogen zum Meere wälzt. Am Fuße des Prion und des Coryssus ruhen die Ruinen jener Stadt, deren Erinnerungen mit ihren wunderreichen Bildern zwischen Gott und Götze schwanken. Mitten zwischen dem Norden und dem Süden der Ebene erhebt sich ein hoher Hügel, dessen runder Gipfel ehedem die Akropolis trug und auch jetzt noch mit einer verlassenen Schloßveste die Ruinen von Ephesus beherrscht.

Wir ritten durch die weite Ebene auf eine Furth des Kaystros zu. Zur Linken von uns breitete sich eine Niederlassung der Turkomanen in schwarzen Zelten aus. Dies Volk wandernder Hirten, die wenig glauben und noch weniger wissen, soll in diesen Gegenden sowie im nördlichen Syrien sehr zahlreich sein. Kamele und Heerden von Schafen und Ziegen weideten in der Nähe der Zelte. Wir ritten zu den Heerden und nahmen uns, bei der Unkunde unseres Führers, einen Hirten mit, der uns die Furth zeigte. Aber dieser Ritt durch den Kaystros war ängstlicher als der Durchzug durchs rothe Meer; denn das reißende Wasser reichte uns bis an die Steigbügel.

Nah' am Fuße des Hügels, der die Festung trägt, steht eine verlassene Moschee, deren Mauern und Kuppeln nebst Minaret schon aus der Ferne eine hohe Bedeutung verrathen. Wir ritten zuerst auf sie zu. Blendende

Marmorstiegen zu zwei Seiten führen zu einem kunstreichen Portale. Der Vorhof, ehedem von einer Säulenreihe eingefaßt, hat noch sein Marmorbecken in der Mitte; ringsum stehen alte Bäume unter wuchernden Sträuchern und Gräsern. Das Innere der Moschee hat Boden und Wände von Marmor; Sprüche des Korans in goldenen Lettern und schöne Mosaikarbeiten prangen noch da und dort; aber vor Allem haftet das Auge an vier colossalen rothen Granitsäulen, deren Eindruck ganz überwältigend ist. Daß sie aus dem Wunderbau des einstigen Dianentempels stammen, daran zweifelt' ich keinen Augenblick.

Dieser Tempel, der jetzt noch über einer seiner Kuppeln den Halbmond trägt, hatte einst zum größten Schmucke das Kreuz; da hallte er auch von christlichen Glocken und christlichen Hymnen wieder. Denn zur Moschee ist er aus jener Kirche geworden, die Justinian mit kaiserlicher Großmuth dem Andenken des Johannes weihte, der hier nach langem Wirken sein Grab gefunden. Drum stand ich jetzt über den Ruinen der Johanniskirche; vom Epheu, der aus ihrem Marmorboden hervorgewachsen, brach ich ein Blatt; über dem Grabe des Johannes stand es; so war's mir eine Reliquie vom Jünger, der an des Herrn Brust geruht.

Den Hügel mit seiner Festung, deren kostbare Marmorwerke mit Erinnerungen an Hektor, an Patroklus und Achill, erst unlängst nach Europa kamen, ließ ich unbesucht. Timur Tamerlan, als er sein blutiges Siegerschwert nach Ephesus getragen, mag dort gewohnt und demselben Andenken geflucht haben das ich heute feierte.

Eine mächtige Wasserleitung zieht sich vom Festungshügel nach Osten; viele Störche nisten auf ihren vereinsamten Pfeilern. In der Nähe davon liegt das heutige kleine Dorf Ajasaluk, das seinen Namen, wie es scheint vom „heiligen Theologen" führt, während es sich seine Häuser aus Marmortrümmern von Ephesus erbaute.

Aber vom Neuen eilt' ich zum Alten; ich eilte die Flur hinüber an den Abhang des Prion: da war ich im alten Ephesus. Das ist ein großartiges Leichenfeld von Größe, Pracht und Ruhm. Ob ich auf dem Grunde des ehemaligen Dianentempels gestanden, weiß ich nicht, aber ich glaub' es. Die runde Erhöhung des Bodens, die Reste von gewaltigen Mauern und kostbarem Gesteine, die Lage am ehemaligen Hafen, zur Fernsicht für die Schiffe: das alles sprach dafür. Der Altar aus den Händen des Praxiteles, die Säulen vom Meisel des Scopas, der blitzbewaffnete Alexander vom Pinsel des Apelles, die sind freilich längst geschwunden. Vielleicht birgt die Erde noch manchen Schatz; denn die zertrümmernde Faust der Eroberer hatte des Tempels geschont; erst durch die Gewalt eines Erdbebens ist er dahin gesunken.

Aber welch ein Kreis von Geistern versammelt sich lebendig vor dem Geiste des Wanderers, der auf diesen Trümmern steht. Krösus baute mit seinem Gold am „Wunder der Welt;" Xerxes sah es und schonte seiner. Themistokles trat in seine Hallen, ums Haupt den ewigen Ruhm, die Wunde des Undanks im Herzen. Alexander kam hieher, „ein Gott zum andern." Lucull feierte hier seine Siege über den Mithridates; Antonius zog in die epheubekränzte Stadt ein. Und bald ging über alle verklungenen Feste ein neues auf, das nimmer verklang. Dem ersten Evangelos * folgte ein zweiter; der erste brachte den glänzenden Stein; der zweite das Himmelsbrod. Da pries freilich das empörte Volk um so lauter seine eherne Göttin; aber das Evangelium, das Paulus gebracht, gründete neben dem Marmorhause der Diana in jauchzenden Herzen unvergängliche Gotteshäuser.

Als ich von den Trümmern schied, blieb mir noch lange der Gedanke an Paulus treu. Wie hätt' ich von Ephesus Abschied nehmen können, ohne des Abschieds zu gedenken, den Paulus von seinen Ephesern nahm. Im Geiste gebunden ging er hin gen Jerusalem. Da mahnte er noch einmal seine geliebte Gemeinde an seine Sorgen, an seine Thränen. Daß Wölfe unter die Heerde kommen

---

* „Evangelos" wurde der Hirt Pyroboros genannt, als er den Marmor am Prion entdeckt hatte.

würden, das wußte er wohl. Aber sein Wort ist viel trauriger erfüllt worden als er's dachte. Mit welchem Auge, mit welchem Herzen möchte Paulus heute auf den Trümmern von Ephesus stehen.

Die Sonne ging unter; vom Ziele unserer Tagereise waren wir noch mehrere Stunden fern. Zum Glücke hatt' ich mich wieder erholt von den herzbeengenden Zufällen, womit mich die böse Luft vor Ephesus einen Schlummer von zehn Minuten bezahlen ließ. Der Weg führte noch über steiles Gebirg und der Mond versagte sein Licht. Als wir endlich des Abends um Neun übers Meer die Lichter von Scala nuova sahen, da war ich herzlich froh, aber fast noch müder als ich froh sein konnte. Dazu hatt' ich eine unangenehme Ueberraschung; der französische Consul, an den ich dringend empfohlen war, war verreis't. Ich ging unbedenklich zum russisch=englisch=griechischen Consul Alexachi, an den ich gleichfalls ein freundliches Blatt hatte; seine gütige, liebreiche Aufnahme hat mich zum großen Schuldner gemacht.

Am nächsten Morgen früh um Neun stand durch die Fürsorge des Consuls ein treffliches Kajik bereit, das mich und meinen Dragoman das ägeische Meer hinüber nach Patmos bringen sollte. Da es nur mit vier Ruder= knechten ausgestattet war, so konnten wir freilich ohne günstigen Wind auf keine schnelle Fahrt rechnen. Als wir aber zwischen dem Festlande und Samos ins offene

Meer hinaus gefahren waren, so trieb uns ein so frischer Wind, daß die Ruder ruhen durften. Von den Gefahren, die diese Fahrt im Winter hat, waren wir jetzt frei; nur waren wir nicht vor Piraten sicher. Die Samioten, dieselben welche die Landreise von Smyrna nach Scala nuova unsicher machen, üben auch das edle Handwerk der Seeräuberei. Das sind die heutigen Landsleute des Pythagoras. Es kreuzte deshalb in diesen Gewässern eine französische Corvette, die wenige Tage vor meiner Ankunft in Patmos vor Anker gelegen hatte. Unser eigenes Fahrzeug führte mehr Waffen bei sich als die sämmtliche Mannschaft hätte handhaben können. Doch liefen wir völlig unbehelligt des Morgens zwischen Drei und Vier im Hafen von Patmos ein.

Einen Blick wenigstens mußt' ich sogleich auf die Insel werfen, an der so oft meine Gedanken gehangen. Da wurde Einem die Seele weich. Lautlos lag das kleine Eiland vor mir im Lichte der Morgendämmerung; an seinem Fuße und auf seinem hohen Scheitel trägt es seine Häusergruppen von lichtgrauem Steine: einzelne Oelbäume unterbrechen die Oede des Inselberges. Das Meer war so still wie ein Grab; Patmos lag wie ein heiliger Todter drin.

Zwei Stunden lagen wir im Hafen, ehe die Sanitätsbehörde unsern Paß in Empfang nahm und uns gestattete ans Land zu gehen. Wir stiegen, ohne uns im

Hafenstädtchen aufzuhalten, die steile Höhe zur eigentlichen Stadt hinauf. Nach drei Viertel Stunde standen
wir vor dem Hause des Herrn Kaligas, eines vorneh-
men Patignoten, an den ich adressirt war. Eine schwarz-
äugige Jungfrau, deren lange prächtige Haarflechten der
frühe Morgen sehr sichtbar machte, empfing uns; es war
die Schwester der Hausfrau. Bald kam auch das hübsche
junge Ehepaar selber, das sich vor wenig Tagen erst
nach einem Jahre der Trennung wiedergesehen hatte.
Da plauderte sich's nun so gut daß ich gern die Biblio-
theksgedanken ein Weilchen ruhen ließ. Allerdings verstanden wir uns gegenseitig in unsern verschiedenen griechischen Zungen nur wenig, zumal die Frauen hatten
ihren ganz eigenthümlichen Dialekt; doch ging alles mit
leiser Nachhilfe des Interpreten nach Wunsch von
Statten.

Herr Kaligas begleitete uns ins Kloster. Da er
um dasselbe große Verdienste besitzt, so konnt' ich keine
bessere Empfehlung haben. Der Prior, trotz seiner
grauen Haare noch geschmeidig und gewandt, ehrte unsern Besuch vor allen Dingen mit seinen Süßigkeiten
nebst Kaffee und Pfeife. Dann führte er uns aufs platte
Dach des Klosters, das uns, da es auf der höchsten
Spitze der Insel liegt, den vollsten Eindruck von Patmos
gewährte. Fast nach allen Seiten sah ich die Grenzen
der Insel, sowie ihre Nachbarn im Meere. Ums feste

Kloster herum hat sich wie um ihren Beschützer die ganze
Stadt gelagert. Cultur hat der Boden nur wenig; einige
Gärten und Weinpflanzungen, spärliche Getreidefelder
und zerstreut umher stehende Oelbäume: das ists was die
Oede des vulkanisch gebildeten Eilands unterbricht. Im
Norden von ihm liegt Samos und Nikaria, im Süden Ka=
limnos und Kos, im Westen Naxos, im Südosten Leros.
Am nächsten vor uns lagen ein paar nackte schwärzliche
Felsen, wie kühne Gedanken mitten hineingeworfen in
die dunkelblaue Fluth und von den Patignoten mit sinn=
reichen Sagen belebt. Der eine soll nämlich eine unge=
rathene Tochter gewesen sein, die der Fluch der Mutter
versteinerte; der andere ein betrügerischer Prophet, der
vor dem strafenden Auge des Johannes nicht nur ver=
stummte sondern zum Felsen erstarrte. Patmos selber
war wunderbar still; es war wie die Ruhe des Sab=
baths, die eine feste Gestalt gewonnen. Ein unaus=
sprechlicher Zauber lag im ganzen Bilde, das mich um=
gab. Der Worte der Offenbarung dacht' ich: „Ich war
auf der Insel, die da heißt Patmos, und ich war im
Geiste an dem Tage des Herrn." Die Kritik hat die
Worte feindlich angefochten; mir schien es diesen Augen=
blick als ob die Offenbarung unzertrennlich an Patmos
haftete. Wäre es dennoch die Heimath derselben nicht,
so war es herrlich daß der entzückte Seher den Gedanken

17*

hatte, gerade auf Patmos den Sonntag seiner Begeiste=
rung zu feiern.

Vom Dache stiegen wir in die Klosterbibliothek hinab.
Ich hegte große Erwartungen; denn zu Cairo und zu
Smyrna hatten mir Augenzeugen, die der Sache nicht
ganz unkundig waren, von großen Schätzen erzählt.
Freilich reicht die Stiftung des Klosters nicht hoch hin=
auf; sie geschah durch Christobulos den Wunderthäter im
elften Jahrhundert unter Alexios dem Komnenen. Aber
in einer urkundlichen Mittheilung über die Stiftung heißt
es ausdrücklich, daß die Mönche, die Christobulos nach
Patmos führte, aus ihrem Mutterkloster bereits Bücher
mitbrachten. Meine Erwartungen wurden wenigstens
nicht gänzlich getäuscht; diese Bibliothek ist unstreitig eine
der reichsten des Orients. Ich beschäftigte mich lange
mit der Ansicht jedes einzelnen Manuscripts; die Ge=
sammtzahl beläuft sich auf zweihundert. Sehr viele sind
auf Pergament verfaßt und zwar vom elften bis vier=
zehnten Jahrhunderte; für die Literatur der Kirchenväter
sind sie von großer Wichtigkeit; von Johannes Chryso=
stomus sah ich vierzig, von Basilius dem Großen sieb=
zehn; das Neue Testament betreffen gegen zwanzig. End=
lich tragen zwei Manuscripte die Schriftzüge des neunten
Jahrhunderts an sich und gehören folglich unter die Zahl
der ältesten unter allen vorhandenen. Das Wichtigste
ihres Inhalts bezieht sich auf das Buch Hiob, auf

Gregor den Theologen, und auf die Lebensgeschichte von Petrus und Paulus. Ein Manuscript, das die guten Mönche am liebsten auf Johannes selber zurückbezogen hätten, mochte aus dem zehnten Jahrhundert sein, enthielt Evangelienstücke und war ohne kritischen Werth. Zu meiner Verwunderung fand ich kein einziges Dokument für den Text der Offenbarung. Von Klassikern sah ich Aristoteles, Porphyrius, Diodorus Siculus, Sophokles, Hippokrates, Libanius, Aristides. Doch ich verweise über diese Bibliotheksstudien auf meine genaueren Mittheilungen darüber* und erwähne nur noch, daß mir während derselben der älteste Mönch des Klosters vorgestellt wurde, der im Begriffe stand das Jahrhundert seines Lebens voll zu machen.

Ein anderes Kloster sahen wir einsam auf einem fernen Hügel stehen. Der Prior und mein Begleiter versicherten mich, daß sich dort keine Manuscripte fänden und daß im ganzen Kloster nur ein einziger Mönch wohne. Aber in der Nähe vom Johanniskloster des Christobulos besucht' ich noch ein Nonnenkloster, das einige vierzig Bewohnerinnen zählte. Ich gestehe, die Manuscripte hatten mir besser gefallen als diese Schwestern. Kaum war ich daselbst eingetreten, so fing die Aebtissin nebst

---

* Siehe Wiener Jahrbb. 1845. Anzeigeblatt für Wissenschaft und Kunst Nr. CX. „Die Bibliothek in Patmos."

ihren Freundinnen im eigentlichen Sinne des Worts zu betteln an. Daß sie in keiner glänzenden Lage lebten, das sah man allerdings den Räumlichkeiten an.

Wir machten darauf noch zwei andere Besuche, doch nur bei Frauen im temporären Wittwenstande, und gingen sodann zu Herrn Kaligas zurück. Von den vielen Eigenthümlichkeiten der Sitte auf Patmos muß ich mich sogleich über die vielen vereinsamten Frauen daselbst erklären. Diese Frauen hangen nämlich noch fester an ihrem Eilande als die Schweizerinnen an ihren Bergen; sie verheirathen sich sogar häufig ohne dem Gatten in die Fremde zu folgen. Dies geht um so leichter, da die Töchter regelmäßig anstatt der Söhne den elterlichen Haushalt erben. Wie mein Wirth in Syra seine Anstellung hatte und jährlich nur einen oder ein paar Besuche in Patmos machte, so halten's auch viele andere Familien. Trotz dem herrscht die strengste Zucht und neben ihr eine zärtliche Innigkeit. Nach dem Tode des Gatten einen zweiten zu heirathen, das liegt hier außer aller Gewohnheit; die Wittwe trauert um den theuern Heimgegangenen bis an den Tod. So ist auch die Trauer um die Eltern auf drei Jahre ausgedehnt, und nur der Eintritt eines großen Freudenereignisses, wie das der Vermählung, kann diese Zeit kürzen. Die Tracht der Frauen hat neben der hohen Taille, wie ich sie in Deutschland nur aus alten Bildern kennen gelernt, ihre größte Besonderheit in der Haube. Schubert hat sie eine Grenadiermütze genannt. So hoch ist sie allerdings; sie hat fast die Form eines Hornes und ist zum Theil mit Haaren durchflochten. Was ich über die „Macht" der Frauen, von der Paulus spricht, auf den Bazar zu Beirut bemerkt habe (S. oben S. 240.) das muß ich vollkommen auch auf die Hauben der Patignotinnen anwenden. Daß übrigens das schöne Geschlecht der Zahl nach auf Patmos überwiege, hab' ich nicht gehört, aber ich find' es sehr wahrscheinlich.

Ein politischer Vorzug, den die Insel vor allen ihren Nachbarn behauptet, besteht darin daß sie keinen türkischen Gouverneur bei sich sieht und von lauter Griechen bevölkert ist. Ich merkte diesen Vorzug beim ersten Schritte ans Land daran — was freilich unerbaulich klingt — daß ich eine Heerde Schweine sah.

Aber meinen Abschied vom Hause meines Wirths muß ich erzählen. Da mein Besuch in die griechischen Fasten fiel, so bestand unsere Mittagstafel nur aus Köstlichkeiten die damit verträglich waren; aber noch eh' ich wieder in mein Schiff einstieg, wurde mir ein gebratenes Huhn von der sorglichen Hausfrau nachgeschickt. Ich hatte des Nachmittags noch manch freundliches Wort mit den beiden schwarzäugigen Schwestern gewechselt, und hatt' es gewiß immer noch freundlicher gedacht als ich's sagen konnte. Als ich Abschied nehmen wollte, ging die Frau eilig zu einem Blüthenbaume am Hause, brach zwei Zweige und brachte sie mir. Die Blüthen waren sehr schön, aber die Augen der Geberin glänzten noch schöner darüber. Ihre Schwester lief zu einem duftreichen Kräutlein und brachte mir davon einen Strauß. Ich konnte nun nicht anders als gerührt von den beiden lieben Töchtern der Johannisinsel scheiden. Ich dachte an das Lieblingswort des Johannes, das er noch in die Versammlung hineinzurufen pflegte, als er sich dahin tragen lassen mußte: Kindlein, liebet einander. Wer möchte nicht meinen, daß die Patignotinnen dies Abschiedswort ihres Lehrers getreu im Herzen tragen.

Auf dem Rückwege zum Kajik besucht' ich noch die Schule und in ihren Mauern die Grotte des Johannes, die auf gleiche Weise wie die Eliasgrotte auf dem Carmel in eine Kirche verbaut ist. Hier soll der Evangelist während seiner Verbannung nach Patmos gewohnt und das Buch der Offenbarung verfaßt haben. Der obere Theil der Grotte ist vom untern losgerissen. Mein Begleiter erzählte mir, und ich sah ihm die Aufrichtigkeit seines Glaubens an, daß der Fels in dem Augenblicke zersprungen sei wo Johannes die göttliche Offenbarung empfing. Außerdem besitzt und verehrt die Insel noch viele andere Oertlichkeiten, alle geheiligt durch die Erinnerungen an Johannes. Johannes: das ist der Gedanke der Insel. Die Insel gehört ihm, sie ist sein Heiligthum. Die

Steine der Insel predigen ihn und Aller Herzen bewah=
ren ihn.

Des Abends fuhr ich nach Scala nuova zurück. Tags
darauf am Nachmittag um Zwei kam ich im Hafen da=
selbst an; der gütige Consul empfing mich mit der Ehre
der aufgezogenen Flagge. Am Sechzehnten Nachmittags
erreichten wir Smyrna und zwar, da wir einen andern
Weg genommen, ohne Ephesus zum zweiten Male be=
sucht zu haben.

Wie gern denk' ich noch heute, wie gern werd' ich
immer zurückdenken an Patmos.

Reise nach Constantinopel.

Ich könnte leicht die Sitte der Orientalen nachahmen,
die sobald man's nur wünscht abzureisen versprechen, aber
unermüdlich sind dem harrenden Franken zu beweisen daß
sie ihre Stunden nicht nach dem Zeiger der Uhr messen.
Doch hab' ich die orientalische Sitte nicht gelernt. Ich
erzähle daher nichts vom Lazzarismus und seiner Wich=
tigkeit für Frankreichs Politik im Oriente, nichts vom
vortrefflichen Erziehungshause der frommen Schwestern
am Lazzaristenstifte, nichts von den Alterthümern die man
noch immer auf Smyrna's Boden ausgräbt, nichts von

der großen Karavanenbrücke mit dem unendlichen Zuge von Kamelen; ich eile sogleich zum Hafen und steuere ohne Zagen über die hoch aufbrausenden Wogen an den Bord des österreichischen Dampfschiffes. Das Verdeck bot ein seltsames Schauspiel dar, ich weiß nicht soll ich's kriegerisch nennen oder gemüthlich komisch. Es lagerten da vierhundert Mann türkischer Soldaten mit Frauen und Kindern. Durch die zusammengeschobenen Harems mußt' ich mir einen Weg zum kleinen Raume des ersten Platzes brechen. Das war interessanter als angenehm. Die vier Schwestern aus Nordamerika, die ich in der Kajüte traf, beklagten sich unverholen über die populären Mittheilungen der türkischen Gesellschaft an unsere Räumlichkeiten. Wir hatten so wenigstens das volle Bewußtsein des Orients mit auf dem Schiffe.

Es war den siebzehnten August Nachmittags um Vier als ich Smyrna verließ. Der Erzbischof von Smyrna reis'te mit uns; er ging nach Metelin zur Einweihung einer neuen Kirche. Metelin ist das alte Lesbos, das der Name der Sappho so berühmt gemacht. Leider war's kurz vor Mitternacht als wir dort hielten und den Erzbischof ans Land setzten. Ich warf nur einen flüchtigen Blick auf das bergige Eiland unter der Sterne Schimmer; aber der Augenblick war schön um an Arion, an Alcäus und an die Sappho zu denken, die oft von diesen Bergen

hinein in diese Himmelspracht ihr begeistertes Lied geru=
fen haben mögen.

Der nächste Morgen weckte mich zu einem großen
Feste. Das Land, das ich sehen sollte, wie oft hatt' ich's
geträumt in den glücklichen Jahren der Geistesdämme=
rung. Ich konnte heute dahin mich nicht zurückversetzen
ohne herzinnig der braven Lehrer zu gedenken, die einst
mich eingeführt in die Dichterhallen der klassischen Vor=
welt. Wer dort gewesen wie ich, ruft ihm der Name Ho=
mer's nicht Stunden zurück die ihm unvergeßlich sind, weil
sie seinem Auge eine Welt geöffnet, reicher und herrlicher
als alles was ihn umgab, und doch eine Welt zu der er
so schnell ein Herz faßte weil sie ein Herz für ihn hatte?
Das Gefilde wo der göttergleiche Achill gezürnt wie ein
Held, geweint wie ein Bruder; wo der helmumflatterte
Hektor für seine Hausaltäre kämpfend ein Beschirmer
fiel: jeder Augenblick brachte mich ihm näher.

Die heilige Lemnos tauchte auf aus der blauen Tiefe
im Westen; Tenedos hielt uns, dicht zu unserer Linken,
feste Mauern auf ihren Sandhügeln entgegen. Nach
Nordwesten hinauf lag die rauh hinstarrende Imbros;
hinter ihr herrschten, in den Lüften hoch, von Wolken
umkränzt, die Felsenspitzen von Samothrake, gleich als
wären sie heute noch mit den Geheimnissen des Orpheus
betraut, oder als hätte Poseidon dort noch immer seinen
Sitz, mit dem Auge herüberstaunend auf den Kampf und

die Waffenentscheidung. Jetzt näherten wir uns dem Kap von Troja mit dem Grabhügel des Peneleus; gleich vorher sahen wir den Strom des Scamandros, den schön hinwallenden, aus seinem jetzigen Bette ins Meer ausmünden. Noch wenige Minuten, da hatten wir im Angesichte das blumige Feld des Scamandros, wo die Helden wie lodernde Flammen des Feuers gekämpft. Wir kamen ans sigäische Vorgebirge, wo Minervens Tempel gestanden; gleich darauf grüßten wir nah' am Gestade zwei Grabeshügel: wir waren am Meerstrand, dort wo Achilles auserkor dem Patroklos das ragende Grab und sich selber. Des Dichters prophetisches Wort ist erfüllt; denn zur Schau steht es heute noch Allen die jetzt mitleben und die sein werden in Zukunft. Mit dem Grabe Achill's hatt' ich im Geiste Alexander vor Augen, wie er hier aus dem Schiffe ans Land sprang und drei Mal nackt mit seinen Freunden das Grab umwandelte und salbte und krönte. Gib mir die Leier Achill's, rief er darauf aus, als ihm die Leier des Paris gebracht wurde. Das Grab des hochherzigen Hektor ist hier nicht sichtbar; aber des Patroklos Hügel ist es, um den sein Leichnam drei Mal von Achill geschleift wurde.

Von diesen Gräbern hinweg sahen wir rechts und links auf den vorspringenden Spitzen von Europa und von Asien zwei jüngere Schöpfungen, die beiden Bergschlösser, gerüstet mit ihren finstern Schrecknissen. So hat sich aus jenen gefeierten Heldenarmen die Gewalt des Dämon' in diese Cyclopenschlünde geflüchtet, mit deren riesigen Feuerkugeln sich's schwer mag fechten lassen.

Dicht neben dem asiatischen Schlosse mündet jetzt der Simois aus; unfern von ihm im Norden erhebt sich das rhötische Vorgebirge, und dort ists wo der strahlende Ajas liegt, der Held wie der Kriegsgott. Hinter seinem Grabe ruht das Thal Thymbra, wo die stolzen Mysier, die phrygischen Reiter und andere Völker lagerten. Im Osten davon ließen sich leicht die schönen Hügel (Kalifolone) erkennen, wo Phoibos saß mit Artemis und Aphrodite.

Gerade da wo sich die beiden Welten, Asia und Europa, die eiserne Hand, mit Unglück gefüllt, entgegenstrecken, gerade da hat man den vollen Schauplatz Homer's vor Augen; rechts das sigäische Vorgebirge, links das rhötische; zwischen beiden hatten die griechischen Fürsten und Völker ihre Schiffe und ihre Zelte. Links auf den Hügeln saßen die Schutzgötter der Griechen; rechts auf der Herkulesmauer die der Trojaner; dazwischen liegt, vom Scamandros und Simois umschlossen, das mit so viel tapferem Blute getränkte Schlachtfeld, und gleich hinter ihm thronte die hohe Pergamos selber, von der das skäische Thor mit der Zeusbuche so oft des Hektors fliegende Rosse zum Streit entsandte. Ueber der Veste, ein wenig nach Norden hinauf, ragt der Ida mit seinem heiligen Gipfel, wo Zeus voll Zorn in seinem Donnergewölke saß, aber auch seine lilienarmige Here, mit dem Gürtel der Liebe geschmückt, in der goldenen Wolke empfing.

Die türkischen Baulichkeiten, die jetzt da und dort aus dem ewig denkwürdigen Gefilde hervortreten, wie das Dorf Burnabaschi, fast auf dem ehemaligen Standpunkte Ilions, würde man sehr gern vermissen. Es wiederholt sich hier jene Ironie des Schicksals, die im Oriente so thätig gewesen. Bei Achill's Grab hat sich ein Türke sein Cypressengrabmal errichtet; vielleicht einer der erbärmlichen Paschas, denen die Vorzeit nichts als ein wesenloser Schatten ist. Aber der Boden, treuer als die Menschen die über ihn wandeln, bewahrt der Merkzeichen so viele, die ihm kein Vandale, vom Norden oder vom Süden, hat rauben können. Sind auch selbst die Gräber erbrochen worden, wo der Helden edle Asche ruht: die Gräber stehen noch und reden noch immer zu den spät geborenen Menschen. Und hat auch der Zweifel das klassische Alterthum so gut vergiftet wie das christliche: der Glaube hält nur um so treuer an seinen Kleinoden fest.

Nur langsam steuerten wir vorüber dieses Jerusalem Griechenlands und der Verehrer der griechischen Muse. Lange noch stieg unseres Dampfes Säule nach Südosten zurück, ein Opferrauch für die theueren Gräber; aber in die traurigen Worte der Seherin, die ihr nach des vaterländischen Dichters Auge, der Rauch der Heimath in die Seele gab, mischten wir andere Worte, die fröhlicher lauteten und glücklicher.

Die vielen Consularflaggen, die uns bei der Einfahrt in die Dardanellen vom asiatischen Ufer entgegenflatterten, sagten uns daß wir in die stolze Veste des barbarischen Fremdlings nicht ohne den Schutz heimathlich befreundeter Mächte einzogen. Aber das barbarisch Fremde vergaß sich ohnedem leicht; denn unsere Meerstraße hat die Weltgeschichte reich mit Erinnerungen bepflanzt, mit denen den Wandrer aus dem Westen die frühsten Jahre des Studiums vertraut gemacht. Wie oft hat diese Fluth, seitdem Helle vom goldenen Widder in ihre Tiefe stürzte, auf ihrem Rücken die Männer getragen, in deren Hand das Glück und Unglück ganzer Völker, ganzer Zeiten ruhte.

Wir fuhren bei Nogara Burnu vorüber, wo sich Asien und Europa am nächsten rücken. Eben da, Sestos in Thrazien gegenüber, hat Abydos, das alte Felsenschloß gestanden, wo einst Xerxes die empörten Wogen peitschen ließ. Aber zum Kriegslärm des übermüthigen Persers klingt freundlich versöhnend das Lied der Liebe von Hero und Leander. Denn „Dort auf Sestos Felsenthurme Saß die Jungfrau, einsam grauend, Nach Abydos Küste schauend, Wo der Heißgeliebte wohnt." Während zur Erinnerung an den feindlichen Krieger Xerxes das Gepräge des Chersonesos stimmt, der auf seinen rauhen steilen Felsen auch noch Mauerreste von den Burgen des Miltiades tragen soll, stimmt schön zu den Klängen der Liebe die asiatische Küste, mit ihren lachenden Rebenhügeln, ihren Feigengärten, ihren Lorbeerhainen.

Zwei neue Gegensätze bieten Lampsaki und Gallipoli. Lampsaki auf der asiatischen Seite erinnert mit seinen dürftigen Hütten kaum noch an seinen ehemaligen Glanz, obschon es seine Dürftigkeit in eine seltene Pracht und Fülle der Natur einhüllt; Gallipoli hingegen auf der europäischen Seite hat aus den stürmischen und unglücklichen Tagen die es heimgesucht eine neue Jugend davon getragen; mit vielfarbigem Putze bekleidet es seine alten Felsenwände.

Als wir aus der Dardanellenstraße ins Meer von Marmara traten, war die Sonne ihrem Abschied nahe; aber noch glänzten ihre Strahlen auf dem Schnee des Olympos im fernen Osten. Cyzikus, von Alexander zur Halbinsel geschaffen, streckte sich im Südosten weit hervor. Aber von den Argonauten hinweg, die auf Cyzikus der Cybele einst einen Tempel gegründet, dacht' ich an Nicäa hinterm Olymp und ans bedeutungsvolle Schicksal dieser Stadt. Dort gab Diokletian die Befehle, die den christlichen Namen von der Erde vertilgen sollten, und dort hielt, nur zwanzig Jahre später, die siegreich über die Erde verbreitete Kirche ihr erstes großes Concil.

Am Morgen des Neunzehnten waren wir vor Constantinopel. Als ich aufs Verdeck stieg, fuhren wir beim lieblichen Griechendorfe San Stefano vorüber. Da lag schon wie ein glänzendes Traumgebilde die Siebenhügelstadt vor uns; je näher wir ihr traten, um so reicher, um so prächtiger entfaltete sie sich. Constantinopel ist ein Wunderwerk; Himmel, Erd' und Meer haben es geschaffen, und die Kunst hat dazu eine glückliche Hand geboten. Was vor Allem den Ankömmling fesselt, weiß ich nicht; aber Alles fesselt ihn. Constantinopel ist das Auge Europa's; es ist als hätten sich alle Herrlichkeiten des Welttheils zusammengedrängt, um aus diesem Auge zu sprechen.

Auf sieben Hügeln liegt die Stadt, gleichwie Roma, ihre einstige Nebenbuhlerin; aber diese Hügel erscheinen zunächst wie ein einziger Berg, worauf alle Bilder in theatralischem Lichte stehen. Das Ganze bildet einen unendlich reichen Strauß mit lebendigem Farbenspiel, wenngleich das Roth, die Farbe des Türken, sichtlich vorherrscht. - Zahllose Thürme und Minarets, schlank und zierlich, steigen über die Häuser und Paläste empor; sie heben den Ausdruck der kühngewölbten Kuppeln, von deren Kronen der goldene Halbmond weit in die Ferne glänzt. Cypressen, Platanen, Terebinthen und andere

II.   18

Laubeskronen grüßen da und dort heraus; nahe am Ufer, hinter dem Mauergürtel, der Stadt und Meer scheidet, grünt und duftet der Garten des großherrlichen Serai's. Leicht erkennt selbst der ankommende Fremdling neben anderen großartigen Moscheen diejenige, auf die er sich so lange gefreut hat, die Aja Sofia, deren riesiger Halbmond mit seinem Goldschimmer sogar vom Olymp aus gesehen werden soll. Auch eine düster hervorstarrende Säule erkannt' ich; es war die sogenannte „verbrannte Säule," die wie ein Schlachtbote aus unglücklichen Tagen übrig geblieben ist und mitten in die glückliche Gegenwart ihren Schmerz, ihre Trauer hineinruft.

Wir stehen an der Spitze des kaiserlich prangenden Serai's, da wo der Marmorkiosk nach drei Seiten ins Meer schaut. Nordöstlich zieht sich der Bosporus mit dem fröhlichen Schmucke seiner Ufer hin; nordwestlich breiten sich, von Höhen begrenzt, Galata, Pera und die andern Vorstädte aus, die von Constantinopel nur durch einen schmalen Meeresarm, „das goldene Horn," getrennt sind. Südöstlich, gerade im Angesicht der Serai'sspitze, liegt Scutari mit dem größten aller Todtengärten, von dessen hohen Cypressenhainen ein feierliches Memento mori ins Lustgewühl des Erdenparadieses herüberschallt. Auf einer Klippe vor Scutari steht seltsam über dem Wasser, wie ein Bote Asiens an Europa, Kis Kulessi oder der Leanderthurm. Die blauen Wogen zu unsern Füßen waren still; sie waren nur vom Spiele der menschenfreundlichen Delphine bewegt und umflattert von silbernen Möven. Aber der Hafen, das goldene Horn, brachte uns vor Augen Tausende fliegender Gondeln, mit schmucken Gondolieren besetzt, die ununterbrochen zwischen Galata und Constantinopel kreuzen. An den Seiten sowie im Hintergrunde des Hafens rasteten Segel= und Dampfschiffe mit vielfarbigen Flaggen: eine Fülle, worin sich der Blick verlor. Ueber dem Allen endlich wölbte sich ein Himmel mit dunkler Bläue und heiterer Klarheit, worin sich's ausruhte von dem unendlichen Schaugenusse.

Italien hat des Herrlichen und Entzückenden viel; wer wüßte nicht was Göthe von Neapel sagt. Aber ein gleich großartiges und gleich prächtiges Panorama, wie es Constantinopel bietet, bietet selbst die bella Italia nirgends. Schiller sagt vom Sänger, „er breite es lustig und glänzend aus das zusammengefaltete Leben; er drücke ein Bild des unendlichen All in des Augenblicks flüchtig verrauschenden Schall." Darnach ist Constantinopel der größte Dichter, oder es ist selber das größte Gedicht; denn es ist auf einen einzigen Blick vom unendlichen All das glänzendste, farbenreichste Bild.

Ich habe Constantinopel nicht schildern wollen, um zu sagen: Sieh, das ist Constantinopel; ich habe nur den empfangenen Eindruck darzustellen versucht so gut

18*

ich's kann. Eine Schilderung von Constantinopel zu
übertreiben, das wäre wenigstens für den Abendländer
schwer; jedes Bild, hab' es der Pinsel oder die Feder ge=
malt, wird es nur andeuten können.

Ein Ritt durch Constantinopel.

Den fünften September widmete ich dem Besuche
von alten und neuen Herrlichkeiten Constantinopels. Ein
Ferman des Sultans lag vor, der den christlichen Augen
die fremden Heiligthümer zugänglich machte. Ich half
eine stattliche Karavane bilden, die, unter der Anführung
eines bevollmächtigten türkischen Offiziers, zu Pferde und
zu Wagen die sieben Hügel bereis'te, um da zu schauen
und zu bewundern. Von diesem Ritte theil' ich nur
einige Beobachtungen mit; eine Hand von der Partei
der gelehrten Ausführlichkeit könnte leicht ein Buch damit
füllen.

Ein Hauptziel unserer Wanderung waren die vier
merkwürdigsten Moscheen, vor Allem die Aja Sofia.
Ueberraschen kann sie bei allem Reichthume und aller
Pracht nicht leicht; denn wer sollte nicht Wunderdinge
von dem Tempel erwarten, dessen Einweihung vom drit=
ten seiner kaiserlichen Schöpfer, Justinian, mit Recht

unter den Worten begangen wurde: Ich hab' dich be=
siegt, Salomo. Haben doch die Engel selber den Bau
betrieben und die Heiligen mit der Kraft ihrer Reliquien
geholfen. Wenige Tage bevor ich die Aja Sofia sah,
war ich davon Zeuge gewesen, wie der Mund eines
Deutschen von Bewundrung derselben überfloß; auf mich
selber hat die Peterskirche in Rom einen größern Ein=
druck gemacht. Doch mag der vielfache türkische Putz
an schwebenden Straußeneiern und Lampen, sowie die
schreienden Farben, die sich da und dort hervordrängen,
davon die Schuld tragen. Immer von Neuem zog das
Auge die kühne Wölbung des Doms an, die ihres Glei=
chen nicht hat. Unter den hundert und sieben Säulen der
Moschee sind die schönsten acht Porphyrsäulen mit Ge=
simse und Fußgestelle von weißem Marmor, aus dem be=
rühmten Sonnentempel zu Baalbeck, sowie acht Serpen=
tinsäulen von prächtigem Grün, aus dem Dianentempel
zu Ephesus. Die alte Mosaik in Goldglas an Gewölben
und an den Wänden ist nur an Ueberbleibseln erkennt=
lich; dagegen schauen noch von den vier Ecken des Doms
vier geflügelte Seraphim herab, deren großen dunklen Ge=
stalten der geisterhafte Effekt nicht abgeht. Seine eigenen
Geister hat der Prophetenglaube in Sprüchen des Korans
an Wände und Kuppel gemalt, und zwar mit goldenen
Lettern von den riesenhaftesten Umrissen.

Wenn ich den Eindruck von St. Peter über den der Aja Sofia stellte, so mußt' ich freilich von der Vergangenheit absehen, die aus den Räumen des alten Tempels der ewigen Weisheit spricht. Je länger ich unter seinen Säulen wandelte, um so großartiger standen sie vor mir, mocht' ich des Constantin oder des Chrysostomus, der feierlichen Synoden oder· der Kaisertriumphe, der Freu-. denfeste oder der Gräuelscenen gedenken, die sie erlebt haben. Manch inhaltsschweres Blatt der Weltgeschichte hält diese Säulen umwunden. Dennoch hat man zu den historischen Erinnerungen noch viele fromme Sagen gesellt, um diese Räume noch reicher, noch heiliger zu machen. Am merkwürdigsten darunter ist, wenn auch nicht am glücklichsten, daß man einen ausgehöhlten rothen Marmorblock als die Wiege des Heilands verehrt.

Abschied von der Aja Sofia nahm ich beim alten Glockenthurme, der an seinem Haupteingange steht. Man sieht ihm seine Wehmuth an. Unter seinem Fuße rieselt ein Strom hellen Wassers hervor; gebe Gott, daß bald ein Strom besseren Wassers daneben riesele, der dem stummen Peter seine Zunge wieder schenke.

Am nächsten verwandt in der Anlage des Baues ist der Aja Sofia die Suleimanije; nur übertrifft die letztere an Regelmäßigkeit die erstere; sie ist eins der vollendetsten sarazenischen Baudenkmale. Hier traf ich auch vier Geschwister von jenen colossalen Säulen rothen

Granits, die in der Moschee zu Ephesus noch jetzt als Erinnerungen an den Wundertempel der Diana prangen. Diese Säulen stehen sich hier paarweise zwischen den Pfeilern des Doms gegenüber und tragen zwei Gallerien. Selbst die Aja Sofia hat keine Säule von so außerordentlichem Umfange. Die eine derselben trug ehedem eine Venusstatue, genannt die Jungfrauschaftprüfende. Uebrigens sucht die Suleimanije mit der Aja Sofia auch am Luxus der Koransprüche in den größten und kunstreichsten Zügen zu wetteifern.

In der Moschee Bajasid's bewunderte ich die vielen schönen schmächtigen Säulen, theils von Granit, theils von Jaspis, theils von Verde antico, die jedenfalls aus der Schatzkammer des Alterthums stammen. Diese Moschee hat das Privilegium, die Gläubigen mit Gebetskompassen zu versehen, die ihnen immer die rechte Stellung beim Gebet, nämlich die Richtung nach Mekka, angeben. Ein vortheilhaftes Institut.

'Auf den Effekt des Ungeheuern hat es die Achmedije abgesehen, mit ihrem Dome von neun Kuppeln, mit ihren sechs Minarets, mit ihren vier zu einem unvergleichlichen Umfange gemauerten Säulen, mit ihren zwei Riesenleuchtern. Doch besitzt sie auch ein seltenes Kunstwerk an ihrer marmornen Kanzel für den Freitagsredner, und die ihr von Fürsten und Großen des Reichs geworbenen Weihgeschenke blenden durch ihre Kostbarkeit.

Die Achmedije ist der Schauplatz der seierlichsten Staats-
ceremonien; auch zieht von ihr alljährlich die große Karavane der Mekkapilger aus; deshalb ist auch in ihren
Räumen das heilige Kaabakleid aufgehangen, das diese
Karavane als Geschenk von Mekka heimbringt.

Alle diese Moscheen enthalten zugleich die Grabmäler
ihrer Stifter theils innerhalb theils außerhalb der gottes-
dienstlichen Räume. Darunter gibt es eben so ehrwürdige als pomphafte Schaustücke. Wir besuchten aber auch
die besondere Grabkapelle Mahmud's II., deren prachtvolle
Sammtteppiche und kunstvolle Schrifttafeln alle andern
übertreffen. Die Andächtigen, die wir überall vorfanden,
hatten für unser Auge nichts sehr Angemessenes; am wenigsten diejenigen die schlafend auf den Marmorfußböden
herumlagen. Es mögen wohl die Türken noch mehr als
wir glauben, daß Gott seinen Lieblingen schlafend die
strotzenden Erntefelder bescheere.

Von den beiden Serai's, dem alten und dem neuen,
läßt sich schwer in wenig Worten berichten; das neue
namentlich bildet mehr eine Stadt als ein Haus; es hat
eine Stunde im Umfange. Unter den Gemächern, die
wir sahen war eins, dessen Wände in lauter großen
Spiegeln bestanden. Auch Stühle fielen mir auf, so
zierlich und so kostbar wie in den Residenzzimmern abend-
ländischer Fürsten. In einem Glasschranke blitzten Waffen im reichsten Diamantenschmucke; ihm gegenüber stand

[illegible] [illegible].

[illegible] [illegible].

[illegible] [illegible].

gesammten Staat so bedeutungsvollen Nationalspiele. Er war's aber zugleich wo die ausgezeichnetsten Statuen von Athen und Rom, von den Inseln des Archipels und den Städten Kleinasiens wie zu einem Triumphfeste der Kunst versammelt standen.

Von dem was vergangen ist ragte über Alles hervor jener Herkules Trihesperus, der sogar als Sternbild an den Himmel versetzt wurde. Daß derselbe erst unter Balduin und Dandalo der Barbarei zum Opfer fiel, indem er zu Kupfergeld umgeschmolzen wurde, das stimmt schlecht zu den Vorwürfen die wir den Barbaren des Ostens zu machen pflegen. Was bis heute von Allem noch geblieben ist, das ist Dreierlei. Das Erste ist ein egyptischer Granitobelisk, der seinen Weg hieher über Athen genommen hat, und außer den Hieroglyphen auf allen vier Seiten einen Lobspruch des Kaisers Theodosius auf seinem Fußgestelle enthält. Das Zweite ist ein viereckiger Säulenkoloß, einst mit vergoldeten Erzplatten belegt und, wenigstens dem Texte der Inschrift nach, mit dem Kolosse zu Rhodos vergleichbar. Jetzt steht er nur noch als ein nacktes, Brand und Plünderung klagendes Skelett und läßt einen baldigen Einsturz fürchten. Das Dritte ist eine kurze eherne Säule in der Form eines dreifachen Schlangengewindes, die einst drei Köpfe hatte und ursprünglich den delphischen Dreifuß des Apoll getragen haben soll. Von den drei Köpfen schlug den einen

Mohammed II. auf einen einzigen Schlag ab; die beiden andern wurden später des Nachts entwendet.

Außerdem hat der Hippodrom noch zwei Nachbarn die gesehen sein wollen. Der eine ist die alte Cisterne des Senators Philoxenos, hyperbolisch genannt „die tausend und eine Säule." Sie besteht aus drei unterirdischen Stockwerken mit fast siebenhundert Säulen. Erhalten sind sie noch alle, obwohl der größere Theil derselben in Schlammerde begraben liegt. Das obere Stockwerk dient jetzt zu einer Seidenspinnerei. Den andern Nachbar des Hippodrom hab' ich bereits bei meiner Ankunft vor Constantinopel genannt; es ist jene sogenannte verbrannte Säule. Ehedem war sie die prächtige, mit goldenen Kränzen umwundene Porphyrsäule Constantin's, auf deren Scheitel derselbe eine Statue des Phidias, den Apoll mit Blitzen ums Haupt, gesetzt hatte, indem er aus dem Apoll sich selber machte und die Inschrift dazufügte: „Dem Constantin der wie die Sonne glänzt." Als die Statue nebst den drei obersten der acht Stücke, aus denen die hochragende Säule bestand, vom Blitze zu Boden geworfen worden war, trat an ihre Stelle ein großes goldenes Kreuz. Aber jetzt steht eben nur noch eine traurige, mit eisernen Ringen zusammengehaltene Säule, die von den vielen überstandenen Feuersbrünsten den Namen der verbrannten Säule empfangen hat. Doch birgt sie das seltenste Kleinod, vielleicht noch unverletzt, in ihrer Grundlage, nämlich das aus des Pelops Gebeinen gefertigte Palladium, das Constantin aus der alten Roma in die neue Kaiserresidenz verpflanzt hat.

Gält' es dem heutigen Ritte durch Constantinopel noch eine Krone aufzusetzen, so dürften wir den Seraskierthurm oder den Thurm der Feuerwache beim alten Serai nicht unerstiegen lassen, der in der That wie ein Adler über Stadt, Meer und Umgegend schwebt und des Dichters Vergleich mit dem Neste des Paradiesvogels auch dadurch rechtfertigt, daß er ein Paradies zu seinen Füßen ausbreitet. Doch will ich durch keine Schilderung dessen was ich hier sah der Phantasie das freie Spiel beschränken; nur nenn' ich ihren äußersten Ruhepunkt im Südosten, der kein anderer ist als der Schneegipfel des bithynischen Olymps.

Die Bibliotheken. Die Patriarchen. Die Prinzeninseln.

Daß sich sowohl in als um Constantinopel noch bis auf diesen Tag kostbare griechische Handschriften verbergen, ist eine alte und vielverbreitete Meinung. Hauptsächlich ist es das großherrliche Serai wo der Schatz zu heben sein soll. Es hat in der That eine seltsame Bewandtniß mit dieser geheimen Seraibibliothek. Als die gelehrte Mission des Papstes Nicolaus ums Jahr der Einnahme Constantinopels das hebräische Urevangelium des Matthäus vergebens aufgesucht und somit des Preises von fünftausend Scudi verfehlt hatte, hinterbrachte sie nach Rom die Auskunft, dasselbe sei in die Schätze des Serai's gerathen. Dazu kam fast gleichzeitig des berühmten Laskaris Versicherung, daß er in der kaiserlichen Bibliothek zu Constantinopel das Geschichtswerk Diodor's von Sizilien in aller Vollständigkeit gesehen habe. Neuere Nachforschungen oder vielmehr Schritte zu Nachforschungen geschahen wiederholt. Im siebzehnten Jahrhundert wollte man auf die Versicherung eines italiänischen Reisenden hin die verlorenen Bücher des Titus Livius aus dem Serai holen und die dafür von Florenz und von Venedig gebotenen großen Summen verdienen. Zu Anfang des vorigen Jahrhunderts hielt sich ein italiänischer Geistlicher der Serai'smanuscripte halber lange zu Constantinopel auf. Endlich gelang es ihm auch, wie er angibt, durch die Hand eines jungen Helfers zur Untersuchung derselben zu gelangen, und er fertigte einen Katalog davon. Ich sah diesen Katalog als eine Seltenheit zu Mailand; allein demzufolge hat sich kein einziges griechisches Manuscript unter einer Masse orientalischer vorgefunden; es blieb also das Geheimniß von den verborgenen Kisten griechischer Dokumente dunkel wie zuvor. Unter verschiedenen andern Angaben, die gewisse Manuscripte, wie die biblischen, sogar der Zahl nach bestimmen, steht aber auch die eines französischen Abbé da, der um das Jahr 1728. zur Auffindung griechischer Handschriften von seiner Regierung in den Orient gesandt worden ist, nämlich die daß die Manuscripte des Serai's sämmtlich unter Amurat III. verbrannt worden seien. Wenn ich recht unterrichtet worden bin, so geschah unlängst durch einen deutschen Maler, der die Gunst des Sultans besaß, an denselben eine Wunschäußerung im Betreff der vermeintlich im Serai verborgenen literärischen Urkunden. Der Sultan soll entgegnet haben, er glaube nicht daß deren vorhanden seien, doch wolle er selber nachsehen lassen. Natürlich geschah weiter nichts.

Mit dem Glauben an verborgene Schätze überhaupt ist heutzutage in Deutschland auch der Glaube an den in

Frage stehenden Schatz gesunken; allein das Unglaubliche wird im Oriente oftmals wahr. Wer möchte es nicht unglaublich finden, daß es vermauerte Bibliotheken gebe? Dennoch ist die vermauerte Bibliothek zu Cairo, von der ich oben Bericht gegeben*, eine Thatsache. Eben so hat das griechische Bibelfragment, das ich so glücklich war aufzufinden und heimzubringen, und das meines Erachtens von keinem der vorhandenen griechischen Pergamenthandschriften an Alter übertroffen wird**, gar viele überrascht, die meine frühern Hoffnungen auf ähnliche Entdeckungen zu den gutmüthigen Schwärmereien gezählt hatten. So bleibt mir, Alles zusammengenommen, immer noch die Wahrscheinlichkeit, daß das großherrliche Serai in der That alte und kostbare griechische Handschriften verbirgt, obschon über deren Inhalt ein völliges Dunkel ruht. Ich sprach darüber auch den gelehrten Patriarchen Constantios; (siehe nachher;) er bestärkte mich in meiner Ansicht und bestätigte damit was er

---

* Siehe 1. Band S. 79 ff.

** Ich habe ausführlicher davon Nachricht gegeben in den Wiener Jahrbb. 1845. Bd. II. und Bd. IV. Anzeige-Blatt für Wissenschaft und Kunst. Es wird von diesem Manuscripte, das ich nach dem Namen Sr. Majestät des Königs von Sachsen Codex Friderico-Augusteus benennen durfte und zum Eigenthume der Universitätsbibliothek in Leipzig gemacht habe, zu Ostern dieses Jahres ein prachtvoller und zugleich diplomatisch treuer Abdruck in gr. Folio erscheinen.

bereits vor zwanzig Jahren in seinem griechischen Werke über das alte und neue Constantinopel ausgesprochen hatte. Zum Beweise daß überhaupt unbekannte christliche Schätze von den Tagen der Einnahme her in Constantinopel verborgen liegen, führt derselbe an daß im Jahre 1680. plötzlich eine goldene Kapsel, enthaltend die Hand Johannis des Täufers und überschrieben: „Die Hand welche Christum getauft hat," zum Vorscheine kam und von Suleiman II. den Johannisrittern zu Malta geschenkt wurde, von denen sie im Jahre 1799. an den russischen Kaiser Paul I. kam. Was aber die fraglichen Manuscripte betrifft, so wird sie vor der Hand wohl kein diplomatischer Schritt zu Tage fördern; eher könnte jene Waffe die blendender als scharf ist einen Zugang gewinnen. Der Hauptfeind der diesen Zugang hütet, ich fürchte nicht mich zu täuschen, das ist der türkische Fanatismus, der leicht glauben mag daß jene alten Manuscripte, zumal theologische, christliche Talismane verbergen, die den Islam wer weiß in welche Gefahr stürzen könnten. Aber in Sachen des Glaubens und in allem, was mit ihm verwandt, ist die Pforte so unwandelbar wie der Vatikan.

Ich wünschte dem gegenwärtigen griechischen Patriarchen von Constantinopel meine Aufwartung zu machen. Ein doppeltes Anliegen delikater Natur und für meine

Forschungen von großer Wichtigkeit ließ mich wünschen, bei ihm durch denjenigen Diplomaten eingeführt zu werden, dessen Einfluß auf ihn der kirchlichen Verwandtschaft halber nicht zweifelhaft ist. Die mir sehr gütig angebotene Vermittlung hatte jedoch eine Seite die mich in meiner Berechnung störte, während Vermittlungen durch andere Diplomaten, an die ich aufs Beste empfohlen war, an und für sich, bei der engen Beziehung der Politik zur Kirche in Constantinopel, meinem besondern Zwecke nicht eben günstig schienen. Ich ging deshalb ohne Weiteres mit meinem griechischen Dragoman aufs Patriarchat und versuchte allein was ich konnte. Der Patriarch nahm mich aufs Freundlichste auf; ich traf in ihm einen Mann von angenehmen und wohlwollenden Zügen und zugleich, wie's mir schien, von mehr Offenheit als ich bei den meisten griechischen Geistlichen im Oriente gefunden hatte. Ich erzählte ihm von meinem Besuche auf dem Sinai und theilte ihm drei artige neugriechische Gedichte mit, die der dortige Bibliothekar an mich gerichtet. Er las sie mit sichtlichem Interesse. Später erfuhr ich daß gerade er es war, der den gelehrten und geistvollen Verfasser derselben vom Athos auf den Sinai ins Exil geschickt hatte. Auf meine Frage, ob er keine Aufträge für Athen habe, entgegnete er daß es so gut als keine Beziehungen zwischen ihm und Griechenland gebe. Ich sah, daß ihn die Frage fast unangenehm berührt hatte; freilich ist die Wunde noch frisch genug, die jene Verfügungen von Seiten der griechischen Regierung über den heiligen Synodos und die Ehescheidung dem Patriarchate der orientalischen Griechen geschlagen haben. Der Patriarch mochte wohl mit Recht die Förderung des griechischen Königthums auf Kosten der griechischen Kirche noch bedenklicher finden als jeder Fernstehende. Ich theilte ihm darauf meine manuscriptlichen Angelegenheiten mit. So weit ich es that, nahm er sie gütig auf. Eine eigene Bibliothek besitzt er nicht; dagegen bot er mir an, mich sogleich in die Bibliothek des Patriarchen von Jerusalem begleiten zu lassen. Vom räthselhaften Sinaievangelium in Goldschrift, das mich so sehr behelligt hatte und, nach Angabe des Cairiner Bischofs, behufs einer Abschrift nach Constantinopel gelangt sein sollte *, wußte er durchaus nichts; er wies mich aber deshalb an seinen abgesetzten Vorgänger Constantios, der als Erzbischof vom Sinai mit der Sache bekannt sein müßte. Ich ging nun zunächst mit der, mir angebotenen Empfehlung zum Patriarchen von Jerusalem. Nur der Bischof war zu Hause, ein Mann von viel geistiger Regsamkeit und nicht ohne Kenntnisse. Wir durchmusterten zusammen den Katalog der Bibliothek; nur fehlten darin gerade die Manu-

---

* Siehe Bd. I. S. 240 und 241.

scripte. Darauf ließ er mich die Bibliothek selbst unter=
suchen und stellte mir frei, von den dortigen Manuscripten
Gebrauch zu machen. Die Zahl derselben belief sich auf
dreißig; sie waren jedoch sämmtlich ohne besonderes
Interesse, mit Ausnahme eines Palimpsesten, der sich
auf Mathematik bezog.

Einige Tage später unternahm ich einen Ausflug
auf die Prinzeninseln, diese seit dem Alterthume so
berühmten Zufluchtsstätten für Verbannte, die hier Pur=
pur und Seide mit den Gewändern des Elends ver=
tauschten. Jetzt befinden sich dort die beiden abgesetzten
Patriarchen Gregorios und Constantios. Mein Besuch
daselbst galt mehr den Klosterbibliotheken als den alten
Erinnerungen dieser Inseln, oder der reizenden Landschaft
die zwei derselben, Chalki und Prinkipos, zu sehr glück=
lichen Eilanden machen.

Am Sonnabende Nachmittags um Vier brachte mich
ein Dampfschiff nach Chalki. Ich hatte einen freund=
lichen Begleiter, der mich gastlich in sein armenisches
Haus aufnahm, das freilich einen sonderlichen Vorhof
zu meinen Klosterstudien bildete. Es haus'ten darin sechs
Armenierinnen, eine Mutter und fünf Töchter, von de=
nen schwer zu sagen war welche das gefährlichste Feuer
in ihren dunklen Augen umhertrug. Doch bin ich nicht

zum ersten Male mit heiler Haut durch Feuersgefahren gewandelt.

Der Patriarch Gregorios wohnte in unserer Nähe; ich meldete mich sogleich bei ihm an, in der Meinung daß er Constantios der Erzbischof vom Sinai sei. Als ich bereits in seinem schmucken Asile aufgenommen war, merkt' ich meinen Irrthum. Allein Gregorios ist ein Mann von vollendeter Artigkeit; trotz dem daß er meinen Irrthum wußte, hatte er die gütigsten Formen für meinen Besuch. Uebrigens verrieth der Luxus, den er um sich hatte, nichts weniger als einen Verbannten; auch ließ er eben auf seiner Insel eine stattliche Kirche bauen.

Am nächsten Morgen fuhren wir in einer Barke nach Antigone. Es war ein lieblicher Sonntagsmorgen; die Fahrt durch die stille See, mitten in der Inselgruppe, war um so reizender da unzählige Delphine um uns auftauchten und mehrmals fröhlich um unsere Barke tanzten. Antigone hieß ehemals Panormos von einem Schlosse, das durch eine weibliche zweiköpfige Statue auf seinem nördlichen Thore berühmt geworden. Diese Statue hatte sich in einer ringsum wüthenden Feuersbrunst unversehrt erhalten und die Flammen bis auf eine gewisse Entfernung von sich abgewehrt; weshalb sie später als Wunderbild von Chosroes nach Persien gebracht wurde. Die traurigste Erinnerung hat dieser Insel der heilige Methobios hinterlassen, der einst hier nach erlittenen Folter-

qualen mit zwei Räubern in einer Grabhöhle gefangen
saß und die Leiche des einen Räubers neben sich ver-
wesen lassen mußte, bis er nach sieben Jahren aus dem
Kerker auf den Stuhl des Patriarchen stieg. Der jetzt
nach Antigone verwiesene Constantios, den ich am frühen
Morgen besuchte, langweilt sich zwar auch in seiner Einsamkeit; doch sonst hat er nichts von den Leiden seines
Vorgängers. Uebrigens ist er ein Gelehrter; er hat sich
als solcher bereits vor zwanzig Jahren durch seine Schrift
über das alte und neue Constantinopel bekannt gemacht,
wovon er jetzt eine neue Ausgabe vorbereitet. Er machte
mir ein Exemplar des Buches zum Geschenk. Nur in
seiner Eigenschaft als Erzbischof vom Sinai hat er keine
gelehrte Figur; denn er ist derselbe der vor mehreren Jahren einem deutschen Reisenden von den Manuscripten daselbst erzählte, daß sie ausschließlich Orientalisches, nichts
Griechisches enthielten. Persönlich ist er freilich nie dort
gewesen, da der Besuch des Erzbischofs dem Kloster nicht
nur außerordentliche Kosten sondern auch die unangenehme Nöthigung auflegen würde, das vermauerte Portal
zu öffnen. Von jenem Theodosianischen Evangelien-
manuscripte hatte auch er nicht die geringste Kenntniß*.

---

* Erst unlängst ist mir eine erwünschte Aufklärung darüber geworden. Ein deutscher Reisender, der der Sache nicht unkundig
ist, hat es im Sommer vorigen Jahres im St. Katharinenkloster
selber zu Gesicht bekommen. Darnach hat die Wissenschaft nichts

Dafür ist er vollkommen mit den großen Welthändeln vertraut; mit Athen hat er mehr Berührungen als der regierende Patriarch; sowohl Maurokordatos als Kolettis bezeichnete er mir als seine Freunde.

Auf seinem Divan lagen allerhand französische Blätter; darunter fiel mir ein neues Schriftchen, französisch und griechisch, ins Auge. Als ich's zur Hand nehmen wollte, ließ er mir's trotz seiner jovialen Stimmung kaum zu. Es war jener Hirtenbrief des Monseigneur Hillereau, Erzbischofs von Petra, den derselbe unlängst zur Bekehrung der orientalischen Kirchen, der Griechen und Armenier, verfaßt hat. Kennt man die Verhältnisse, in denen gegenwärtig die griechischen und die katholischen Klöster des heiligen Landes zu einander stehen, sowie die feindselige Stimmung der orientalischen Griechen gegen die römische Kirche überhaupt; so begreift man allerdings nur mit Mühe, wie man gerade jetzt auf die unglückliche Idee eines solchen Kreuzzuges verfallen konnte. Constantios fand es namentlich arg, daß man ihnen, und zwar in ihrer Gesammtheit, sogar den gemeinen Menschenverstand oder, wie die Worte heißen, le propre bon

verloren daß ich es ohne text-kritische Prüfung lassen mußte; denn statt der vier Evangelien enthält es nur Evangelienabschnitte für die kirchlichen Vorlesungen und trägt bei allem Luxus der durchgängig goldenen Schriftzüge Spuren einer Abfassung im neunten oder zehnten Jahrhunderte an sich.

sens abgesprochen habe. Darin hat der apostolische Vi= car wohl Recht, obschon nur auf dem Standpunkte des Fortschritts und nicht im Hinblicke auf die wirkliche Praxis, daß er die Streitpunkte, die im elften Jahr= hunderte die Trennung der beiden Kirchen herbeigeführt haben, als sehr geringfügig bezeichnet. Er zählt die fünfzehn Punkte des Vorwurfs der Griechen gegen die Lateiner auf, die damit anfangen daß die Lateiner unge= säuertes Meßbrod genießen, daß ihre Kleriker sich den Bart scheeren, und damit aufhören, daß sie in der Fa= stenzeit nicht das Hallelujah singen. Allein wird er die Griechen auch davon überzeugen daß das oberste Kirchen= tribunal, als welches er la garde du corps des pasteurs nennt, für sich habe die göttliche Unfehlbarkeit, welche ihre Orakel durch das Organ des menschlichen Geistes gebe (a pour autorité l'infaillibilité divine donnant ses oracles par l'organe de l'esprit humain)? Auffallend ist es daß hier nicht von der Person des Papstes geredet wird und eben so wenig später wo es heißt, die göttliche Gewalt über die Seelen, von Christus seiner Kirche ver= liehen, werde im Katholicismus nach ihrem ganzen Um= fange ausgeübt durch die Bischöfe im Vereine und in der rechten Abhängigkeit vom Stuhle Peters, dem Bollwerke seiner Freiheit und Centrum seiner Einheit (par les Evêques en l'union et la juste dépendance du siège de Pierre, boulevard de son indépendance et centre de son unité). Wär' es nicht ohnehin klar, so würde es diese Ausdrucksweise beweisen, daß der ganze Bekehrungsaufruf noch näher der französischen als der römischen Kirche angehört. Daß die griechische Kirche die Unauflöslichkeit des Ehebandes aufgegeben, das wird als Untergrabung einer der Grundfesten der christlichen Moral bezeichnet. Diese Unauflöslichkeit, heißt es, sei bis jetzt „immer von allen Christen" als ein Glaubenspunkt festgehalten worden; nun aber löse sich bei den Griechen die Ehe nach Willkür, je nachdem die Leidenschaft der Gatten und die Laune der höhern Geistlichen es wolle. Nachdrücklich wird endlich in der Schrift hervorgehoben, daß der Patriarchenstuhl ins Sclavenjoch der zeitlichen Gewalt gerathen sei; daß sich eine gewisse Anzahl von Familien ins Patriarchat theile und der Reihe nach immer eine von ihren „Creaturen" auf ein paar Jahre auf den Thron erhebe. Daneben gibt's einen traurigen Blick theils auf Rußland, wo die kaiserliche Gewalt die kirchliche gänzlich verschlungen, theils auf Griechenland, wo die constitutionelle Verfassung die Kirche schmerzlich von ihrem Patriarchen losgerissen habe.

Doch so viel Wahres in alle dem enthalten sein mag, wer möchte glauben daß dadurch die Griechen des Orients, und gerade die in den Reichthum ihrer Klöster eingehüllten Geistlichen, für den Uebertritt zu Rom empfänglich geworden seien? Steht nicht vielmehr zu befürchten, daß der so seltsam aus heiterem Himmel geschleuderte Blitzstrahl jene „Abneigung," jenen „Haß," den Hillereau den Griechen gegen die Lateiner bereits schuld gibt, nur noch reger und bitterer gemacht habe *?

Ich kehre zu den Prinzeninseln zurück. Von Antigone fuhr ich nach Prinkipos, der größten und gesegnetesten von allen neun. Granaten und Cypressen, Oliven und Reben bekleiden ihre Höhen; ein freundliches Dorf liegt am Hafen; einzelne Landhäuser liegen darüber. Orientalische und fränkische Christen halten hier gern ein fröhliches Fest. Wir besuchten zwei von den drei Klöstern; beide sind schön gelegen, aber bis auf einen einzigen Mönch verlassen. Eine wissenschaftliche Ausbeute gab keine der wenigen Handschriften, die ich daselbst sah. Den merkwürdigsten Klosterbewohner besaß Prinkipos zu Anfang des neunten Jahrhunderts an Irene, der Kaiserin. Gerade im Begriff durch die Annahme der Hand Carl's des Großen das Morgenland und das Abendland zu einem neuen Bruderbunde zusammenzuführen, wurde sie vom

---

* Ich habe meine Mittheilung über das merkwürdige Ereigniß des französisch-griechischen Hirtenbriefs nebst meinen schon in Constantinopel niedergeschriebenen Bemerkungen darüber in diesem Augenblicke um so weniger zurückhalten mögen, da die neuesten Schritte des griechischen und des armenischen Patriarchen zu Constantinopel mit ihrer Anathematisirung der katholischen Bekehrungen dadurch wesentlich beleuchtet werden.

Kanzler ihres Reichs, der Krone beraubt und nach Prin=
kipos in dasselbe Kloster verwiesen das sie selbst erbaut
hatte. Schon ein Jahr später fand sie darin ihre letzte
Ruhestätte.

Von Prinkipos kehrten wir nach Chalki zurück. Zwei
Klöster daselbst haben Bibliotheken, deren Manuscripte
der Prüfung lohnen. In dem der heiligen Jungfrau,
das zu einer griechischen Schulanstalt geworden ist, traf
ich einen sehr gebildeten Mönch, Namens Bartholomäus.
Ursprünglich lebte er auf dem Athos; von dort vertrieb
ihn der Ausbruch der griechischen Revolution nach Italien,
wo er sieben Jahre blieb; jetzt ist er Superior seines
Klosters und leitet die treffliche Schulanstalt. Seine
Manuscripte, deren Zahl mehr als hundert beträgt, hat
er sogar in einem Kataloge verzeichnet. Wie im Kloster
der heiligen Dreifaltigkeit, so sah ich auch hier unter dem
Kirchlichen und Biblischen einiges Klassische, z. B. De=
mosthenes.

Der heutige Sonntagsabend weckte ein großes Leben
auf Chalki. Ohnehin ist diese anmuthige Insel von
Griechen, Persern und Armeniern bewohnt, die hier fern
vom lästigen Drucke der Hauptstadt eine heitere Stunde
lieben. Besonders glücklich sind die armenischen Frauen,
daß sie sich hier unbedenklich ihres Schleiers entledigen
dürfen. Heute gaben aber die Perser aus der Haupt=
stadt auf der Insel ein festliches Feuerwerk. Dicht am

Meeresufer bot es ein doppeltschönes Schauspiel. Ein Concert böhmischer Musikanten ließ sich hören und lockte viel liebliche Töchter der Insel zusammen. Da wandelte sich's in der balsamischen Luft unter den Pinien und Terebinthen in die sternenhelle Nacht hinein, als hätte eine Stunde des Glücks geschlagen. Dazu lud das kühle Meer zum Bade; die Wellen phosphorescirten und berührten den nächtlichen Segler ganz geisterhaft. Hier hätte sich wohl Jean Paul's Emmanuel noch mehr als an seinem Johannistage auf einen andern Stern entrückt glauben mögen.

Abschied von Constantinopel.

Drei Wochen hab' ich in der türkischen Hauptstadt zugebracht. Einige Folgen des Wagnisses, den Orient in den Monaten des Frühlings und Sommers zu bereisen, blieben hier nicht aus; ich wurde dadurch bestimmt, obschon ungern, den Besuch des Berges Athos aufzugeben. Das freundliche Haus der Madame Balbiani zu Pera kam mir bei meinem Befinden sehr wohl zu Statten *. Dennoch genoß ich auch Constantinopel selbst recht viel und studirte fleißig an seinen großen Eigenthümlichkeiten. Nur noch wenige Worte der Andeutung will ich mir davon gestatten.

An Kirchen, griechischen und armenischen, ist Constantinopel noch immer sehr reich, obschon die Zahl derer die in Moscheen verwandelt wurden noch viel größer ist. Einige der letztern haben das merkwürdige Schicksal gehabt daß sie zuerst heidnische Götzentempel waren, dann zu christlichen Kirchen umgestaltet wurden und nun als Apostaten in ihrem dritten Lebensstadium stehen. Von den vielen Sagen, die sich an die noch bestehenden Kir-

---

* Vier Wochen nach meiner Abreise brannte dies Haus in einer umfangreichen Feuersbrunst so schnell ab daß fast nichts daraus gerettet werden konnte. Doch hört' ich vor Kurzem, daß der vortrefflichen Frau der Wiederaufbau bereits gelungen ist.

chen anknüpfen, ist die sonderlichste die von den gebackenen Fischen, die in der Kirche der Jungfrau vom Quell fortwährend im Wasser schwimmen sollen und auf Verlangen, freilich bei trüber Beleuchtung, vorgezeigt werden.

Die beiden Vorstädte Galata und Pera haben ihren eigenthümlichen Character. Galata, an Umfang den großen Residenzstädten Deutschlands vergleichbar, erinnert jetzt viel weniger an ihren vorchristlichen Cultus der „sanften Liebesgöttin" als an den des Merkur oder vielmehr an die Blüthe des Handels, in der sie vor Zeiten unter den Genuesern gestanden hat. Denn ihre engen Straßen wimmeln so sehr wie Leipzig in der Messe von Kaufleuten. Diese Kaufleute sind größtentheils Christen und genießen noch immer die Freiheiten, die ihnen einst der Eroberer von Constantinopel verliehen hat. Als erster Herold des Kreuzes soll nach Galata schon der heilige Andreas gekommen sein, von dem auch das Bisthum von Byzanz seine Stiftung ableitet. Mir ist in Galata am befreundetsten geworden der alte hohe Thurm, der dem des Seraskier zu Constantinopel entspricht und leider nur zu häufig seine Bestimmung erfüllt; denn der Schreckensruf: Feuer ist! gehört wie zu seiner täglichen Nahrung. Ich bestieg ihn zu wiederholten Malen, um den Eindruck der Herrlichkeiten, die gerade rings um diese alte Vorstadt der Venetianer und Genueser liegen, getreu in der Seele zu fesseln.

Pera vereinigt seltsame Contraste in sich, die lächerlichsten Menschen in Trachten und Sitten mit den Repräsentanten der europäischen Mächte. Berühmt sind die hohen, klappernden Stelzenschuhe der Frauen sowie die schiefstehenden Thurmhüte der Männer von Pera, was jedoch beides in würdiger Analogie zur albernen Einbildung, Schwatzhaftigkeit und Verschrobenheit der Peroten steht. Dennoch sind diese Peroten durch ihren Beruf als Dragomane mit der sonstigen fränkischen Bevölkerung von Pera in häufigem Verkehre. Aber wohl dem Fremdling, der ihnen durch ein glückliches Geschick fremd bleibt. Es scheint als ob die dämonischen Dolmetscher des Plato keine traurigere Verwandlung, in der Art der Ovidianischen, hätten erfahren können als die in die perotischen Dragomane. Der christliche Cultus wird in Pera in sehr verschiedenen Formen und Sprachen geübt. Ich besuchte auch einen deutsch-protestantischen Gottesdienst daselbst.

Zu den anziehenden Haltpunkten auf meinen Wanderungen durch die Türkenstadt zähl' ich die Fontänen mit ihren kunstreichen Arabeskenverzierungen; da ließ sich im Kleinen aufs Beste der arabische Geschmack studiren.

Zum Besuche der türkischen Kaffeehäuser gehört zwar einige Resignation, aber den Charakter des Türken lehrten sie mich in jedem Winkel. Fast unheimlich berührten mich dagegen die Opiumsbuden und ihre Gäste. Ich dachte, als ich sie sah, wie traurig ihre bleichen Gesichter, in die wie in Leichentücher der Taumel seinen Abschied kleidet, mit dem Abendrothe eines schönen Tages oder auch einer himmlischen Freude contrastiren.

Vom Bazar will ich nicht des anlockenden Luxus gedenken, sondern der türkischen Ehrlichkeit. Wie der Beduine sein Zelt an die Tamariske mitten in der Wüste aufhängt, wo er es Monate hindurch so sicher weiß wie unter Schloß und Riegel, so läßt der türkische Kaufmann auf dem Bazar die Reichthümer seines Ladens ohne Wächter und entfernt sich stundenlang.

Den Sclavenmarkt kann auch der christliche Fremdling ohne Schwierigkeit betreten. Der Anblick dieser schwarzen Mädchen und Frauen, in ihren rothgestreiften Kleidchen, etwa einen Ring um den Fuß und eine Korallenkette um den Hals, die eine und die andere auch einen Säugling an der Brust, wie sie so zu zwanzig mitten auf dem Markte beisammensitzen und spielen und lachen und weinen: dieser Anblick vergißt sich nicht wieder.

Andere Eindrücke holt' ich mir von den tanzenden und den heulenden Derwischen, diesen seltsamen Verirrungen der religiösen Empfindung, obschon sie keineswegs neu sind. Der Tanz der türkischen Mönche ist nämlich ein Abkömmling altindischer Mysterien. Nach seinem mystischen Sinne soll er den harmonischen Kreislauf der

Sphären darstellen. Wenigstens stoßen sich diese Tänzer, trotz des weiten Kranzes ihrer aufflatternden Gewänder, indem sie den Scheik in enger Runde umkreisen, in der That so wenig als die Gestirne selber. Abgesehen von der symbolischen Bedeutung ihres Tanzes gesteh' ich, daß er mich über alle Erwartung ernst gestimmt hat. Der Scheik sprach sein Gebet mit der äußersten Andacht und Würde; die Musik hatte eine eigenthümliche Färbung von Choral und Melancholie; die tanzenden Mönche brachten über das blasse Gesicht mit dem starren Auge keinen Zug von Lächeln.

Recht viel endlich möcht' ich noch vom Bosporos be= richten; einmal, weil es auf der Welt wohl keine schönere Meerfahrt geben kann als die durch den Bosporos; so= dann weil ich an Bujukdere und Therapia, wo die euro= päische Diplomatie sich sonnt und kühlt, sowie an Bebek die dankbarste Erinnerung festlicher Stunden bewahre. Allein die Ufer des Bosporos mit ihrem zauberhaften Reize verlangen ein Gemälde, wofür ich im Augenblicke keinen Pinsel habe, und der Dank den ich meinen Gön= nern bringen möchte ist dem der ihn gibt viel theurer als denen die ihn empfangen sollen.

Wovon ich aber bei meinem Abschiede von Constan= tinopel zuletzt noch Abschied nehmen muß, das sind seine Friedhöfe. Wie gern ergeh' ich mich in Gedanken noch immer in den Cypressenhainen von Scutari und Ejub und Pera. Zum Maskenrausche der großen Stadt gibt es keinen sinnvolleren Gegensatz. Wie schön weiß der Muhamedaner seine Todten zu ehren und zu lieben. Wie nachbarlich traut hält er's noch mit seinen Heimgegangenen. Freilich muß ich fürchten, zum Theil wenigstens, daß ich den schönen Schein für schöne Wahrheit nehme; denn die Besuche der Lebendigen auf den Friedhöfen, namentlich zu Pera, bieten oft unerbauliche Schauspiele.

An seiner Cypresse besitzt der Orient einen Schatz. Daß sie für die Todtenhügel geschaffen ist, das sagt ihre ganze Erscheinung; wie ein Charfreitagsgedanke steht sie da, von der Trauerwolke in tiefen Ernst gehüllt, aber den Blick geheftet auf den Schimmer des Ostermorgens.

Reise nach Griechenland.

Vom achten bis zwölften September ging ich auf dem „Kolowrat" von Constantinopel nach Syra; der Himmel war heiter, die Fahrt war glücklich. Ein wahres Kleinod besaß ich in diesen Tagen am Grafen Albert von Pourtales, einem jener seltenen Menschen, die man nur kennen lernt um sie herzlich zu genießen und hochzuschätzen. Wie freut' ich mich an seiner Seite das Feld von Troja zum zweiten Male vor Augen zu haben. Interessanter noch als die Oelskizzen aus seinem unvergleichlich reichen Portefeuille waren mir seine Mittheilungen von Sardes, von Colossä, von Laodicea. Vom letztern stehen unter unförmlichen Ruinen nur noch drei Monumente eitler Lust, drei Theater. Dazu ist also jene Stadt geworden, an die die Worte der Offenbarung ergingen: „Du bist weder warm noch kalt." „Du sprichst: Ich bin reich, und weißt nicht daß du bist elend und jämmerlich." Auch am tobten Meere ist Pourtales gewesen. Als er darin badete, trug ihn das Wasser und hob ihn merklich in die Höhe. Die Vegetation an den Ufern fand er bei weitem nicht so tobt als man sie öfters geschildert hat. Auch sah er weder tobte Fische noch tobte Vögel.

Am Zwölften Nachmittags hielten wir vor Syra. Sechs Monate früher hatt' ich hier zum ersten Male

Griechenland begrüßt. Welch eine gesegnete, inhalts=
schwere Zeit lag dazwischen. Jetzt kam ich zu einer vier=
zehntägigen Quarantäne hieher. So viel Unerfreuliches
im Gedanken der Quarantäne liegt, so schien doch diese
Zeit, ich will sagen des Waffenstillstands, ein wesent=
liches Glied in der Kette der Reisebegegnisse zu bilden.
Das letzte Jahr war mir vergangen wie ein ununter=
brochener Rausch, den ich freilich das ganze Leben hin=
durch nicht wieder ausschlafen werde; aber diese geistige
Sammlung, diese Ruhe der Quarantäne kam mir jetzt
sehr erwünscht. Der Aufenthalt in dem Syraer Sani=
tätswachthause selbst hatte seine angenehmen Seiten.
Gerade meinen Fenstern gegenüber lag die hübsche Ha=
fenstadt und im Hafen lagen viele Schiffe. Lief ein
Dampf= oder Segelschiff ein oder aus, so war mit dem
Auge das ganze Herz beschäftigt. So ein Kommen und
Gehen ist gar so bedeutungsvoll. Vor dem Hafenein=
gange steht der Leuchtthurm einsam auf seinem Felsen;
im Osten hinter ihm liegt Delos, im Norden Tinos.
Keinen Tag versäumt' ich nach Delos zu sehen, wenn
der Untergang der Sonne diese heilige Stätte Apoll's in
einen duftigen Orangenschleier hüllte. An den Fuß des
Felsens, worauf wir wohnten, warf das Meer seine
Brandung; wiederholt wurde es so böse daß mich sein
Sturmgetös aus dem Schlafe weckte. Ich ließ mich gern

wecken und lief auch ans Fenster, um im Mondenscheine das wogige Gebirg der Fluthen zu bewundern. Da ist's als hätte das Meer in seinem Innern einen unsäglichen Schmerz, der des Nachts mit allen Schrecken losbricht, oder als wär' es ein Verbrecher, dem das böse Gewissen keine Rast, keine Ruhe läßt.

Bei Tage, wenn das Meer völlig klar und ruhig war, lernt' ich hier ein neues Gewerbe kennen, das der Taucher oder Schwammjäger. In einer Barke saßen drei Männer, nur mit dem Hembe bekleidet; sie sahen starr in die Tiefe, die doch gegen fünfzehn Fuß betragen mochte. Sobald sie einen Schwamm ins Auge gefaßt hatten, warfen sie im Nu das Hemd ab und sprangen Kopf über hinab auf den Grund. Oft blieb da einer so lange aus daß ich ängstlich zusah. Aber endlich tauchte er empor, klammerte sich mit der Hand an die Barke, warf seinen Fund mit der andern hinein und schwang sich dann selber wieder auf seinen Posten. Das ist ein barbarisches Geschäft; lange mag dabei auch der stärste Insulaner nicht ausdauern können.

Am Achtundzwanzigsten früh war ich im Piräus und des Morgens um Zehn in Athen. Die Akropolis mit ihren Marmorruinen hatt' ich schon vom Meere aus gesehen; jetzt stand sie nahe vor den Fenstern meines Zimmers. Damit stand eine ganze Burg von Erinnerungen vor mir, von Erinnerungen die der Menschheit, so lange sie dauern wird, theuer und heilig sein werden. Denn hat die Weisheit wie die Kunst nicht so Großes in der Stadt Athene's geschaffen daß der Erdkreis noch heute lauschend zu ihren Füßen sitzt? Besitzt die Gesetzgebung weisere Führer als Solon, die Staatskunst würdigere Vorbilder als Perikles? Wo ist ein Redner wie Demosthenes? Ist nicht Thucydides noch immer ein Muster der Geschichtsschreibung? Waren nicht auch Aeschylos und Sophokles Athenienser? Hat ein Bildner den Phidias übertroffen? Und wer unter den tiefsten Denkern der Erde hätte nicht Plato den Göttlichen genossen? Aber auch Sokrates war ein Sohn Athen's, obschon ihm die Mutter selber den Gifttrank reichte.

Ich muß sogleich zu den Ruinen der Akropolis hinauf eilen. Wir gehen durch das Marktthor, auf dessen vier alten Säulen die Marktpreise aus den Tagen Hadrian's noch verzeichnet stehen. Die Wachtsoldaten öffnen uns das Thor der Akropolis, da stehen wir auf dem alten Marmorboden und wandeln unter den Hallen der Propyläen. Von dem später angebauten Thurme sehen wir bald ab und treten in die Räume des Parthenon oder des Tempels der jungfräulichen Athene. Mehrere Säulen, eben so prächtig als kolossal, stehen noch; andere daneben richten sich unter pflegenden Händen wieder aus den Trümmern auf. Alle einzelnen Tempelräume weiß der Kenner genau zu bezeichnen, auch weiß er wo jenes

Meisterwerk des Meisters, die Statue Athene's aus Gold und Elfenbein vom Meisel des Phidias, gestanden hat. Am bedauernsvollsten mögen aber die heutigen Athener das leergewordene Hinterhaus des Parthenon betrachten, wo einst der überreiche öffentliche Schatz bewahrt wurde. In der nächsten Umgebung des Parthenon steht der kleine Tempel der ungeflügelten Siegesgöttin von überraschender Zierlichkeit und fast vollkommen, sowie stattliche Ruinen vom Tempel des Erechtheus. Zugleich ist aber die Akropolis zu einem neuen Museum geworden; denn Statuetten und Büsten, inschriftreiche Denksteine und Frieswerke nebst Skulpturen aller Art sind seit den letzten Jahren darin reichlich und in schöner Ordnung aufgestellt worden.

Wäre Athen mit allem was es war und hatte von seinem Boden geschwunden bis auf seine Akropolis, wie sie trotz aller Verstümmelungen und Plünderungen noch heute geblieben ist; sie allein würde als ein herrliches Zeugniß seiner ehemaligen Großartigkeit dastehen; sie allein würde den Forscher des Alterthums und den strebsamen Künstler nach Athen locken und begeistert fesseln. Aber rings um die Akropolis schauen noch andere Monumente zu ihr hinauf, die gleichfalls vom verblichenen Glanze reden, und zwar vor Allem in Südosten die Säulen vom Tempel des Olympischen Jupiter und unweit davon Hadrian's Triumphbogen, im Südwesten das fast erhaltene Monument des Philopappus, im Westen die Pnyr mit der Rednerbühne des Demosthenes sowie jene heilige Gerichtsstätte, der Areopag, im Nordwesten endlich der Theseus= oder lieber Arestempel, der mit fast ungeschmälerten Säulen und Mauern alle seine Nachbarn wunderbar überbauert hat und jetzt zum Asil neu aufgefundener Bildwerke geweiht worden ist.

Zu den Erinnerungen der Kunst füg' ich noch, ehe wir von der Akropolis niedersteigen, ein Wort von den Werken der Natur die uns hier umgeben. Athen selber liegt nahe zu den Füßen des Felsenberges auf dem wir stehen; im Norden dahinter und hinter dem Thale des Kephissos liegt der Parnes, im Osten der Marmorberg Pentelikon; von Osten nach Süden zieht sich der Hymettus, berühmt durch seinen Honig, bis ans Meer hin, und im Westen haben wir vor Augen den saronischen Meerbusen mit Salamis und Aegina.

Der Anblick der Stadt ist ein hocherfreulicher für jeden der die Verwilderung weiß, in der sie noch vor weniger als zwanzig Jahren geschmachtet hat. Ihre öden Umgebungen schmückt lieblich der junge Olivenwald im Nordwesten; so ist ihr der heilige Baum Athene's noch immer freundlich treu geblieben. Worauf aber das Auge zuerst und zuletzt ausruhte beim Blicke auf Athen, das ist ein großes blendendweißes Marmorhaus, das wie ein neues Gestirn am alten Himmel glänzt; es ist das Haus woran nicht nur Athens sondern ganz Griechenlands freudigste Hoffnungen haften, weil darin ein Herz für diese Hoffnungen treuinnig schlägt und wacht.

Mein Aufenthalt zu Athen dehnte sich beinahe zu einem Monat aus; er stimmte zur Freude und zum Glücke meiner orientalischen Reise. Zum Genusse des Alten kam der Genuß des Neuen. Obschon vor Kurzem erst die undankbare Entlassung der Deutschen aus dem Schooße des jungen Staates stattgefunden hatte, so wurd' ich doch bald so heimisch in Athen wie im Vaterlande. Dazu wirkte hauptsächlich die liebreiche Aufnahme die ich in dem Hause des bairischen Ministers von Gasser vom ersten Tage an bis zum letzten fand. Dieser ausgezeichnete Staatsmann hängt mit dem ganzen Herzen an Griechenland; eine väterliche Sorge, das sieht man leicht, hat ihn dem jungen Könige zur Mitgabe gemacht, der in seinem Lande umsonst einen treueren Freund suchen möchte. Ich wurde durch ihn so vortrefflich mit den Fragen vertraut die das Königreich betreffen, sowie mit den Personen in deren Hand die Gestaltung seiner nächsten Zukunft ruht, daß ich hätte glauben mögen, ich sei in politischem Interesse, nicht in dem der Wissenschaft nach Athen gekommen. Aber wer nähme auch nicht gern einen herzlichen Antheil an dem Lande, mit dem uns alle die Jahre der Bildung so innig und so unzertrennlich für's ganze Leben zusammenführen. Freilich darf ich diesen Augenblick in Deutschland auf wenig Sympathie mit meinen Worten rechnen. Hat sich doch, so sagt man, unsere Sympathie nirgends einen schlechtern Dank als in Griechenland holen können. Und an den Entwicklungen des Staates ist mancher Freund desselben nicht zweifelhaft geworden, sondern verzweifelt, da der anarchische Character des Volkes und was mit ihm zusammenhängt jedes Saatkorn niederzutreten scheint, das die sorgliche Hand seiner Beschützer gepflanzt hat.

Weder jener Vorwurf noch dieser Zweifel entbehrt der Begründung; doch glaub' ich daß man in beiden Stücken ungerecht geworden ist. Undank in der Vertreibung der Deutschen liegt sicherlich vor. Ich traf wohl Einzelne die unverhohlen ihre Lieblosigkeit den Geschiedenen noch immer nachschleuderten; doch hatt' ich auch die Genugthuung, von Anderen den Gewaltschritt gemißbilligt und das Verdienst der Baiern in dankbarem Gedächtniß bewahrt zu sehen. Was aber zur Entschuldigung des Verfahrens der Griechen gesagt werden muß, das ist das vielfach Willkürliche und Unfeine, das in die Verwaltung der griechischen Angelegenheiten gekommen war und nicht verborgen bleiben konnte; das ist die verletzende Zurücksetzung der Eingebornen in solchen Beziehungen wo es eben keine hervorragende persönliche Tüchtigkeit galt; das ist endlich die Masse der unberufensten Colonisten, die sich den berufenen einverleibt hatten. Die

Heilung des Uebels trug das Gepräge des süblichen Blutes; die Wunde klaffte auf, man griff nach dem Messer und schnitt sie aus.

Was das zweite der genannten Stücke betrifft, den Zweifel oder gar die Verzweiflung am griechischen Volke, so bin ich entfernt sie zu theilen. Allerdings ist das griechische Königreich eine unter Gewitterstürmen erwachsene Pflanze, der man von allen Seiten die gewaltsame Entwicklung ansieht; aber man vergesse nicht, aus welchem Boden sie gewachsen ist. Hat man Länder bereis't, deren gegenwärtige Lage derjenigen ähnelt die Griechenland vor seiner Befreiung hatte, und sieht man wie weit dasselbe Griechenland seit der Schlacht von Navarin einer neuen Blüthe entgegen gediehen ist, so weiß man es zu würdigen und zu schätzen. Das Talent des griechischen Volkes, sich zum rechten Staatsleben auszubilden, wurzelt ohne Zweifel in dem gesunden Verstande, in dem richtigen Blicke, den es wiederholt bewiesen. Hat es nicht noch mitten in jenen Septembertagen, wo es in seinen Revolutionserfolgen schwelgte, auf Piscatory's Vorstellung gehört, daß die bloße Erwähnung des dritten Septembers in der Adresse an den König für denselben verletzend sein müßte? Hat es sich nicht nach allen Debatten noch für das Zweikammersystem entschieden? Hat es nicht am vierten August 1844. seine Waffen, die es zum blutigen Kampfe gegen schreiendes Unrecht geschärft hatte, sogleich vertauscht mit dem Jubelruf für seinen König als es ihn, einen Rächer der gekränkten Rechte, vertrauensvoll in seiner Mitte erscheinen sah*? Hat es nicht bei der Frage über den heiligen Synodos, die von der höchsten Wichtigkeit in ihrem Gegensatze zur nordischen Propaganda war, trotz aller fremden Bearbeitungen das Ministerium Kolettis entschieden unterstützt?

Ueberhaupt zeigt das griechische Volk in der neuesten Zeit seinen glücklichen Tact durch nichts besser als durch die treue Anhänglichkeit an Kolettis. Ich habe keinen Griechen kennen gelernt den ich höher achten müßte als ihn. Ich darf mir kein Urtheil anmaßen, aber ich glaube: Kolettis ist der Mann der zu Griechenlands Wiedergeburt noch gefehlt hatte. Seine Persönlichkeit — es läßt sich schwerlich von einem Minister Größeres sagen — erinnert lebhaft an Guizot. Kolettis ist ernster und gehaltener als die Männer unter dem griechischen Himmel zu sein pflegen; er ist eifern in seinem Geschäftseifer; er ist entschieden in seiner Tendenz, und, was ihn sehr hoch vor seinen Landsleuten auszeichnet, er ist bei aller Klugheit ohne Falschheit. Dabei fehlts ihm nicht am populären

---

* Ich erlaube mir hierbei auf den ausführlichen Artikel zu verweisen den ich von Athen aus in die Allgemeine Zeitung schrieb: „Zur Geschichte der Ministerien Maurokordatos und Kolettis." Siehe Allg. Ztg. 5. Nov. 1844. Ich wiederhole hier mehreres was ich dort gesagt habe.

Character. Er ist ein großer Freund der Palikaren; er würde sogar kurz nach dem Antritte seines Ministeriums ein großes Palikarenfest gegeben haben, hätte ihn nicht der gute Rath der Freunde daran gehindert. Und weiß man daß Kolettis nicht ohne Sympathien mit Frankreich geblieben ist, er der seine Schule in Paris gemacht, so weiß man auch daß er vor Allem und nach Allem Patriot, daß er durch und durch Grieche ist.

Vielleicht ist aber auch kein anderer Einfluß aus der Fremde dem griechischen Interesse so förderlich als der französische. Denn freilich des fremden Einflusses wird Griechenland so schnell nicht ledig werden; dafür hat der Schutz der Großmächte schon hinlänglich durch jenes unerquickliche Eingebinde gesorgt, das dem jungen Königreiche in die Wiege fiel. Hat man aber beobachtet, wie der verschiedenartigste fremde Einfluß sich unausgesetzt geltend macht, wie er zumeist in dem maßlosen Faktionswesen hervortritt, so verwundert man sich in der That, daß trotz dem die staatlichen Angelegenheiten bis zu ihrem jetzigen Bestande haben kommen können.

Es ist meiner Feder mit Athen ergangen wie es mir selber mit ihm erging. Die Wissenschaft hat dort wohl ihre Knospen und Blüthen; ich versäumte nicht darauf zu achten, aber jedes Steinchen zu Athen steckt voll Politik, man thut keinen Schritt ohne sich daran zu stoßen.

Meine Wanderungen in die Umgegend Athens muß ich mit einigen Worten berühren. Diese Wanderungen wurden mir doppelt angenehm durch die freundliche Begleitung des Hofpredigers Lüth und seiner lieben Gemahlin. Herrlich war der Genuß des Pentelikon, von dessen Höhe wir nicht nur ganz Attika, sondern auch im Nordosten Euböa und im Westen bis nach Akrokorinth sahen. Die Luft war von der wundersamen Klarheit jenes Himmels, der sich in den Werken der attischen Dichter abspiegelt. Dicht unter uns sahen wir aufs Deutlichste das Schlachtfeld von Marathon, wo sich Miltiades im Kampfe gegen die zehnfache Uebermacht den unverwelklichen Lorbeer erwarb. Dagegen ließ uns auch eine Spazierfahrt nach Daphne und seinen Salzseen das Andenken des großen Themistokles feiern; denn wir standen dort am Ufer des Meers im Angesichte des Terräns der Schlacht bei Salamis. Uns gegenüber, über den Halbkreis hinweg, den hier das Meer bildet, sahen wir Eleusis; an unserem Wege selber fanden wir im Felsboden noch deutliche Spuren der Wagen, die einst von Athen zu den eleusinischen Festen gegangen sein mögen.

Wie schön die Aussicht von Akrokorinth ist, läßt sich schwer beschreiben; sie lohnt für den steilen Weg der zu dieser Felsenwarte mit dem herrischen Blicke auf zwei Meere führt. Im Osten sahen wir übers Meer hinweg bis nach Athen; im Norden waren die Berge unter dem

Abendhimmel in ein wunderbares Blau gekleidet; ich freute mich besonders unter ihnen den Parnaß zu sehen.

Eines Morgens waren wir in dem lieblichen Ampelokipi am Fuße des Hymettus; unterwegs wurde ich durch die blühenden Oleandersträucher, die das trockne Flußbett des Ilissus schmückten, an den See Genezareth zurückversetzt.

Das mächtig große Stadium des Herodes Attikus, im Osten der Stadt, ist noch genau erkenntlich. Unweit vor demselben besuchten wir den protestantischen Gottesacker, der bereits manche deutsche Namen nannte.

Fast eine halbe Stunde nördlich von der Stadt liegt jener „lichthelle“ Felsenhügel, der Kolonos, der einst das Heiligthum des Prometheus besaß, und neben ihm liegt, was noch viel mehr ist, der ehrwürdige Hügel der Akademie, wo Plato lehrte. Ich brachte daselbst eine festliche Stunde zu. Innig dacht' ich zugleich des so früh den Hoffnungen der Wissenschaft entrissenen Ottfried Müller; denn sein Marmordenkmal hat eine großmüthige Dankbarkeit gerade auf des Plato weihevollem Hügel errichtet.

Jetzt nur ein Wort noch zum Abschiede von Athen; es soll zugleich das letzte meiner Reise sein. Athen hat einen Hügel der heiliger ist als alle die einst seine Heiligthümer trugen, auch heiliger als der des Akademos. Wie glücklich war ich als ich auf ihm stand. Einst trug er den Mann der wie kein anderer in der Kraft des heiligen

Geistes das Schwert führte, das die Welt überwindet. Jener „Richtplatz," der Areopag ist es, von dem Paulus seine Predigt an die versammelten Athener hielt. Seine Predigt, einer der lebendigen Steine die den Bau der Kirche tragen, zeugte von dem „unbekannten" Gott, dem auch der Athener unwissende Weisheit Gottesdienst that. Der Standpunkt des Paulus war großartig; vor ihm breitete die Stadt sich aus; noch näher vor ihm stand das Theseion; zu seiner Seite lag die Akropolis mit allen ihren Tempeln. Da rief er also die Worte aus: Gott, der ein Herr ist Himmels und der Erde, wohnt nicht in Tempeln, mit Händen gemacht. Eine vollere Bedeutung konnten die Worte nirgends haben.

Ich schied vom Areopag; von dem dessen Andenken ich dort gefeiert werd' ich niemals scheiden.

Made in the USA
Monee, IL
07 July 2026